지역주택조합 이해와 세무 실무

장상록 · 손시영 · 김이응 지음

준커뮤니케이션즈

머리말

지역주택조합은 주택법에 준거하여 소형주택 소유자(전용면적 85㎡이하) 또는 무주택 서민의 내집마련과 주택공급의 촉진을 위해 일정한 자격을 가진 조합원에게 청약저축 가입여부와 관계없이 주택(85㎡이하)을 공급하는 제도이다. 즉, 동일한 지역의 무주택자등이 공동으로 사업부지를 취득하여 주택을 신축하여 하나씩 조합원들이 나누어 갖는 제도이다.

지역주택조합설립추진위원회는 도정법상 재개발 · 재건축정비사업조합설립추진위원회와는 달리 시 · 군 · 구청장의 승인을 요하지 않는 임의단체로서 지주작업, 조합원모집 등의 업무를 진행한다. 지역주택조합의 설립은 시 · 군 · 구청장의 인가를 요하나 등기를 할 필요는 없다. 등기되지 않은 지역주택조합은 공동사업으로 세무상 처리하나 등기된 경우에는 비영리법인으로 보아 업무를 처리를 한다.

지역주택조합관련 세무 실무는 경험자가 부족하고 관련사업의 이해도가 부족하여 세무회계용역제공자 및 과세당국에서도 어려워하는 분야이다.

본서는 지역주택사업의 이해, 지역주택조합의 인격, 법인세, 소득세, 부가가치세, 취득세 및 재산세, 종합부동산세 각종 부담금 등을 소개하였다.

아무쪼록 지역주택조합 업무를 담당하는 공무원이나 납세자 등 모든 분들이 현장에서 취득세를 과세하고 납부하는 데 참고가 되기를 바라며, 부족한 부분은 향후 독자 여러분들의 질책과 조언으로 보완해 나갈 것을 약속드립니다.

마지막으로 이 책을 출간하는데 아낌없는 성원을 해 주고 출간을 허락하신 도서출판 준커뮤니케이션즈 박준성 대표님께 감사한 마음을 전합니다.

2025. 11.

장상록 · 손시영 · 김이응

목차

제1장 지역주택사업 이해

제1절 주택조합의 종류

"주택조합"이란 많은 수의 구성원이 사업계획승인을 받아 주택을 마련하거나 리모델링하기 위하여 결성하는 다음의 조합을 말한다.(주택법 제2조 제11호)

1. 지역주택조합

다음 구분에 따른 지역에 거주하는 주민이 주택을 마련하기 위하여 설립한 조합 을 말한다. 지역주택조합과 직장주택조합은 1980.1.4에 도입된 제도이다.

1) 서울특별시 · 인천광역시 및 경기도
2) 대전광역시 · 충청남도 및 세종특별자치시
3) 충청북도
4) 광주광역시 및 전라남도
5) 전라북도
6) 대구광역시 및 경상북도
7) 부산광역시 · 울산광역시 및 경상남도
8) 강원도
9) 제주특별자치도

2. 직장주택조합

같은 직장의 근로자가 주택을 마련하기 위하여 설립한 조합을 말한다.

3. 리모델링주택조합

공동주택의 소유자가 그 주택을 리모델링하기 위하여 설립한 조합을 말한다. 리모델링주택조합은 2003년 5월 29일 주택건설촉진법이 주택법으로 개정되면서 현재에 이르고 있다.

제2절 지역주택조합원의 종류와 자격

1. 조합원의 종류

조합원에는 지구단위계획구역 내의 토지, 건물을 소유하고 있는 원주민(지주)조합원과 모집조합원으로 구분할 수 있다.

(1) 원주민(지주)조합원

원주민조합원은 지구단위계획 구역 내의 토지 등을 매입하여 소유권 등기를 보유 또는 거주하다가 조합(또는 업무대행사)과의 협의를 통해 동의절차를 거쳐 토지 등의 소유권을 조합명의로 이전해 주고, 대신 조합으로부터 조합원 입주권을 받아 조합원 자격을 취득하는 조합원을 말한다.

원주민조합원의 경우 종전부동산을 조합에 현물출자하기에 양도세 문제가 발생한다. 지역주택조합에 대한 현물출자는 도시개발법상 환지 규정이 적용되지 않기에 양도세가 발생한다. 엄격하게 말하면 현물출자방식 보다는 구역내역의 부동산을 조합에 매매하고 사업완료 시 주택 등 부동산과 현금을 받는 방식을 취한다. 사업계획승인신청 직전에 토지 및 건물의 소유권이 조합에 승계되기에 양도세 문제가 바로 발생한다. 이에 대한 해결책은 도시개발법상 입체환지방식을 통해 해결할 수 있으나 이는 기간이 장기간 소요되고 실무적으로 적용사례가 드물기에 사업허가권자와의 긴밀한 소통이 필요하다.

(2) 모집조합원

모집조합원은 총예상분양세대수에서 원주민조합원의 분양세대수를 차감 후 잔존 주택 중 일부를 조합원으로 추가 모집된 조합원을 말한다.

2. 조합원의 자격

지역주택조합의 조합원이 될 수 있는 사람은 다음 1) ~2)의 요건을 모두 갖춘 사람으로 한다. 다만, 조합원의 사망으로 그 지위를 상속받는 자는 다음 각 호의 요건에도 불구하고 조합원이 될 수 있다.

(1) 무주택 또는 85㎡이하의 주택 소유세대

조합설립인가 신청일(해당 주택건설대지가 법 제63조에 따른 투기과열지구 안에 있는 경우에는 조합설립인가 신청일 1년 전의 날을 말한다. 이하 같다)부터 해당 조합주택의 입주 가능일까지 주택을 소유(주택의 유형, 입주자 선정방법 등을 고려하여 국토교통부령으로 정하는 지위에 있는 경우를 포함한다. 이하 이 호에서 같다)하는지에 대하여 다음의 어느 하나에 해당할 것

㉠ 국토교통부령으로 정하는 기준에 따라 세대주를 포함한 세대원[세대주와 동일한 세대별 주민등록표에 등재되어 있지 아니한 세대주의 배우자 및 그 배우자와 동일한 세대를 이루고 있는 사람을 포함한다. 이하 ㉡에서 같다] 전원이 주택을 소유하고 있지 아니한 세대의 세대주일 것

㉡ 국토교통부령으로 정하는 기준에 따라 세대주를 포함한 세대원 중 1명에 한정하여 주거전용면적 85제곱미터 이하의 주택 1채를 소유한 세대의 세대주일 것

(2) 조합설립인가 신청일 현재 다음 지역에 6개월 이상 계속하여 거주하여 온 사람일 것

1) 서울특별시 · 인천광역시 및 경기도
2) 대전광역시 · 충청남도 및 세종특별자치시
3) 충청북도
4) 광주광역시 및 전라남도
5) 전라북도
6) 대구광역시 및 경상북도
7) 부산광역시 · 울산광역시 및 경상남도
8) 강원도
9) 제주특별자치도

* 예를 들어 인천광역시에 지역주택조합이 있는 경우 조합원은 서울특별시 · 인천광역시 및 경기도 중 어느 한 지역에서 6개월이상 계속 거주하여 온 사람이면 가능하다.

제3절 사업진행절차

1 조합설립인가	
조합원 모집	조합원의 자격 : 주택조합설립인가신청일로부터 해당 조합주택의 입주가능일 까지 주택(당첨자의 지위 포함)을 소유하지 아니하거나 주거전용면적 85㎡ 이하의 주택 1채를 소유한 세대주이며 주택조합설립인가 신청일 현재 조합설립인가지역에 6개월 이상 거주자
조합원 동 · 호수 추첨	동 · 호수추첨은 조합원 모집 단계부터 일반분양 이전 단계에서 결정함
창립총회	사업계획서상 주택건설예정세대수의 50%이상 조합원모집, 최소 20명 이상 적법한 조합원 구성
조합설립인가신청	사업주체 → 구청장등 주택건설대지의 80%이상의 토지사용승낙서
조합설립승인	구청장등 – 구비서류 및 관련규정 검토, 관련부서협의 – 조합원 전산조회(국토해양부, 금융결재원)
2 사업계획승인	
대지확보	지구단위 수립시 주택건설대지의 소유권 95%이상 확보, 사업계획승인시 100% 확보
시공사 선정	사업계획승인 이전단계에 시공사를 선정하는 경우가 대부분
사업계획승인 신청	사업주체 → 구청장등
사업계획승인	
고시	시보 또는 구보에 고시
3 착공	
조합주택시공보증	시공사 → 대한주택보증
착공신고	사업주체 → 구청등
사용검사 신청	사업주체 → 구청등
준공승인	구청등(해당부서) → 사업주체
4 조합청산	
청산	분당금 징수 및 잉여금 배분
주택등기 촉탁	
조합해산 인가	사업주체 → 구청장등, 주택관리기관(서류이관)
입주	등기 이후 주택매매의 제한이 없음

1. 주택종합계획의 수립

국토교통부장관은 국민의 주거안정과 주거수준의 향상을 도모하기 위하여 다음 각 호의 사항이 포함된 주택종합계획을 수립 · 시행하여야 한다.

1. 주택정책의 기본목표 및 기본방향에 관한 사항
2. 국민주택 · 임대주택의 건설 및 공급에 관한 사항
3. 주택 · 택지의 수요 · 공급 및 관리에 관한 사항
4. 주택자금의 조달 및 운용에 관한 사항
5. 저소득자 · 무주택자 등 주거복지 차원에서 지원이 필요한 계층에 대한 주택임차료 보조 및 주택 지원에 관한 사항
6. 건전하고 지속가능한 주거환경의 조성 및 정비에 관한 사항
7. 주택의 리모델링에 관한 사항

주택종합계획은 연도별 계획과 10년 단위의 계획으로 구분하며, 연도별 계획은 10년 단위의 계획을 토대로 해당 연도 2월 말까지 수립하여야 한다.

2. 시도주택종합계획의 수립

시 · 도지사는 제7조에 따른 주택종합계획과 대통령령으로 정하는 범위에서 그 특별시 · 광역시 · 도 또는 특별자치도(이하 "시 · 도"라 한다)의 조례로 정하는 바에 따라 연도별 시 · 도 주택종합계획 및 10년 단위의 시 · 도 주택종합계획을 수립하여야 한다. 이 경우 시 · 도 주택종합계획은 제7조에 따른 주택종합계획에 적합하여야 하며, 연도별 시 · 도 주택종합계획은 10년 단위의 시 · 도 주택종합계획에 적합하여야 한다.

3. 조합설립인가

많은 수의 구성원이 주택을 마련하거나 리모델링하기 위하여 주택조합을 설립하려는 경우(직장주택조합의 경우는 제외한다)에는 관할 시장 · 군수 · 구청장의 인가를 받아야 한다. 인가받은 내용을 변경하거나 주택조합을 해산하려는 경우에도 또한 같다.

지역주택조합은 도정법상 재개발 · 재건축 조합과는 달리 법인등기를 강제하지 않는다. 따라서 법인등기를 하지 않은 경우 세법상 공동사업자로 보아 세무처리를 한다.

4. 사업계획의 승인

(1) 승인권자

원칙적으로 20호 이상의 주택건설사업을 시행하려는 자 또는 1만㎡ 이상의 대지조성사업을 시행하려는 자는 사업계획승인신청서에 주택과 그 부대시설 및 복리시설의 배치도, 대지조성공사 설계도서 등 대통령령으로 정하는 서류를 첨부하여 다음 각 호의 사업계획승인권자(이하 "사업계획승인권자"라 한다.)에게 제출하고 사업계획승인을 받아야 한다.

① 주택건설사업 또는 대지조성사업으로서 해당 대지면적이 10만 제곱미터 이상인 경우 : 시 · 도지사 또는 지방자치법 제175조에 따라 서울특별시와 광역시를 제외한 인구 50만 이상의 대도시의 시장

② 주택건설사업 또는 대지조성사업으로서 해당 대지면적이 10만 제곱미터 미만인 경우 : 특별시장 · 광역시장 · 특별자치도지사 또는 시장 · 군수

(2) 주택건설대지 소유권의 확보

주택건설사업계획의 승인을 받으려는 자는 해당 주택건설대지의 소유권을 확보하여야 한다. 다만, 다음 각 호의 어느 하나에 해당하는 경우에는 그러하지 아니하다.

① 국가 · 지방자치단체 · 한국토지주택공사 또는 지방공사가 주택건설사업을 하는 경우

「국토의 계획 및 이용에 관한 법률」 제49조에 따른 지구단위계획(이하 "지구단위계획"이라 한다)의 결정(제19조제1항제5호에 따라 의제되는 경우를 포함한다)이 필요한 주택건설사업의 해당 대지면적의 80퍼센트 이상을 사용할 수 있는 권원(權原)[제5조제2항에 따라 등록사업자와 공동으로 사업을 시행하는 주택조합(리모델링주택조합은 제외한다)의 경우에는 95퍼센트 이상의 소유권을 말한다. 이하 이 조, 제22조 및 제23조에서 같다]을 확보하고(국공유지가 포함된 경우에는 해당 토지의 관리청이 해당 토지를 사업주체에게 매각하거나 양여할 것을 확인한 서류를 사업계획승인권자에게 제출하는 경우에는 확보한 것으로 본다), 확보하지 못한 대지가 제22조 및 제23조에 따른 매도청구 대상이 되는 대지에 해당하는 경우

② 사업주체가 주택건설대지의 소유권을 확보하지 못하였으나 그 대지를 사용할 수 있는 권원을 확보한 경우

③ 국가 · 지방자치단체 · 한국토지주택공사 또는 지방공사가 주택건설사업을 하는

경우

(3) 다른 법률의 인허가등의 의제

사업계획승인권자가 사업계획을 승인 또는 변경 승인할 때 다음 각 호의 허가 · 인가 · 결정 · 승인 또는 신고 등(이하 "인 · 허가등"이라 한다)에 관하여 관계 행정기관의 장과 협의한 사항에 대하여는 해당 인 · 허가등을 받은 것으로 보며, 사업계획의 승인고시가 있은 때에는 다음 각 호의 관계 법률에 따른 고시가 있은 것으로 본다. 〈개정 2016.1.19., 2016.12.27.〉(주택법 제19①)

▣ 관련법률의 인허가등 의제(주택법 제19조 제1항)

1. 건축법 제11조에 따른 건축허가, 같은 법 제14조에 따른 건축신고, 같은 법 제16조에 따른 허가 · 신고사항의 변경 및 같은 법 제20조에 따른 가설건축물의 건축허가 또는 신고
2. 공간정보의 구축 및 관리 등에 관한 법률 제15조제3항에 따른 지도등의 간행 심사
3. 공유수면 관리 및 매립에 관한 법률 제8조에 따른 공유수면의 점용 · 사용허가, 같은 법 제10조에 따른 협의 또는 승인, 같은 법 제17조에 따른 점용 · 사용 실시계획의 승인 또는 신고, 같은 법 제28조에 따른 공유수면의 매립면허, 같은 법 제35조에 따른 국가 등이 시행하는 매립의 협의 또는 승인 및 같은 법 제38조에 따른 공유수면매립실시계획의 승인
4. 광업법 제42조에 따른 채굴계획의 인가
5. 국토의 계획 및 이용에 관한 법률 제30조에 따른 도시 · 군관리계획(같은 법 제2조제4호다목의 계획 및 같은 호 마목의 계획 중 같은 법 제51조제1항에 따른 지구단위계획구역 및 지구단위계획만 해당한다)의 결정, 같은 법 제56조에 따른 개발행위의 허가, 같은 법 제86조에 따른 도시 · 군계획시설사업시행자의 지정, 같은 법 제88조에 따른 실시계획의 인가 및 같은 법 제130조제2항에 따른 타인의 토지에의 출입허가
6. 농어촌정비법 제23조에 따른 농업생산기반시설의 사용허가
7. 농지법 제34조에 따른 농지전용(農地轉用)의 허가 또는 협의
8. 도로법 제36조에 따른 도로공사 시행의 허가, 같은 법 제61조에 따른 도로점용의 허가
9. 도시개발법 제3조에 따른 도시개발구역의 지정, 같은 법 제11조에 따른 시행자의 지정, 같은 법 제17조에 따른 실시계획의 인가 및 같은 법 제64조제2항에 따른 타인의 토지에의 출입허가
10. 사도법 제4조에 따른 사도(私道)의 개설허가

11. 사방사업법 제14조에 따른 토지의 형질변경 등의 허가, 같은 법 제20조에 따른 사방지(砂防地) 지정의 해제
12. 산림보호법 제9조제1항 및 같은 조 제2항제1호 · 제2호에 따른 산림보호구역에서의 행위의 허가 · 신고. 다만, 산림자원의 조성 및 관리에 관한 법률에 따른 채종림 및 시험림과 산림보호법에 따른 산림유전자원보호구역의 경우는 제외한다.
13. 산림자원의 조성 및 관리에 관한 법률 제36조제1항 · 제4항에 따른 입목벌채등의 허가 · 신고. 다만, 같은 법에 따른 채종림 및 시험림과 산림보호법에 따른 산림유전자원보호구역의 경우는 제외한다.
14. 산지관리법 제14조 · 제15조에 따른 산지전용허가 및 산지전용신고, 같은 법 제15조의2에 따른 산지일시사용허가 · 신고
15. 소하천정비법 제10조에 따른 소하천공사 시행의 허가, 같은 법 제14조에 따른 소하천 점용 등의 허가 또는 신고
16. 수도법 제17조 또는 제49조에 따른 수도사업의 인가, 같은 법 제52조에 따른 전용상수도 설치의 인가
17. 연안관리법 제25조에 따른 연안정비사업실시계획의 승인
18. 유통산업발전법 제8조에 따른 대규모점포의 등록
19. 장사 등에 관한 법률 제27조제1항에 따른 무연분묘의 개장허가
20. 지하수법 제7조 또는 제8조에 따른 지하수 개발 · 이용의 허가 또는 신고
21. 초지법 제23조에 따른 초지전용의 허가
22. 택지개발촉진법 제6조에 따른 행위의 허가
23. 하수도법 제16조에 따른 공공하수도에 관한 공사 시행의 허가, 같은 법 제34조제2항에 따른 개인하수처리시설의 설치신고
24. 하천법 제30조에 따른 하천공사 시행의 허가 및 하천공사실시계획의 인가, 같은 법 제33조에 따른 하천의 점용허가 및 같은 법 제50조에 따른 하천수의 사용허가
25. 부동산 거래신고 등에 관한 법률 제11조에 따른 토지거래계약에 관한 허가

5. 매도청구

사업계획승인을 받은 사업주체는 다음 각 호에 따라 해당 주택건설대지 중 사용할 수 있는 권원을 확보하지 못한 대지(건축물을 포함한다.)의 소유자에게 그 대지를 시가(市價)로 매도할 것을 청구할 수 있다. 이 경우 매도청구 대상이 되는 대지의 소유자와 매도청구를 하기 전에 3개월 이상 협의를 하여야 한다.(개정 2012.1.26.)(시행일 2012.7.27.)

1. 주택건설대지면적 중 100분의95 이상에 대하여 사용권원을 확보한 경우 : 사용권

원을 확보하지 못한 대지의 모든 소유자에게 매도청구 가능

2. 제1호 외의 경우 : 사용권원을 확보하지 못한 대지의 소유자 중 지구단위계획구역 결정 고시일 10년 이전에 해당 대지의 소유권을 취득하여 계속 보유하고 있는 자(대지의 소유기간을 산정할 때 대지소유자가 직계존속 · 직계비속 및 배우자로부터 상속받아 소유권을 취득한 경우에는 피상속인의 소유기간을 합산한다)를 제외한 소유자에게 매도청구 가능

6. 분양승인 및 착공

분양승인을 받기 위해서는 해당 사업부지 토지소유권 100%를 조합명의로 모두 확보해야 한다.

7. 준공 및 입주

사업주체는 사업계획승인을 받아 시행하는 주택건설사업 또는 대지조성사업을 완료한 경우에는 주택 또는 대지에 대하여 시장 · 군수 · 구청장(국가 또는 한국토지주택공사가 사업주체인 경우와 대통령령으로 정하는 경우에는 국토해양부장관을 말한다.)의 사용검사를 받아야 한다. 다만, 사업계획승인 조건의 미이행 등 특별한 사유가 있어 사업을 완료하지 못하고 있는 경우에는 완공된 주택에 대하여 동별로 사용검사를 받을 수 있다.(개정 2010.4.5.)

사업주체가 사용검사를 받았을 때에는 제17조 제1항(사업계획승인)에 따라 의제되는 인 · 허가등에 따른 해당 사업의 사용승인 · 준공검사 또는 준공인가 등을 받은 것으로 본다.

8. 등기 및 청산

건물의 준공 시 조합원 분양분은 조합원에게 보존등기가 되나 일반분양분은 조합에 보존등기 후 일반분양자에게 이전 된다. 지역주택조합의 청산 시 잔여재산이 있는 경우 조합원에게 분배된다.

제4절 주택조합 조합원의 권리증서(입주권/분양권등)

1. 주택조합방식의 관계당사자

주택조합에 관여하는 당사자는 조합원, 조합(시행사), 업무대행사, 시공사가 있다. 여기서 조합(시행사)은 의결기관 역할를 하고, 시행대행사는 집행기관 역할을 수행한다. 업무대행사는 형식상 주인인 조합(시행사)의 용역대행사에 불과한 기관이지만 사실상은 거의 주인역할을 하는 기관으로서 토지(지주작업), 조합원 모집 및 관리, 자본의 차입, 분양, 청산, 등의 업무를 사실상 시행대행사가 맡는다. 이런 업무특성 때문에 조합과 공동시행을 하는 경우가 많다. 이에 반해 조합(시행사)은 형식상으로 주인이지만 조합원의 권리의무에 중대한 영향을 미치는 사항에 대해 조합총회를 통해 의사결정을 하는 역할로 그 기능이 축소되어 있다.

2. 조합원의 권리증서

주택조합의 조합원 권리증서는 조합진행절차에 따라 다음과 같이 순차적으로 교체 지급된다.

(1) 토지(지주)작업 단계에서 지구단위계획구역지정 및 조합설립인가 시점까지

조합원 가입증서 또는 조합원지위확인서 등을 발행 교부한다. 보통 이 증서에 기재되는 주된 내용은 가입평형, 납부한 계약금, 당사자 인적사항 등이다. 이 단계에 관여하는 당사자는 가입자(조합원)와 업무대행사 만이 참여한다. 보통 조합명칭이나 조합장 표시를 하는 경우도 있으나 이것은 어디까지나 설립중의 조합일 뿐 아직 인격을 취득하지 못하였기 때문에 조합(시행사)은 당사자가 아니다.

(2) 조합설립인가이후부터 분양승인 단계시점까지

조합설립인가이후부터 분양승인 단계시점까지의 사이에는 조합가입계약서 또는 조합가입약정서를 발행하여 종전 권리증서와 교체하여 지급한다. 보통 이 증서에 기재되는 주된 내용은 조합원 분양대금, 납부시기, 조합원의 구체적인 권리의무사항

등이 기재된다. 이 단계에 관여하는 당사자는 가입자(조합원)과 조합(시행사), 그리고 업무대행사가 각각 참여하게 되고, 위 조합원 가입계약서 등에 3당사자가 각각 서명 날인을 하게 된다.

주택조합은 명칭은 비록 조합이지만 그 실질은 비영리사단법인이므로 관할 구청으로부터 조합설립인가를 받게 되면 법인격을 취득(등기하는 경우로 한정)하게 되고 그 이후 사업부지의 모든 소유권을 조합명의로(신탁)이전하게 된다.

(3) 분양승인이후부터 준공/입주를 하고 등기를 할 때까지

분양승인이후부터 준공/입주를 하고 등기를 할 때까지의 시점에는 조합원공급(분양)계약서를 발행하여 종전 권리증서와 교체하여 지급한다. 보통 이 승서에 기재되는 주된 내용은 동호수, 입주예정일, 분양대금의 납부일정과 금액등이 기재된다. 이 단계에 관여하는 당사자는 가입자(조합원), 조합(시행사), 업무대행사, 시공사까지 당사자 모두가 참여하게 되고, 조합원공급(분양)계약서 상에는 4당사자 모두가 서명날인을 하게 된다.

(4) 준공 후 입주 시까지

준공후 입주를 하게 되면 조합이나 업무대행사는 일괄 표제부 보존등기를 실시하고, 조합원분양분은 조합원에게 보존등기가 되며 일반인 분양분은 조합에 보존등기 후 일반인에게 이전등기 된다. 등기필증에는 소유권 및 소유권이외의 권리에 관한 사항 기재되며, 이로서 완전한 권리를 취득하게 된다.

제5절 지역주택조합의 회계감사

1. 회계감사 및 보고 의무

주택조합은 회계감사를 받아야 하며, 그 감사결과를 관할 시장 · 군수 · 구청장에게 보고하고, 인터넷에 게재하는 등 해당 조합원이 열람할 수 있도록 하여야 한다.(주택법 제14조 제2항) 도정법상 정비사업과는 달리 회계감사반의 지정을 구청등 지방자치단체에서 하는 것이 아니라 현행 주택법 규정상 조합에서 직접 지정 할 수 있다.

2. 회계감사기간

(1) 주택법 제26조

주택조합은 다음 각 호의 어느 하나에 해당하는 날부터 30일 이내에 주식회사의 외부감사에 관한 법률 제3조에 따른 감사인의 회계감사를 받아야 한다.

① 주택조합 설립인가를 받은 날부터 3개월이 지난 날

② 사업계획승인(사업계획승인 대상이 아닌 리모델링인 경우에는 주택법 제66조제2항에 따른 허가를 말한다)을 받은 날부터 3개월이 지난 날

③ 사용검사 또는 임시 사용승인을 신청한 날

(2) 회계감사대상기간의 마지막 날의 판단

1) 관련 의견

회계감사대상기간의 마지막 날 즉, 회계기간 종료일(장부마감일)의 판단에 있어 위 각 호에서의 " ~ 3개월이 지난 날" 또는 " ~ 신청한 날"에 대하여 다음과 같은 해석이 있어왔다.

(갑설) 주택법상 조합설립인가일 · 사업계획승인일 · 사용검사 신청한 날 등

회계기간	회계감사를 받아야 하는 날(감사착수일)
추진위설립일 ~조합설립인가일	[조합설립인가일 + 3개월 + 30일] 이내
추진위설립일 ~사업계획승인일	[사업계획승인일 + 3개월 + 30일] 이내
추진위설립일 ~사용검사일 등	[사업검사등 신청일 +30일] 이내

위 갑설의 취지는 다음과 같다.

㉠ 도정법상 재개발등 정비사업조합의 경우에 준하여 볼 수 있고

㉡ 실무적으로도 장부마감 후 30일 이내에 결산작업을 종료하는 것이 현실성이 떨어지며

㉢ 입법취지가 감사준비기간을 두어 기술수행가능성을 높이고자 한 것으로 규제영향분석보고서에도 기술되어 있다.

(을설) 법문그대로 해석하여야 한다.

회계기간	회계감사를 받아야 하는 날(감사착수일)
추진위설립일 ~ [조합설립인가일 +3개월]	[조합설립인가일 + 3개월]이 지난날부터 30일 이내
추진위설립일 ~사업계획승인일 + 3개월]	[사업계획승인일 + 3개월]이 지난날부터 30일 이내
추진위설립일 ~사용검사일 등	[사업검사일등 신청일]이 지난날부터 30일 이내

2) 국토교통부 해석

주택법을 관할하는 국토교통부(주택정책과)는 다음과 같이 "을설"의 입장을 취한다.

주택조합의 회계감사 기간 및 회계감사보고서 제출기한 등 (1AA-1708-072460, 2017.08.07)

주택법 시행령 제26조 제1항에 따라 주택조합은 그 '설립인가를 받은 날부터 3개월이 지난 날', '사업계획승인을 받은 날부터 3개월이 지난 날', '사용검사 또는 임시 사용승인을 신청한 날'을 각각 회계감사 대상기간의 마지막 날로 하여 그 날부터 30일 이내에 회계감사에 착수해야 할 것이며, 주택법령에서는 회계감사 종료시점에 대해 별도로 규정

하고 있지 아니합니다. 또한 영 제26조제3항에 따르면 회계감사를 한 자는 회계감사 종료일부터 15일 이내에 회계감사 결과를 관할 시장,군수,구청장과 해당 주택조합에 각각 통보하도록 하고 있음을 알려드립니다.

그러나 실무적으로 장부마감일로부터 감사착수일까지의 기간이 30일에 불과하기에 해당 기간 내에 광범위한 회계자료를 확보하여 재무제표를 작성하기에는 현실적 어려움이 많다. 특히 대부분의 조합에서 조합설립 이후 세무회계용역계약을 하는 곳이 많은 점, 준공시점에서 수익 및 비용의 인식이 일괄적으로 발생하는 점, 결산이 촉박하여 채권 · 채무 조회의 기간이 부족한 점 등을 고려할 때 "갑설"에 맞게 주택법의 개정이 필요하다.

3.주식회사의 외부감사에 관한 법률 준용

회계감사에 대해서는 주식회사의 외부감사에 관한 법률 제5조에 따른 회계감사기준을 적용한다.

4. 회계감사 결과의 보고

회계감사를 한 자는 회계감사 종료일부터 15일 이내에 회계감사 결과를 관할 시장 · 군수 · 구청장과 해당 주택조합에 각각 통보하여야 한다.

5. 시장등의 시정 요구

시장 · 군수 · 구청장은 통보받은 회계감사 결과의 내용을 검토하여 위법 또는 부당한 사항이 있다고 인정되는 경우에는 그 내용을 해당 주택조합에 통보하고 시정을 요구할 수 있다.

제2장 지역주택조합의 인격

제1절 지역주택조합설립추진위원회의 인격

지역주택조합설립추진위원회(이하 "지역추진위"라 함)는 주택법등에서 정하는 법정단체가 아닌 임의단체이다. 지역추진위는 조합설립이 되면 소멸되며 법률상 비법인사단에 해당된다. 참고적으로 도시개발법상 조합설립추진위원회는 임의단체인 반면 도정법상 재개발등 조합설립추진위원회는 구청장등의 승인을 요하는 법정단체이다.

1. 당연의제법인 여부

법인이 아닌 사단, 재단, 그 밖의 단체(이하 "법인 아닌 단체"라 한다) 중 다음 각 호의 어느 하나에 해당하는 것으로서 수익을 구성원에게 분배하지 아니하는것은 법인으로 보아 이 법과 세법을 적용한다.(국기법 제13조 제1항) 그러나 지역추진위는 임의단체이며 공익목적으로 출연된 기본재산이 있는 재단이 아니기에 당연의제법인에 해당되지 않는다.

① 주무관청의 허가 또는 인가를 받아 설립되거나 법령에 따라 주무관청에 등록한 사단, 재단, 그 밖의 단체로서 등기되지 아니한 것

② 공익을 목적으로 출연(出捐)된 기본재산이 있는 재단으로서 등기되지 아니한 것

2. 세무서장 승인에 의한 법인

(1) 요 건

다음 각 호의 요건을 모두 갖춘 것으로서 대표자나 관리인이 관할 세무서장에게 신청하여 승인을 받은 것도 법인으로 본다. 이 경우 해당 사단, 재단, 그 밖의 단체의 계속성과 동질성이 유지되는 것으로 본다.(국기법 제13조 제2항)

① 사단, 재단, 그 밖의 단체의 조직과 운영에 관한 규정(規程)을 가지고 대표자나 관리인을 선임하고 있을 것

② 사단, 재단, 그 밖의 단체 자신의 계산과 명의로 수익과 재산을 독립적으로 소유 · 관리할 것

③ 사단, 재단, 그 밖의 단체의 수익을 구성원에게 분배하지 아니할 것

(2) 세무서장 승인 신청 시 제출 서류

승인을 받으려는 법인(법인세법 제1조 제1호 및 제3호에 따른 내국법인 및 외국법인을 말한다. 이하 같다)이 아닌 사단, 재단, 그 밖의 단체(이하 "법인 아닌 단체"라 한다)의 대표자 또는 관리인은 다음 각 호의 사항을 적은 문서를 관할 세무서장에게 제출하여야 한다.(2010.12.30 개정)

1. 단체의 명칭
2. 주사무소의 소재지
3. 대표자 또는 관리인의 성명과 주소 또는 거소
4. 고유사업
5. 재산상황
6. 정관 또는 조직과 운영에 관한 규정
7. 그 밖에 필요한 사항

(3) 거주자 또는 비거주자 변경 제한

세무서장 승인에 의한 법인으로 보는 법인 아닌 단체는 그 신청에 대하여 관할 세무서장의 승인을 받은 날이 속하는 과세기간과 그 과세기간이 끝난 날부터 3년이 되는 날이 속하는 과세기간까지는 소득세법에 따른 거주자 또는 비거주자로 변경할 수 없다. 다만, 승인 요건을 갖추지 못하게 되어 승인취소를 받는 경우에는 그러하지 아니하다.(2011.12.31. 개정)

(4) 세무서장 승인 통지

관할 세무서장은 법인 아닌 단체의 대표자 또는 관리인이 제출한 문서에 대하여 그 승인 여부를 신청일부터 10일 이내에 신청인에게 통지하여야 한다.

(5) 고유번호증의 교부

승인을 받은 법인 아닌 단체에 대해서는 승인과 동시에 부가가치세법 시행령 제8조 제2항 에 따른 고유번호를 부여하여야 한다. 다만, 해당 단체가 수익사업을 하려는 경우로서 법인세법 제111조에 따라 사업자등록을 하여야 하는 경우에는 그러하지 아니하다.(2010.12.30 개정)

3. 법인으로 보는 단체외의 법인 아닌 단체

법인 아닌 단체 중 법인으로 보는 단체(이하 "법인으로 보는 단체"라 한다) 외의 법인 아닌 단체는 거주자 또는 비거주자로 보아 이 법을 적용한다.(2010.12.27 개정)(소득법 제2조 제3항)

(1) 1거주자 또는 1비거주자

거주자 또는 비거주자로 보는 사단 · 재단 및 그 밖의 단체 중 대표자 또는 관리인이 선임되어 있으나 이익의 분배방법이나 분배비율이 정하여져 있지 아니한 단체 등은 1거주자 또는 1비거주자로 보아 법을 적용한다.

(2) 공동사업자

위 (1)에 해당되지 않는 거주자로 보는 단체는 공동으로 사업을 경영하는 것으로 보며, 이때 명시적으로 이익의 분배방법이나 분배비율이 정하여져 있지 않더라도 사실상 이익이 분배되는 경우에는 그 단체 등의 구성원이 공동으로 사업을 경영하는 것으로 본다.

4. 실무적 고려

실무적으로 지역추진위를 도정법상 재건축등 정비사업조합설립추진위원회와 동일하게 "법인으로 보는 단체(000-82-00000)"로 신청하여 업무를 진행하는 현장이 있는 반면 "법인으로 보는 단체외의 법인 아닌 단체(공동사업자)(000-80-00000)"로 보아 업무를 진행하는 현장이 있다. 국세청 해석상 지역추진위 또는 지역주택조합은 후자인 '법인으로 보는 단체외의 법인 아닌 단체'(공동사업)로 보고 있다.(소득 -652, 2011.07.28/ 재조세-717, 2007.06.11)

제2절 지역주택조합의 인격

1. 등기된 경우

지역주택조합은 구청장등으로부터 승인을 받으나 법률적으로는 등기를 강제하지 않는다. 그러나 권리관계를 명확히 하기 위해 법인등기를 할 수도 있으며 등기를 하는 경우에는 법인격을 지닌다. 최근에는 등기소에서 지역주택조합에 대한 법인설립등기 신청 시 등기를 반려하는 곳이 하고 많다.

세무상 법인등기를 한 지역주택조합은 영리성과 비영리성을 지닌다. 영리성은 일반 분양을 통한 이익을 내부정관 상 조합원에게 분배할 수 있도록 규정하고 있는 점을 들 수 있으며 비영리성은 조합원이 본인들의 주택을 직접 신축하여 한 채씩 나누어 갖는다는 의미에서 비영리성을 지닌다.

도정법상 재개발사업등은 조세특례제한법 제104조의7 규정에서 조합원에게 이익을 분배할 수 있음에도 불구하고 비영리법인으로 의제하고 있는 반면 지역주택조합은 관련 규정이 없어 업무의 불확실성이 있다.

○ 지역주택조합의 법인격 (서울행법 2011구합11174. 2012.1.13.)

주택법에 의하여 설립된 주택조합이 비록 조합이라는 명칭을 사용하지만 고유의 목적을 가지고 사단적 성격을 가지는 규약을 만들어 이에 근거하여 의사결정기관인 총회와 운영위원회 및 집행기관인 대표자를 두는 등의 조직을 갖추고 있고, 의결이나 업무집행방법이 다수결의 원칙에 따라 행해지며 조합원의 가입탈퇴에 따른 변경에 관계없이 조합 자체가 존속하는 등 단체로서의 중요사항이 확정되어 있는 점에 비추어 그 명칭에 불구하고 비법인사단에 해당하는바(대법 1997.1.24 선고 96다39721 판결 등 참조), 원고조합과 000제일지역주택조합도 그 규약(갑 제2호증, 을 제6호증의 5)의 내용과 변론 전체의 취지에 비추어 볼 때 비법인사단에 해당한다.("주택법에 의하여 주택조합설립인가를 받아 당연의제법인의 요건에 해당하므로 ~ 이하 생략")

구 국세기본법(2007.12.31법률 제8830호로 개정되기 전의 것, 이하 '구 국세기본법') 제13조 제1항 제1호는 '법인격이 없는 사단 · 재단 기타 단체 중 주무관청의 허가 또는 인가를 받아 설립되거나 법령에 의하여 주무관청에 등록한 사단 · 재단 기타 단체로서 등기되지 아니한 것1)에 대하여는 이를 법인으로 보아 이 법과 세법을 적용 한다고 규정하고 있다. 갑 제1호증의 기재에 의하면, 원고 조합은 2007.2.22 동작구청장으로부터 주택법 제32조에 의하여 주택조합설립인가를 받은 사실을 인정할 수 있는바, 이는 구 국세기본법 제13조 제1항 제1호가 정한 당연의제법인의 요건에 해당한다. 따라서 원고조합은 세법상 법인으로 보아야 하고, 종합부동산세 납부의무자가 될 수 있다.

지역 및 직장주택조합의 일반분양 수익에 대한 과세 여부
(법인 46012-3210, 1994.11.28.)

[질의] 지역 및 직장조합원을 구성하여 조합아파트를 신축하는 법인이 아파트 건축비에 충당하고자 상가를 신축 분양 시

- 법인세 및 부가가치세 납세의무의 여부
- 고유번호 지정통지된 것을 수익 사업에 따른 사업자등록 번호를 다시 교부받아야 하는지 의 여부

[회신] 1. 주택건설촉진법(2003.5.9 법률 제6916호 주택법으로 전문 개정되기 전의 것)에 의하여 설립된 주택조합이 공사비 충당을 위하여 상가를 일반에게 분양함으로서 발생하는 수입은 법인세법 제1조 제1항 규정에 의한 비영리법인의 수익사업소득에 해당하여, 부가가치세법 제6조의 규정에 의하여 부가가치세가 과세되는 것이고

2. 비영리법인이 새로 수익사업을 개시한 때에는 법인세법 제61조 규정에 의하여 수익사업 개시신고를 하여야 하는 것임.

○ 주택조합을 국세기본법상의 '법인으로 보는 단체'로서 법인세법상의 비영리 내국법인 여부 및 수익사업(대법 2005두1343. 2005.7.8)

주택건설촉진법2003.5.9 법률 제6916호 주택법으로 전문 개정됨)상 주택조합(현 주택법상 지역주택조합 및 직장주택조합을 말함)의 사업은 통상적으로 각각의 조합원이 토지나 주택을 출자하고, 조합은 조합원에게 1세대씩 분양할 아파트 외에 여분의아파트와 상가 등을 건축한 다음 이를 일반분양하여 그 분양대금으로 건축비를 일부 충당함으로써 각 조합원이 부담할 건축비를 경감하는 방식으로 이루어지는 사실, 이 사건 주택조합도 원고를 비롯한 조합원들로부터 대지와 점포 등을 출자받아 18층 아파트 1동 108세대를 재건축하여 조합원들에게 우선 분양하고 남은 아파트를 일반분양하였고, 그 수입금액을 조합원들에게 각자의 지분비율에 따라 안분하여 각 조합원이 납부할 건축비에 충

당한 사실을 알 수 있으나, 이 사건 주택조합을 국세기본법상의 '법인으로 보는 단체'로서 법인세법상의 비영리 내국법인으로 보는 이상, 이 사건 주택조합이 주체가 되어 재건축한 아파트를 제3자에게 일반분양하여 얻게 된 소득은 일단 비영리법인의 사업소득으로 귀속되어 법인세의 부과대상이 됨.

2. 등기되지 않은 경우

주택법 제32조 및 동법 시행령 제37조에 의거 관할행정기관으로부터 인가를 받고 설립한 지역주택조합은 통상 다음의 내부규약 내용을 명시하고 있다.

① 조합원은 조합에 현금을 출자(분담금)하고 조합은 출자금으로 토지를 매입한 후 아파트를 신축하여 조합원에게 우선 공급하고, 잔여세대는 일반에게 분양한다.

② 건축비용은 일반인에게 분양하여 얻은 이익과 조합원에게 지분에 따라 추가출자(분담금를 받아 조달한다.

③ 조합은 목적사업이 완료되면 총회의 결의에 의하여 해산한다.

④ 청산 시 잔여재산은 조합원에게 지분에 따라 분배한다.

위 규약에 따르면 조합원에게 잔여재산을 조합원에 분배하며 해당 잔여재산 중 일반분양수익을 통한 잔여재산이 있는 경우 각 조합원의 지분에 따라 분배가 이루어진다. 또한 일반분양수익 중 일부가 조합원의 공사비에 충당되는 이상 수익사업을 통한 이익이 조합원에 분배된다. 이러한 점을 들어 국세청에서는 지역주택조합을 국세기본법상 법인으로 보는 단체에 해당하지 않는 것으로 해석하고 있다.

▷지역주택조합 조합원의 소득세 납세의무(소득-652, 2011.7.28)

조합이 대표자는 선임되어 있으나 명시적으로 이익의 분배방법이나 분배비율이 정하여져 있지 아니하더라도 사실상 이익이 분배되는 경우에는 그 단체의 구성원이 공동으로 사업을 영위하는 것으로 보는 것임.

▷주택조합의 법인으로 보는 단체 해당 여부(재조세-717, 2007.6.11)

구주택건설촉진법(법률 제6852호로 개정되기 전의 것) 제44조 및 주택법 제32조 규정에 의하여 설립된 주택조합(법인으로 등기한 경우는 제외)은 국세기본법 제13조 제1항의 규정에 의한 법인으로 보는 단체에 해당하지 아니합니다.

▷사실상 이익 분배가 되는 주택조합의 인격(서면1팀-923, 2006.7.6)

당해 조합이 대표자는 선임되어 있으나 명시적으로 이익의 분배방법이나 분배비율이 정하여져 있지 아니하더라도 사실상 이익이 분배되는 경우에는 그 단체의 구성원이 공동으로 사업을 영위하는 것으로 보는 것이고, 공동사업자에 해당하는 재건축주택조합의 경우 소득세법 제2조 및 제43조의 규정에 의하여 각 조합원별 지분 또는 손익분배비율에 의하여 분배되었거나 분배될 소득금액에 따라 각 조합원별로 소득세납세 의무를 지는 것으로, 귀 질의의 경우 조합원에 대해 분배된 소득금액의 실지귀속 여부 등에 대하여는 당사자간의 약정내용 등을 조사 · 확인하여 사실판단 할 사항입니다.

▷법규부가 2008-0100, 2009.1.7

귀 사전답변 신청의 사실관계와 같이 신행정수도 후속대책을 위한 연기 · 공주지역 행정중심복합도시 건설을 위한 특별법에 따른 행정중심복합도시 건설사업의 시행과 관련한 이주대책으로 한국토지공사로부터 공동주택건설용지를 공급받은 거주자들이 당해 거주자들을 조합원으로 하여 세종주민아파트건축조합을 설립(법인등기는 하지 아니함) 한 후, 주택건설업자와 공동주택 건설도급계약을 체결하여 건설된 공동주택에 대하여는 우선적으로 조합원에게 분양하고 잔여세대는 일반분양하여 조합운영 및 공사대금에 충당하고자 하는 경우, 당해 아파트건축조합은 국세기본법 제13조 제1항 및 제2항에 따른 "법인으로 보는 단체"외의 단체로서 각자의 지분비율에 따라 사실상 이익이 분배되므로 소득세법 시행규칙 제2조에 따라 당해 조합의 구성원인 조합원이 공동으로 사업을 영위하는 것으로 보는 것입니다.

▷심사소득 2007-0207, 2007.12.17

재건축조합이 대표자는 선임되어 있으나 명시적으로 이익의 분배방법이나 분배비율이 정하여져 있지 아니하더라도 사실상 이익이 분배되는 경우에는 그 단체의 구성원이 공동으로 사업을 영위하는 것으로 보는 것이고, 공동사업자에 해당하는 재건축 주택조합의 경우 각 조합원별 지분 또는 손익 분배 비율에 의하여 분배되었거나 분배될 소득금액에 따라 각 조합원별로 소득세납세의무를 지는 것이다.(같은 뜻 : 서면1팀-923,2006.7.6) 또한 일반적으로 재건축조합은 재건축사업비를 조달하기 위하여 조합원들이 내는 부담금 외에도 재건축사업에서 발생되는 여분의아파트 등을 분양하여 그 분양수입으로 공사사업비를 충당하고 있으며, 쟁점재건축조합과 시공사가 체결한 쟁점공사계약서에 의하면, 공사금액은 조합원 분담금의 합계액과 잔여시설물 분양금액의 합계액에서 사업비를 공제한 금액으로 하기로 약정하였음이 확인되는 등 쟁점재건축사업의 경우 아파트 등을 일반분양하여 얻은 이익은 각 조합원이 분담할 건축비용에 충당된 것으로 보이는바 일반분양하여 얻은 이익금을 분배받지 않았다 하더라도 각 조합원은 실질적으로 건축비 경감액 만큼의 이익을 분배받은 것으로 보아야 하므로 그 사업소득은 조합원인 청구인 등에게 귀속되며, 단지 시공회사는 쟁점재건축조합에 건설용역을 제공하고 그 용역제공의 대가에 대하여 법인세 납부의무만 있을 뿐이므로 청구인의 주장은 이유가 없는 것으로 판단된다.(같은뜻 : 국심2001서2052,2001.10.9)

제3장 지역주택조합 법인세

제1절 개요

지역주택조합은 원주민(지주)조합원으로부터 토지(건물포함. 이하 같다.)를 대물변제 또는 현금청산조건으로 매입하거나 모집조합원으로부터 현금을 출자 받아 사업을 진행한다. 토지는 조합명의로 구입하여 바로 신탁사에 신탁등기를 한다. 신탁등기된 토지 위에 주택을 건설하여 조합원에게 1채씩 분양하며 일부 잔존 주택 및 상가등은 일반인에게 분양한다. 건물의 준공 시 조합원이 분양받는 주택은 조합원명의로 보존등기가 이루어지며 일반분양분 건물은 조합명의로 보전등기 후 일반인에게 이전된다.

조합원에게 이전되는 주택 및 그 부수토지는 출자지분의 현물반환에 해당되어 지역주택조합의 수익사업과 관련이 없어 익금불산입 항목이다. 이에 대응하여 조합원분양분과 관련된 공통손금은 비수익사업과 관련된 것으로 보아 손금불산입대상에 해당된다. 조합의 수익사업은 조합원에게 분양하고 남은 주택 및 상가건물의 일반분양관련 수익이 있다. 이에 대응하여 공통손금 중 일반인분양분 상당액만 손금에 산입된다. 이와 관련하여 자세히 살펴보고자 한다.

제2절 지역주택조합의 익금

1. 비영리법인의 과세소득의 범위

비영리내국법인은 다음의 소득에 대하여만 법인세를 과세한다. 따라서 청산소득에 대한 법인세납세의무는 없다.(법인법 제3조 단서)

① 각사업연도소득

② 법인세법 제55조의2에 따른 토지등 양도소득

2. 각사업연도소득

비영리내국법인의 각 사업연도의 소득은 다음 각 호의 사업 또는 수입(이하 "수익사업"이라 한다)에서 생기는 소득으로 한다.(법인법 제3조 제3항)

① 제조업, 건설업, 도매업 · 소매업, 소비자용품수리업, 부동산 · 임대 및 사업서비스업 등의 사업으로서 대통령령으로 정하는 것(2013.1.1 개정)

② 소득세법 제16조 제1항에 따른 이자소득

③ 소득세법 제17조 제1항에 따른 배당소득

④ 주식 · 신주인수권(新株引受權) 또는 출자지분(出資持分)의 양도로 인하여 생기는 수입

⑤ 고정자산(고유목적사업에 직접 사용하는 고정자산으로서 대통령령으로 정하는 것은 제외한다)의 처분으로 인하여 생기는 수입

⑥ 소득세법 제94조 제1항 제2호 및 제4호에 따른 자산의 양도로 인하여 생기는 수입

⑦ 제1호부터 제6호까지의 규정 외에 대가(對價)를 얻는 계속적 행위로 인하여 생기는 수입으로서 대통령령으로 정하는 것

3. 지역주택조합의 각사업연도소득

지역주택조합의 각사업연도소득은 아래와 같다.

① 일반분양수익(연체료 포함)

② 수익사업과 관련한 채무면제이익 또는 자산수증이익

③ 이자수익

④ 토지등 양도소득

⑤ 기타 수익사업과 관련한 부대수익

4. 수익의 인식

(1) 원칙 : 작업진행률

건설 · 제조 기타 용역(도급공사 및 예약매출을 포함하며, 이하에서 "건설 등"이라 한다)의 제공으로 인한 익금과 손금은 그 목적물의 건설등의 착수일이 속하는 사업연도부터 그 목적물의 인도일이 속하는 사업연도까지 기획재정부령으로 정하는 바에 따라 그 목적물의 건설등을 완료한 정도(이하에서 "작업진행률"이라 한다)를 기준으로 하여 계산한 수익과 비용을 각각 해당 사업연도의 익금과 손금에 산입한다.(법인령 제69조 제1항)

작업진행률에 의한 익금 또는 손금이 공사계약의 해약으로 인하여 확정된 금액과 차액이 발생된 경우에는 그 차액을 해약일이 속하는 사업연도의 익금 또는 손금에 산입한다.(소득령 제69조 제3항)(2012.2.2. 신설)

1. 작업진행률	해당 사업연도말까지 발생한 총공사비누적액 / 총공사예정비
2. 총공사예정비	총공사예정비는 기업회계기준을 적용하여 계약 당시에 추정한 공사원가에 해당 사업연도말까지의 변동상황을 반영하여 합리적으로 추정한 공사원가로 한다.
3. 각 사업연도의 익금과 손금에 산입하는 금액의 계산	(1) 익금 : 계약금액 ×작업 진행률 - 직전 사업연도말까지 익금에 산입한 금액 (2) 손금 : 당해 사업연도에 발생된 총비용

(2) 예외 : 인도기준

1) 선택적 인도기준

다음 각 호의 어느 하나에 해당하는 경우에는 그 목적물의 인도일이 속하는 사업연도의 익금과 손금에 산입할 수 있다.(2013.2.15 개정)

① 중소기업인 법인이 수행하는 계약기간이 1년 미만인 건설등의 경우

② 기업회계기준에 따라 그 목적물의 인도일이 속하는 사업연도의 수익과 비용으로 계상한 경우(2012.2.2 신설)

○ 지역주택조합의 경우에도 위 ②규정에 의거 장부상 기업회계기준(K-IFRS)에 따라 손익을 인도기준으로 계상한 경우 세법상 인정받을 수 있다.

2) 강제적 인도기준

다음 각 호의 어느 하나에 해당하는 경우에는 그 목적물의 인도일이 속하는 사업연도의 익금과 손금에 각각 산입한다.(2013.2.15 개정)

① 작업진행률을 계산할 수 없다고 인정되는 경우로서 기획재정부령[1)]으로 정하는 경우

② 법 제51조의2 제1항 각 호의 어느 하나에 해당하는 법인(유동화전문회사 등)으로서 국제회계기준을 적용하는 법인이 수행하는 예약매출의 경우

1) 법인칙 제34조 제4항 : 영 제69조 제2항 제1호에서 "기획재정부령으로 정하는 경우"란 법인이 비치 · 기장한 장부가 없거나 비치 · 기장한 장부의 내용이 충분하지 아니하여 당해 사업연도 종료일까지 실제로 소요된 총공사비누적액 또는 작업시간등을 확인할 수 없는 경우를 말한다.(2011.2.28 개정)

제3절 지역주택조합의 손금

1. 일반분양관련 손금

지역주택조합은 수익사업(일반분양)과 비수익사업(조합원분양)을 겸영한다. 따라서 일반분양관련 개별손금은 손금산입이 가능하나 비수익사업관련 개별손금 및 공통손금 중 비수익사업관련 안분액은 손금불산입대상이다.

2. 일반분양관련 개별손금

(1) 분양대행수수료

조합원을 모집시점부터 일반분양일 이전까지 조합원 분양은 마무리 된다. 따라서 조합원분양에 대한 분양대행수수료는 발행하지 않기에 분양대행수수료는 일반분양관련 개별손금에 해당된다.

주의할 사항은 모델하우스설치 및 그 유지관리비용이다. 재개발등 정비사업조합의 경우 모델하우스설치 및 그 유지관리비용은 전액 일반분양관련 개별손금에 해당되나 지역주택조합의 경우에는 공통손금으로 보아야 한다. 지역주택조합원의 모집 시 견본주택을 건설하여 모집하는 경우가 대부분이기에 전액 일반분양관련 개별손금으로 구분하는 것은 문제가 있다.

(2) 기타 일반분양관련 개별손금

일반분양분에만 설치하는 추가옵션비용 등이 있는 경우 당해 비용은 수익사업의 개별손금으로 보아야 한다.

3. 수익사업과 비수익사업의 공통손금 안분

(1) 구분경리

비영리법인이 수익사업을 하는 경우에는 자산 · 부채 및 손익을 그 수익사업에 속하는 것과 수익사업이 아닌 그 밖의 사업에 속하는 것을 각각 다른 회계로 구분하여 기록하여야 한다.(법인법 제113조 제1항) 구분경리를 할 때에는 구분하여야 할 사업 또는 재산별로 자산·부채 및 손익을 각각 독립된 계정과목에 의하여 구분기장하여야 한다. 다만, 각 사업 또는 재산별로 구분할 수 없는 공통되는 익금과 손금은 그러하지 아니하다.(법인칙 제75조 제1항)

(2) 공통손익의 안분계산

1) 원 칙

비영리법인이 수익사업과 기타의 사업의 손익을 구분경리하는 경우 공통되는 익금과 손금은 다음 각호의 규정에 의하여 구분계산하여야 한다. 다만, 공통익금 또는 손금의 구분계산에 있어서 개별손금(공통손금 외의 손금의 합계액을 말한다. 이하에서 같다)이 없는 경우나 기타의 사유로 다음 각호의 규정을 적용할 수 없거나 적용하는 것이 불합리한 경우에는 공통익금의 수입항목 또는 공통손금의 비용항목에 따라 국세청장이 정하는 작업시간·사용시간·사용면적 등의 기준에 의하여 안분계산한다.(1999.5.24 개정)

① 수익사업과 기타의 사업의 공통익금은 수익사업과 기타의 사업의 수입금액 또는 매출액에 비례하여 안분계산(1999.5.24 개정)

② 수익사업과 기타의 사업의 업종이 동일한 경우의 공통손금은 수익사업과 기타의 사업의 수입금액 또는 매출액에 비례하여 안분계산(1999.5.24 개정)

③ 수익사업과 기타의 사업의 업종이 다른 경우의 공통손금은 수익사업과 기타의 사업의 개별 손금액에 비례하여 안분계산(1999.5.24. 개정)

2) 지역주택조합의 경우

일반분양이 있는 경우 조합원분양가는 일반분양가보다 낮게 분양가를 책정한다. 이는 일반분양을 통한 이익을 조합원분양가를 낮추는데 사용한 것으로 이해할 수 있다. 따라서 수입금액 또는 매출액 기준으로 공통손금을 안분 시 분배원칙의 타당성이 의심된다. 반면 건물면적기준으로 공통손금을 안분하는 것은 실제 투입원가 또는 배분원칙의 충실성 측면에서 타당하다. 공통손금의 안분 등에 대해서는 본 책의 정비사업조합의 세무회계 실무편을 준용하기 바란다.

제4절 지역주택조합의 주요 회계처리

1. 재무상태표 항목

(1) 건설용지

지역주택조합설립추진위원회 또는 지역주택조합은 조합원으로부터 토지대금을 수령하여 조합원명의로 토지를 취득하는 일을 대행한다. 토지대금은 통상 계약금 2회, 중도금 2회를 통해 납부한다.

① 토지대금 수령 시

(차)	보통예금	＊＊＊	(대)	현금출자금	＊＊＊

○ 위 분개에서 대변의 현금출자금(자본) 계정 대신 조합원분양선수금(부채) 계정을 사용할 수도 있다.

② 토지대금 지출 시

(차)	선급금	＊＊＊	(대)	보통예금	＊＊＊
(차)	건설용지	＊＊＊	(대)	선급금 보통예금	＊＊＊ ＊＊＊

<table>
<tr><th rowspan="3">구분
(㎡)</th><th colspan="6">토지 대금 (단위 : 1,000원)</th></tr>
<tr><th colspan="2">계약금 제1차
(계약시 5%)</th><th colspan="2">계약금 제2차
(계약1개월 후 5%)</th><th>중도금 1차</th><th>중도금 2차</th></tr>
<tr><th>계약금</th><th>업무
추진비</th><th>계약금</th><th>업무
추진비</th><th>조합설립 인가 후
1개월(10%)</th><th>사업계획 승인 후
1개월(10%)</th></tr>
<tr><td rowspan="2">59.99</td><td>7,450</td><td>4,000</td><td>7,450</td><td>4,000</td><td rowspan="2">14,900</td><td rowspan="2">14,900</td></tr>
<tr><td colspan="2">11,450</td><td colspan="2">11,450</td></tr>
<tr><td rowspan="2">84.99</td><td>9,850</td><td>4,000</td><td>9,850</td><td>4,000</td><td rowspan="2">19,700</td><td rowspan="2">19,700</td></tr>
<tr><td colspan="2">13,850</td><td colspan="2">13,850</td></tr>
</table>

(2) 업무추진비

위 조합원 분양계약서에는 토지대금에 업무추진비를 포함하고 있으나 이는 사업관련 컨설팅비용으로 실질상 토지구입대금에 해당되지 않는다. 재개발 · 재건축사업에 있어 정비관리업자용역비 즉, 행정용역비와 유사한 성격을 지닌다. 해당 용역비는 지역주택사업의 시행대행사에게 지급할 총용역비를 미리 토지대금과 함께 징수할 뿐이다.

(차)	보통예금	* * *	(대)	현금출자금(업무추진비)	* * *

○ 위 분개에서 대변의 현금출자금(자본) 계정 대신 조합원분양선수금(부채) 계정을 사용할 수도 있다.

양도차익을 실지거래가액으로 계산시 조합업무추진비의 필요경비 해당 여부 (국심 94서5950,1995.8.16)

[질의] 조합아파트의 취득시 부담하는 비용은 일반 아파트의 경우와는 달리 분양가(토지구입비 및 건축비)외에 '조합업무추진비(용역비)'가 추가됨. 양도차익을 실지거래가액으로 계산함에 있어 동 '조합업무추진비(용역비)'가 필요경비에 해당하는지 여부

[회신] 청구인 등이 지출한 분양사무소 운영비는 일종의 판매 및 일반관리비적인 성격을 갖는 비용으로서 사업소득 계산시에는 매출원가(취득원가)에 해당하지 아니하더라도 기간비용으로서 당연히 매매가액에서 공제되어야 할 것이나, 양도소득금액의 계산방법에 의하는 경우 위 소득세법시행령 제141조의 규정에 의하면 매매차익 계산시 필요경비로 공제되는 금액은 매매부동산의 취득원가, 설비비와 개량비, 자본적 지출액, 양도비, 건설자금이자, 토지 매도와 관련한 공과금으로 한정되어 있고 분양사무소 직원의 급료나 식대 등의 운영비는 취득원가 및 이에 준하는 위의 필요경비와는 그 성격이 상이하므로, 동 비용은 토지 등의 양도에 직접적으로 소요된 양도비로 보아 매매차익 계산 시 공제할 수는 없다고 판단된다.(이하생략)

3) 건축대금

토지대금의 입금이 완료되면 통상 6회의 건축대금 및 1회의 잔금을 납부한다.

(차)	보통예금	* * *	(대)	현금출자금(건축대금)	* * *

○ 위 분개에서 대변의 현금출자금(자본) 계정 대신 조합원분양선수금(부채) 계정을 사용할 수도 있다.

건 축 대 금 (단위 : 1,000원)						
중도금 3차	중도금 4차	중도금 5차	중도금 6차	중도금 7차	중도금 8차	잔금
착공 후 2개월 (10%)	착공 후 6개월 (10%)	착공 후 10개월 (10%)	착공 후 14개월 (10%)	착공 후 18개월 (10%)	착공 후 22개월 (10%)	입주시 (10%)
14,900	14,900	14,900	14,900	14,900	14,900	14,900
19,700	19,700	19,700	19,700	19,700	19,700	19,700

(4) 조합원미완성주택 · 조합원완성주택

조합원분양분이 완성되기 이전의 건설중인자산을 조합원미완성주택이라 하며 이는 완성 시 조합원완성주택으로 전환된다.

(차)	조합원미완성주택	* * *	(대)	제분양공사원가	* * *
(차)	조합원완성주택	* * *	(대)	조합원미완성주택	* * *

(5) 일반분양선수금

1) 진행기준에 의하는 경우

손익을 진행기준으로 인식하는 경우 분양금의 수령 시 분양선수금으로 회계처리 후 기말에 일반분양수익으로 인식한다.

① 분양금 수령 시

(차)	보통예금	* * *	(대)	일반분양선수금	* * *

② 기말결산 시

(차)	일반분양선수금	***	(대)	일반분양수익	***
(차)	일반분양미수금	***			

2) 인도기준에 의하는 경우

손익을 인도기준으로 인식하는 경우 분양금의 수령 시 분양선수금으로 회계처리 후 인도시점에 일반분양수익으로 인식한다.

① 분양금 수령 시

(차)	보통예금	***	(대)	일반분양선수금	***

② 기말결산 시

- 분개 없음 -

③ 인도 시

(차)	일반분양선수금	***	(대)	일반분양수익	***
(차)	일반분양미수금	***			

(6) 현금출자금

현금출자금은 조합원이 조합에 불입하는 토지구입대금, 업무추진비, 건축대금 등을 말한다. 토지 또는 건물의 사용승인 시 조합원에게 환원등기 또는 보존등기가 이루어진다.

① 토지, 업무추진비, 건축대금 납입 시

(차)	보통예금	***	(대)	현금출자금(토지대금)	***
			(대)	현금출자금(업무추진비)	***
			(대)	현금출자금 (건축대금)	***

○ 위 대변의 현금출자금(자본) 계정을 조합원분양선수금(부채) 계정으로 회계처리 할 수도 있다.

② 사용승인(완공) 시

(가) 조합원 불입액을 출자금으로 회계처리 한 경우

(차)	현금출자금	***	(대)	조합원완성주택	***
	이익잉여금	***			

○ 차변의 이익잉여금은 일반인분양분(수익사업)에서 발생한 이익 중 일부가 조합원의 건설비에 충당된 금액이다.

○ 종전 토지와 건물의 현물출자금이 있는 경우에는 위 분개에서 차변에 현물출자금(또는 조합원 분양선수금)이 추가로 계상될 수 있다.

(나) 조합원 불입액을 조합원분양선수금으로 회계처리한 경우

(차)	조합원분양선수금	***	(대)	조합원분양수익	***
	조합원분양미수금	***			
(차)	조합원매출원가	***	(대)	조합원완성주택	***

○ 조합원으로부터 토지대금등을 수령 시 현금출자금(자본) 계정대신 조합원분양선수금(부채) 계정을 사용한 경우에는 차변에 조합원분양선수금을 계상한다.

2. 포괄손익계산서 항목

(1) 일반분양수익

조합원에게 분양하고 남은 잔여주택 및 상가를 일반인에게 분양한 수익은 수익사업의 익금에 해당된다. 이와 관련한 회계처리는 다음과 같다.

① 분양금의 입금 시

(차)	보통예금	***	(대)	일반분양선수금	***

② 기말 수익 인식 시

(가) 진행기준에 의한 경우

(차)	일반분양선수금	***	(대)	일반분양수익	***
(차)	일반분양미수금	***	(대)		

(나) 인도기준에 의한 경우

- 분개 없음 -

③ 인도 시

(가) 진행기준에 의한 경우

- 분개 없음 -

(나) 인도기준에 의한 경우

(차)	일반분양선수금	***	(대)	일반분양수익	***
(차)	일반분양미수금	***	(대)		

조합원 분양수익의 인식

조합원이 불입하는 토지 및 업무추진비, 건축대금을 현금출자금으로 회계처리하지 않고 아래와 같이 수익으로 인식하는 방법을 사용할 수도 있다. 이 경우 기말 또는 인도시점에 조합원분양수익은 익금불산입(기타), 조합원매출원가는 손금불산입(기타)으로 처리하여야 한다.

1. 진행률에 의한 경우

① 분양금 수령 시

(차)	보통예금	***	(대)	조합원분양선수금	***

② 기말결산 시

(차)	조합원분양선수금	***	(대)	조합원분양수익	***
(차)	조합원분양미수금	***	(대)		

③ 조합원매출원가의 인식

(차)	조합원매출원가	***	(대)	조합원(미)완성건물	***

2. 인도기준에 의한 경우

① 분양금 수령 시

(차)	보통예금	***	(대)	조합원분양선수금	***

② 기말결산 시

- 분개 없음 -

③ 인도 시 (완공 시)

(차)	조합원분양선수금	***	(대)	조합원분양수익	***
(차)	조합원분양미수금	***	(대)		

④ 조합원매출원가의 인식

(차)	조합원매출원가	***	(대)	조합원(미)완성건물	***

(2) 일반분양 매출원가

당기총공사원가 중 조합원분 이외의 공사원가 중 해당사업연도 매출액에 대응되는 일반분양분에 대한 매출원가를 말한다. 만약, 조합원매출원가를 포괄손익계산서에 반영한 경우에는 해당 금액만큼 손금불산입(기타) 처리를 하여야 한다.

매출원가의 산정은 제3편 정비사업조합의 세무회계실무 중 제5장 정비사업의 법인세 실무(매출원가의 산정)를 참조하기 바란다.(원칙적 진행기준, 기업회계기준을 준용하여 인도기준으로 장부에 인식한 경우 선택적 인도기준)

(3) 일반분양관련 판관비

수익사업관련 일반분양 판관비는 개별손금과 공통손금으로 구분할 수 있다. 일반분양관련 개별손금은 일반분양대행비, 일반분양관련 매입세액불공제액 등이 있다. 공통손금은 조합원분양분과 일반분양분에 공통으로 사용된 손금으로 모델하우스관련 비용(M/H부지임차료, M/H공사비, M/H운영비, M/H단지모형제작 등), 조합운영비, 업무행정지원비, 입주관리비, 광고홍보비 등이 있다.

공통손금은 수입금액 또는 매출액기준, 면적기준등에 의해 안분할 수 있다.

(4) 영업외 수익과 영업외 비용

이자수익과 이자비용이 대표적인 항목이다. 이자수익은 모두 수익사업의 익금에 해당된다. 반면 이자비용은 수익사업과 비수익사업의 공통손금에 해당되어 수입금액 또는 매출액, 면적기준 등 합리적인 방법으로 안분하여야 한다.

일반적으로 조합원 개인과 은행간의 차용계약을 맺기에 이자비용에 대한 원천징수 문제는 발생하지 않는다. 그러나 조합이 금융권 또는 시공사로부터 토지대금등을 차입 후 조합원에게 대여한 경우에는 원천징수 문제가 발생한다.

재고자산 관련 금융비용은 기업회계에서 자본화가 선택사항이나 법인세법에서는 자본화대상이 아니다. 반면, 지방세법에서는 취득세과세표준에 재고자산(토지, 건물)에 대한 금융비용자본화가 필수적이다. 따라서 금융비용을 영업외비용으로 회계 및 세무상 반영한 경우에도 취득세 과세표준 산정에는 반영하여야 한다.

제4장 지역주택조합 소득세

제1절 개요

등기되지 아니한 지역주택조합은 공동사업자로 보아 법인세법이 아닌 소득세법을 적용한다. 지역주택조합은 조합원을 모집하여 조합원명의(또는 조합명의)로 토지를 취득하고 바로 조합(신탁사)에 신탁등기 후 해당 토지 위에 새로운 주택 및 상가를 신축한다. 조합원에게는 전용 85㎡이하의 주택을 1채씩 공급하며 일반인에게는 조합원에게 공급 후 남은 주택 또는 상가를 공급하여 조합원의 공사비에 일부 충당한다. 조합원분양은 비수익사업에 해당되며 일반인분양은 수익사업에 해당된다. 수익의 구분, 공통손금의 안분 방법 등은 지역주택조합의 법인세와 유사하나 수익의 인식은 진행률이 아닌 대금청산일 등을 수입시기로 인식하여야 한다. 이와 관련하여 아래에서 자세히 살펴보고자 한다.

제2절 과세대상 소득

1. 조합원 분양분의 수익사업 배제

지역주택조합이 조합원에게 공급하는 주택 및 그 부수토지는 소득세법상 수익사업에 해당되지 않는다. 즉, 조합원의 공동 명의 또는 조합명의로 취득한 대지위에 주택과 상가를 신축하여 분양하는 경우 거주목적의 주택을 조합원 각자의 지분대로 분할등기하는 것은 소득세의 과세대상이 되지 않는다.

▷조합원 공급분의 익금불산입 여부(부가 22601-314.1990.3.14)

등기하지 아니한 직장주택조합이 조합원의 공동 명의로 취득한 대지위에 주택과 상가를 신축하여 분양하는 경우 거주목적의 주택을 조합원 각자의 지분대로 분할 등기하는 것은 소득세의 과세대상이 되지 아니하는 것이나, 상가를 판매함으로 인하여 발생하는 소득에 대하여는 소득세법시행령 제36조 제3호에 의한 사업소득중 부동산매매업으로서 소득세가 과세되는 것이다. 이 경우 당해 부동산매매업에서 발생한 소득에 대한 과세방법은 동주택조합을 1거주자로 보아 과세하는 것이나 이 때 동 주택조합의 소득은 조합의 대표자나 관리인의 다른 소득과 합산하여 과세하지 아니하는 것입니다.

2. 일반인 분양분의 익금산입

(1) 일반적인 사업소득의 수입시기(소득령 제48조)

1) 상품 등의 판매

상품(건물건설업과 부동산 개발 및 공급업의 경우의 부동산을 제외한다) · 제품 또는 그 밖의 생산품(이하 "상품 등"이라 한다)의 판매 시 수입시기는 그 상품 등을 인도한 날이다.

2) 건설 등 용역의 제공

(가) 용역의 제공을 완료한 날

건설 · 제조 기타 용역(도급공사 및 예약매출을 포함하며, 이하 이 호에서 "건설 등"이라 한다)의 제공 시 수입시기는 용역의 제공을 완료한 날(목적물을 인도하는 경우에는 목적물을 인도한 날)이다.

(나) 작업진행률 기준

계약기간이 1년 이상인 경우로서 기획재정부령[2]이 정하는 경우에는 아래의 작업진행 기준으로 하여야 하며, 계약기간이 1년 미만인 경우로서 기획재정부령[3]이 정하는

---

2) "기획재정부령이 정하는 장기할부조건"이라 함은 상품 등의 판매 또는 양도(국외거래에 있어서는 소유권이전 조건부 약정에 의한 자산의 임대를 포함한다)로서 판매금액 또는 수입금액을 월부 · 연부기타의 지불방법에 따라 2회 이상으로 분할하여 수입하는 것 중 해당 목적물의 인도일의 다음날부터 최종의 할부금의 지급기일까지의 기간이 1년 이상인 것을 말한다.(소득칙 제19조)

3) "계약기간이 1년 미만인 경우로서 기획재정부령이 정하는 경우"라 함은 계약기간이 1년 미만인 경우로서 사업자가 그 목적물의 착수일이 속하는 과세기간의 결산을 확정함에 있어서 작업진행률을 기준으로 총수입금액과 필요경비를 계상한 경우를 말한다.(소득칙 제20조 제5항)

경우에는 작업진행률을 기준으로 할 수 있다.

다만, 건설 등의 수익실현이 건설 등의 작업시간 · 작업일수 또는 기성공사의 면적이나 물량 등(이하 이 항에서 "작업시간 등"이라 한다)과 비례관계가 있고, 전체 작업시간 등에서 이미 투입되었거나 완성된 부분이 차지하는 비율을 객관적으로 산정할 수 있는 건설 등의 경우에는 그 비율로 할 수 있다.

$$\text{작업진행률} = \frac{\text{해당 과세기간말까지 발생한 건설 등의 필요경비 총 누적액}}{\text{건설 등의 필요경비 총예정액}}$$

3) 건물건설업과 부동산 개발 및 공급업의 경우의 부동산

한국표준산업분류표상 건물건설업은 주거용건물건설업(4111ㅁ; 단독 · 연립 · APT건설업)과 비주거용건물건설업(4112ㅁ; 상가 등)으로 구분되며, 부동산 개발 및 공급업은 주거용건물개발 및 공급업(68121)과 비주거용건물개발 및 공급업(68122), 기타부동산개발 및 공급업(68129)으로 구분된다. 현행 소득세법상 건물건설업과 부동산 개발 및 공급업의 경우의 부동산 매매의 수입시기는 대금을 청산한 날을 원칙으로 한다. 다만, 대금을 청산하기 전에 소유권 등의 이전에 관한 등기 또는 등록을 하거나 해당 자산을 사용수익하는 경우에는 그 등기 · 등록일 또는 사용수익일로 한다.(소득령 제48조 제1호 및 제11호)

반면, 한국표준산업분류표상 건물건설업의 건설용역등은 위 2)로 수입시기로 판단한다.

한국표준산업분류표		소득세법상 구분	법인세법상 구분	부동산 매매수입시기	건설 용역등 수입시기
건물건설업	주거용건물 41111, 41112	건설업	건설업	대금청산일, 소유권이전등기일, 사용수익일 중 가장 빠른 날	단기 : 용역제공 완료일 등 장기 : 진행기준
	비주거용건물 41121, 41122				
부동산개발 및 공급업 (부동산업)	주거용건물 68121	부동산업(*)	부동산업(**)		–
	비주거용건물 68122				–
	기타비주거용 68129				–

(*) 부동산업 : 2010.2.18 이전까지 소득령 제34에서는 한국표준산업분류상의 건물건설업(비주거용건물을 자영건설하여 판매하는 경우에 한한다) 및 부동산공급업(주거용제외)을 "부동산매매업"으로 별도 구분하였으며. 한국표준산업분류상의 주거용건물건설업과 주거용건물개발및공급업을 주택신축판매업으로 별도 구분하였다. 그러나 2010.2.18 이후에는 한국표준산업분류표의 구분에 따르도록 법규정이 개정되었다.

(**) 부동산개발 및 공급업 : 법인세법에서는 2010.2.18 이전에도 한국표준산업분류에 의한 각 사업에서 생기는 수입금액을 익금으로 보도록 할 뿐 소득세법과 같이 건설업 또는 부동산매매업으로 별도 구분하지 않고 있다.(법인령 제11조)

장기 예약매출의 분양금 수입시기

1. 개요

건물건설업과 부동산 개발 및 공급업의 경우의 부동산 매매가 1년이상 소요되는 예약매출인 경우 분양금의 수입시기를 진행기준(소득령 제48조 제5호)으로 인식할 것인지 아니면 대금청산일, 소유권이전등기 또는 등록일, 사용수익일 중 빠른 날(소득령 제48조 제11호)을 적용할 것인지 여부에 쟁점이 있다.

2. 법인세법과 소득세법의 비교

예약매출의 수입시기를 해석함에 있어 소득령 제48조의 개정(2010.2.28) 이후 소득세법상 별도로 정의하였던 "주택신축판매업과 부동산매매업"이 삭제되어 장기예약매출인 경우 진행기준에 불구하고 대금청산일등을 수입시기로 본다는 기존예규(서면1팀-632, 2005.06.07)의 유효성 여부가 실무상 혼란을 가져왔다.

(1) 법인세법
건설 · 제조 기타 용역(도급공사 및 예약매출을 포함하며, 이하 이 조에서 "건설등"이라 한다)의 제공으로 인한 익금과 손금은 그 목적물의 건설등의 착수일이 속하는 사업연도부터 그 목적물의 인도일이 속하는 사업연도까지 기획재정부령으로 정하는 바에 따라 그 목적물의 건설등을 완료한 정도(이하 이 조에서 "작업진행률"이라 한다)를 기준으로 하여 계산한 수익과 비용을 각각 해당 사업연도의 익금과 손금에 산입한다.(법인령 제69조 제1항)
위 건설 등 용역에 있어 법문상 예약매출을 포함하고 있고 특별히 "건물건설업과 부동산 개발 및 공급업의 경우의 부동산 매매"에 대한 공급시기를 법문화 하고 있지 않아 계약기간이 1년이상인 주택 예약매출은 수입시기를 원칙적으로 진행기준에 의한다. 이에 대한 아래의 국세청 해석도 동일하다. 다만, 진행률산정이 어려운 경우, 기업회계기준에 의해 장부상 인도기준으로 인식한 경우 등은 인도기준에 의할 수 있다.

♣ 아파트예약매출에 대한 손익의 귀속시기
내국법인이 아파트를 신축하여 분양하는 경우 아파트 건설 등의 착수일이 속하는 사업연도부터 그 목적물의 인도일(소유권이전등기일, 잔금청산일, 입주일 중 빠른 날)이 속하는 사업연도까지의 각 사업연도의 익금과 손금은 법인세법 시행규칙 제

34조 제1항 제1호에 따른 작업진행률을 기준으로 하여 계산한 수익과 비용을 각각 해당 사업연도의 익금과 손금으로 하는 것이다.(법인-1151, 2009.10.16)

(2) 소득세법

건설 · 제조 기타 용역(도급공사 및 예약매출을 포함하며, 이하 이 호에서 "건설 등"이라 한다)의 제공하는 경우 용역의 제공을 완료한 날(목적물을 인도하는 경우에는 목적물을 인도한 날). 다만, 계약기간이 1년 이상인 경우로서 기획재정부령이 정하는 경우에는 기획재정부령이 정하는 작업진행률(이하 "작업진행률"이라 한다)을 기준으로 하여야 하며, 계약기간이 1년 미만인 경우로서 기획재정부령이 정하는 경우에는 작업진행률을 기준으로 할 수 있다.(소득령 제48조 제5호)

위 건설 등 용역에 있어 법문상 예약매출을 포함하고 있는 점에서 법인세법과 동일하게 판단할 수 있다. 그러나 국세청의 집행기준(소득집행 24-48-3, 2012.7.27)에서는 계약 기간이 1년이상인 "건물건설업과 부동산 개발 및 공급업의 경우의 부동산 매매"의 예약매출에 대하여 진행기준이 아닌 대금청산일등을 수입시기로 보도록 하고 있다. 그 이유를 추정하면 다음과 같다.

첫째, 소득령 제48조 제11호에서 "소득령 제48조 제1호부터 제10호까지 및 제10호의2부터 제10호의4까지에 해당하지 아니하는 자산의 매매"에 대하여 별도의 수입시기를 명문화하고 있는 점

둘째, 소득령 제48조 제5호에서는 건설 등 용역 속에 예약매출을 포함하고 있다하더라도 "건물건설업과 부동산 개발 및 공급업의 경우의 부동산 매매"는 용역이 아닌 자산의 매매에 가깝다는 점

셋째, 개인사업자의 경우 장기간 공사기간이 소요되는 주택공사등에 대하여 진행기준을 배제하도록 하여 납세자 편의를 고려한 것으로 판단된다.

3. 실무상 법 적용

예약매출의 수입시기를 법인세법과 소득세법에서 달리 해석하는 문제점이 있으나 소득령 제48조의 개정(2010.2.28)이 기존 용역등의 수입시기를 변경할 목적에 있었던 것이 아니라 업종분류를 한국표준산업분류표로 통일화하는 데 있었던 점에 비추어 기존 해석(서면1팀-632, 2005.6.7)과 동일하게 예약매출의 경우 진행기준이 아닌 대금청산일 등을 수입시기로 인식하면 된다. 또한 2017.2.21에 만들어진 집행기준(소득집행 24-48-3)에서도 위 기존해석과 동일하게 판단하고 있기에 실무상 더 이상의 혼란은 없을 것으로 판단된다.

▷소득집행 24-48-3 [부동산매매업 및 주택신축판매업[4] 소득의 수입시기]

① 주택신축판매업 및 부동산매매업의 경우 사업소득의 수입시기는 대금을 청산한 날이며, 다만 대금을 청산하기 전에 소유권 등의 이전에 관한 등기 또는 등록을 하거나 해당 자산을 사용수익하는 경우에는 그 등기 · 등록일 또는 사용수익일로 한다.(2017.2.21. 개정)

② 주택신축판매업을 경영하는 공동사업자가 판매목적으로 신축한 주택에 대해 소유권보존등기를 하고 계속하여 공동사업을 경영하는 경우 소유권보존등기상의 표시방법과는 관계없이 주택신축판매업 공동사업의 수입시기는 제1항에 따라 적용한다.(2017.2.21 개정)

▷예약매출의 수입시기(서면1팀-632, 2005.6.7)

예약매출이란 제품이나 상품 등의 판매를 미리 예약하고 장래의 정해진 시점에 매수자에게 상품 또는 제품을 인도하는 판매형태를 말하는 것이나 건설업실무에서는 아파트분양방식에 의한 매출계약을 의미하는 것으로서, 개인사업자인 부동산매매업 및 주택신축판매업의 수입시기는 소득세법 시행령 제48조 제5호의 예약매출의 수입시기에 불구하고 소득세법 시행령 제48조 제11호의 규정에 의한 대금을 청산한 날이며, 대금을 청산하기 전에 소유권 등의 이전에 관한 등기 · 등록을 하거나 당해 자산을 사용수익하는 경우에는 그 등기 · 등록일 또는 사용수익일로 하는 것입니다.

(2) 지역주택조합의 사업소득 수입시기

지역주택조합은 조합원(또는 조합)명의로 토지를(공동)취득하여 주택 및 상가등 부대시설을 건축하여 1채씩 조합원에게 분양하고 나머지를 일반인에게 분양하는 사업을 한다. 별도의 시공사로부터 건설용역을 공급받아 완성된 건물(이에 딸린 토지 포함)을 분양하기에 한국산업표준분류표상 부동산 공급업(부동산개발 및 공급업)에 해당된다. 따라서 공동사업을 영위하는 지역주택조합의 분양수익은 다음 중 가장 빠른 날을 수입시기로 본다.(소득령 제48조 제11호, 소득집행 24-48-3, 서면1팀-632, 2005.6.7)

① 대금을 청산한 날을 원칙으로 한다.

② 다만, 대금을 청산하기 전에 소유권 등의 이전에 관한 등기 또는 등록을 하거나

③ 해당 자산을 사용수익하는 경우에는 그 등기 · 등록일 또는 사용수익일

---

4) 부동산매매업 및 주택신축판매업이라는 용어는 2010.2.18 이후부터 소득령 제34조의 삭제로 그 의미를 잃었다. 따라서 소득집행기준 24-48-3 에서의 부동산매매업 및 주택신축판매업 소득의 수입시기는 "건물건설업과 부동산 개발 및 공급업의 경우의 부동산 매매소득" 수입시기로 이해하면 될 것이다.

제3절 공통손금의 안분

1. 공통손금의 면적기준 안분

지역주택조합은 수익사업과 비수익사업을 겸영한다. 수익사업은 일반인에게 분양하는 토지 및 건물 분양사업이며 비수익사업은 조합원이 분양받는 토지 및 건물분양사업이다. 겸영사업의 운영 시 발생하는 공통손금은 수입금액, 사용면적 등 합리적인 방법에 의해 안분할 수 있다.

실무적으로 일반분양이 있는 경우 조합원분양가보다 일반인분양가가 낮기에 공통손금을 수익금액 기준으로 안분하는 것은 면적기준에 비해 합리적이지 못하다. 따라서 공통손금은 면적기준으로 안분하는 것이 타당하다.

2. 조합장 등 조합원의 급여

원칙적으로 공동사업자인 조합장 또는 조합원이 조합의 임직원으로 실제 근무하는 경우 필요경비로 인정할 것인지, 아니면 소득의 분배로 보아야 할 것인지 쟁점이 있다. 이에 대해 정리하면 다음 표와 같다.

〈 공동사업으로 보는 지역주택조합장 등에 대한 급여 세무처리 〉

구 분	소득 구분	비 고
일반분양분	사업소득	소득분배명세서에 반영
조합원분양분	근로소득	원천징수 대상

재건축조합의 조합장 등이 조합업무를 수행하고 받는 급여의 소득구분 (소득46011-1797, 1997.07.03)

[질의] 연립주택재건축조합의 조합장으로 선출된 고등학교교사(근로소득자)와 총무로 선출된 개인사업자(사업소득자)가 조합의 업무를 수행하고 당해 조합의 보수규정에 의하여 월정액의 고정급여와 판공비를 지급받는 경우 당해 조합장과 총무가 조합으로부터 받는 보수에 대한 소득세 과세여부

[회신] 공동사업자에 해당하는 주택재건축조합이 당해 조합에서 근로를 제공하는 조합원인 조합장 및 총무(이하 "조합장 등"이라 함)에게 조합의 보수규정에 따라 급여를 지급하는 경우 당해 조합장 등이 받는 급여 중 일반분양세대에 해당되는 부분의 급여는 당해 조합장 등의 주택신축판매공동사업에 대한 소득분배액에 해당하는 것이며, 조합원세대에 해당되는 부분의 급여는 소득세법 제20조의 규정에 의하여 당해 조합장 등의 근로소득에 해당하는 것입니다.

제4절 공동사업에 대한 소득금액 계산의 특례

1. 공동사업장별 소득금액 계산

사업소득이 발생하는 사업을 공동으로 경영하고 그 손익을 분배하는 공동사업의 경우에는 해당 사업을 경영하는 장소(이하 "공동사업장"이라 한다)를 1거주자로 보아 공동사업장별로 그 소득금액을 계산한다.(소득법 제43조 제1항) 여기서 "1거주자로 보아"의 의미는 공동사업자 개별 구성원과는 별도의 인격으로 본다는 의미이다. 따라서 공동사업장은 별도의 회계주체로서 기장을 한다.

2. 소득금액의 공동사업자별 분배

공동사업에서 발생한 소득금액은 해당 공동사업을 경영하는 각 거주자(출자공동사업자를 포함한다. 이하 "공동사업자"라 한다) 간에 약정된 손익분배비율(약정된 손익분배비율이 없는 경우에는 지분비율을 말한다. 이하 "손익분배비율"이라 한다)에 의하여 분배되었거나 분배될 소득금액에 따라 각 공동사업자별로 분배한다.(소득법 제43조 제2항)

<table>
<tr><td colspan="6">[별지 제41호서식](2010.04.30 개정)</td><td colspan="3">(앞 쪽)</td></tr>
<tr><td colspan="9">

공동사업자별 분배명세서

</td></tr>
<tr><td rowspan="2">공 동
사업장</td><td>①상 호</td><td></td><td colspan="2">②사업자등록번호</td><td colspan="4">   -</td></tr>
<tr><td>③소재지</td><td colspan="3"></td><td colspan="3">④개업일</td><td colspan="2"></td></tr>
<tr><td rowspan="2">대표공동
사업자</td><td>⑤성 명</td><td></td><td colspan="2">⑥주민등록번호</td><td colspan="4">   -</td></tr>
<tr><td>⑦주 소</td><td colspan="3"></td><td colspan="3">⑧전화번호</td><td colspan="2"></td></tr>
<tr><td>⑨소득
구분코드</td><td colspan="2">부동산임대업(30),
부동산임대업외(40)</td><td colspan="2">⑩전환정비사업
조합원 등</td><td>여1 / 부2</td><td>⑪주업종
코 드</td><td colspan="2"></td></tr>
<tr><td>⑫신고
유형코드</td><td colspan="5">자기조정(11), 외부조정(12), 성실납세(13), 간편장부(20),
추계-기준경비율(31), 추계-단순경비율(32)</td><td>⑬
과세기간</td><td colspan="2">년 월 일부터
년 월 일까지</td></tr>
<tr><td colspan="4">총수입금액</td><td rowspan="3">⑯
필요
경비</td><td rowspan="3"></td><td rowspan="3">⑰
소득금액
(⑮ - ⑯)</td><td colspan="2" rowspan="3"></td></tr>
<tr><td colspan="2">⑭직전 과세기간</td><td colspan="2">⑮해당 과세기간</td></tr>
<tr><td colspan="2"></td><td colspan="2"></td></tr>
<tr><td colspan="9">소득금액 등 분배내용</td></tr>
<tr><td colspan="2">공 동 사 업 자</td><td rowspan="3">⑳
분배
비율</td><td colspan="6">소득금액 등 분배금액</td></tr>
<tr><td rowspan="2">⑱
성 명</td><td rowspan="2">⑲
주민
등록번호</td><td rowspan="2">㉑
수입
금액</td><td rowspan="2">㉒
소득
금액</td><td rowspan="2">㉓
가산세</td><td colspan="2">원천징수 또는
납세조합징수세액</td><td></td></tr>
<tr><td>㉔
소득세</td><td>㉕
농어촌
특별세</td><td></td></tr>
<tr><td colspan="2">합 계</td><td></td><td></td><td></td><td></td><td></td><td></td><td></td></tr>
<tr><td></td><td></td><td></td><td></td><td></td><td></td><td></td><td></td><td></td></tr>
<tr><td></td><td></td><td></td><td></td><td></td><td></td><td></td><td></td><td></td></tr>
<tr><td></td><td></td><td></td><td></td><td></td><td></td><td></td><td></td><td></td></tr>
<tr><td></td><td></td><td></td><td></td><td></td><td></td><td></td><td></td><td></td></tr>
<tr><td></td><td></td><td></td><td></td><td></td><td></td><td></td><td></td><td></td></tr>
<tr><td></td><td></td><td></td><td></td><td></td><td></td><td></td><td></td><td></td></tr>
<tr><td colspan="9">210㎜×297㎜(일반용지 60g/㎡(재활용품))</td></tr>
</table>

(뒤 쪽)

작 성 방 법

1. ⑨ 소득구분코드 : 부동산임대업에서 발생한 사업소득은 "(30)"에, 그 밖의 사업소득은 "(40)"에 "○"표시를 합니다.

2. ⑩ 전환정비사업조합원 등 : 조세특례제한법 제104조의7제1항에 따라 소득세법이 적용되는 전환정비사업조합에서 발생하는 공동사업자의 소득과 주택법 제2조제9호의 주택조합에서 발생하는 소득으로서 소득세법 제87조 및 제43조에 의해 공동사업자로 적용되는 소득에 해당되는 경우에 "여1"에 "○"표시를 합니다.

3. ⑫ 신고유형코드 : 조정계산서의 작성자 또는 소득금액계산서의 종류에 따라 다음과 같이 구분하여 해당 란에 "○"표시를 합니다.
   가. 자기조정(자기가 조정계산서를 작성한 경우) : 11
   나. 외부조정(세무대리인이 조정계산서를 작성한 경우) : 12
   다. 소득세법 제87조의2에 따라 성실납세방식으로 신고 · 납부하는 경우 : 13
   라. 간편장부소득금액계산서에 의하여 소득금액을 계산한 경우 : 20
   마. 기준경비율에 의하여 소득금액을 계산한 경우 : 31
   바. 단순경비율에 의하여 소득금액을 계산한 경우 : 32

4. ⑬ 과세기간 : (년 귀속)종합소득세 · 농어촌특별세 · 지방소득세 과세표준확정신고 및 납부계산서(별지 제40호 서식(1))상의 9쪽 ⑪과세기간개시일과 ⑫과세기간종료일을 적습니다.

5. 총수입금액 (⑭ · ⑮) : 공동사업장의 직전 과세기간 및 해당 과세기간 총수입금액을 적습니다.

6. ⑯ 필요경비 : 공동사업장의 해당 과세기간 필요경비를 적습니다.

7. ⑰ 소득금액 : (⑮ 해당 연도 총수입금액 - ⑯ 해당 연도 필요경비)의 방법으로 산정한 금액을 적습니다.

8. 가산세 : 공동사업장에 관련되는 소득세법 제81조제1항(지급명세서미제출 · 지연제출가산세) · 제3항(계산서 관련 가산세) · 제4항(증빙불비가산세, 2007. 7. 1 이후 적용됩니다) · 제5항(영수증가산세) · 제8항(무기장가산세) · 제9항(사업용계좌미사용가산세, 2008. 1. 1 이후 적용됩니다) · 제10항(신용카드매출전표미발급가산세, 2007. 7. 1 이후 적용됩니다) · 제11항(현금영수증미발급가산세, 2007. 7. 1 이후 적용됩니다)에 따른 가산세액을 적습니다.

9. 소득세 및 농어촌특별세 : 원천징수 또는 납세조합에 의하여 징수된 소득세 및 농어촌특별세를 적습니다.

※ 기재란이 더 필요한 경우에는 별지에 이어서 작성합니다.

3. 구성원변경 시 소득세 납세의무

거주자가 공동으로 사업을 경영하는 경우에는 소득세법 제2조 및 제43조의 규정에 의하여 그 지분 또는 손익분배의 비율에 의하여 분배되었거나 분배될 소득금액에 따라 각 거주자별로 그 소득금액을 계산하여 당해 거주자별로 납세의무를 지는 것이므로, 과세기간 중 공동사업의 구성원 또는 지분의변동이 발생한 경우에는 변동시마다 공동사업자별 소득분배비율에 의거 각 거주자별로 소득금액을 구분 계산하여 당해 거주자별로 납세의무를 지는 것이다.(소득-1107, 2011.12.30)

4. 공동사업자인 지역주택조합의 성실신고확인대상 여부

공동사업자로 보는 지역주택조합은 건설업(주거용 건물 개발 및 공급업)에 해당되어 해당 과세기간의 수입금액의 합계액이 10억원(2018.1.1. 이후 개시하는 과세기간부터 7.5억원) 이상인 경우 성실신고확인대상자에 해당된다. 관련 규정을 보면 다음과 같다.

(1) 성실신고확인서 제출

성실한 납세를 위하여 필요하다고 인정되어 수입금액이 업종별로 대통령령으로 정하는 일정 규모 이상의 사업자(이하 "성실신고확인대상사업자"라 한다)는 제70조에 따른 종합소득과세표준 확정신고를 할 때에 같은 조 제4항 각 호의 서류에 더하여 제160조 및 제161조에 따라 비치 · 기록된 장부와 증명서류에 의하여 계산한 사업소득금액의 적정성을 세무사 등 대통령령으로 정하는 자가 대통령령으로 정하는 바에 따라 확인하고 작성한 확인서(이하 "성실신고확인서"라 한다)를 납세지 관할 세무서장에게 제출하여야 한다.(소득세법 제70조의2)

"수입금액이 업종별로 대통령령으로 정하는 일정 규모 이상의 사업자"란 해당 과세기간의 수입금액의 합계액이 다음 각 호의 구분에 따른 금액 이상인 사업자(이하 이 조에서 "성실신고확인대상사업자"라 한다)를 말한다. 다만, 제1호 또는 제2호에 해당하는 업종을 영위하는 사업자 중 별표 3의3에 따른 사업서비스업을 영위하는 사업자의 경우에는 제3호에 따른 금액 이상인 사업자를 말한다.(2012.2.2 단서신설) (소득령 제133조)

① 농업 · 임업 및 어업, 광업, 도매 및 소매업(상품중개업을 제외한다), 제122조 제1항에 따른 부동산매매업, 그 밖에 제2호 및 제3호에 해당하지 아니하는 사업: 15억원(2018.02.13 개정)

② 제조업, 숙박 및 음식점업, 전기 · 가스 · 증기 및 공기조절 공급업, 수도 · 하수 · 폐기물처리 · 원료재생업, 건설업(비주거용 건물 건설업은 제외하고, 주거용 건물 개발 및 공급업을 포함한다), 운수업 및 창고업, 정보통신업, 금융 및 보험업, 상품중개업: 7억 5천만원

③ 법 제45조 제2항에 따른 부동산 임대업, 부동산업(제122조 제1항에 따른 부동산매매업은 제외한다), 전문 · 과학 및 기술 서비스업, 사업시설관리 · 사업지원 및 임대서비스업, 교육 서비스업, 보건업 및 사회복지 서비스업, 예술 · 스포츠 및 여가관련 서비스업, 협회 및 단체, 수리 및 기타 개인 서비스업, 가구내 고용활동: 5억원

(2) 성실신고확인서 제출 대상자의 소득세 확정신고 기한

성실신고확인대상사업자가 성실신고확인서를 제출하는 경우에는 제70조 제1항(다음 연도 5월1일부터 5.31까지 확정신고 의무 규정)에도 불구하고 종합소득과세표준 확정신고를 그 과세기간의 다음 연도 5월 1일부터 6월 30일까지 하여야 한다.(2013.1.1 개정)(소득법 제70조의2 제2항)

5. 사업용계좌의 신고 · 사용의무 등

(1) 사업용계좌의 개설 및 사용

복식부기의무자는 사업과 관련하여 재화 또는 용역을 공급받거나 공급하는 거래의 경우로서 다음 각 호의 어느 하나에 해당하는 때에는 대통령령으로 정하는 사업용계좌(이하 "사업용계좌"라 한다)를 사용하여야 한다.(소득법 제160조의5)

㉠ 거래의 대금을 금융회사등을 통하여 결제하거나 결제받는 경우

㉡ 인건비 및 임차료를 지급하거나 지급받는 경우. 다만, 인건비를 지급하거나 지급받는 거래 중에서 거래 상대방의 사정으로 사업용계좌를 사용하기 어려운 것으로서 대통령령으로 정하는 거래는 제외한다.

(2) 사업용계좌의 요건

사업용계좌란 다음의 요건을 모두 갖춘 것을 말한다.

㉠ 금융기관에 개설한 계좌일 것

㉡ 사업에 관련되지 아니한 용도로 사용되지 아니할 것

(3) 사업용계좌의 신고

사업용계좌는 사업장별로 사업장 관할세무서장에게 신고해야 한다. 이 경우 1개의 계좌를 2이상의 사업장에 대한 사업용계좌로 신고할 수 있으며, 사업용계좌는 사업장별로 2이상 신고할 수 있다.

(4) 지역주택조합의 경우

주택법 제2조 제11호 가목에 따른 지역주택조합이 같은 법 제5조에 따른 공동사업주체인 등록사업자와 공동명의로 개설한 사업용계좌는 법 제160조의5 제1항에 따른 사업용계좌로 본다.(2017.02.03 신설)

실무적으로 지역주택조합에 대한 사업용계좌를 신고하지 않는 경우가 있다. 따라서 세무회계용역제공자는 조합사무실에 공문을 통해 통장개설을 하는 경우 사업용계좌 신고를 할 수 있도록 협조할 것을 요청하여야 한다. 신탁사 또는 시공사와 조합과의 공동명의로 되어있으나 실질상 조합통장인 경우에도 사업용계좌로 신고하는 것이 가산세 위험을 막을 수 있다.

6. 원천징수된 세액의 배분

공동사업장에서 발생한 소득금액에 대하여 원천징수된 세액은 각 공동사업자의 손익분배비율에 따라 배분한다.(소득법 제87조 제1항)

▷소득세법이 적용된 정비사업조합의 경우 성실신고확인서 제출의무와 사업용계좌의 신고 · 사용의무 여부(소득-74. 2012.1.27)

소득세법이 적용된 정비사업조합의 경우 성실신고확인서 제출의무와 사업용계좌의 신고 · 사용의무 등이 있는 것이며, 사업용계좌는 정비사업조합의 명의로 개설된 계좌를 신고 · 사용하여야 하는 것임.

▷성실신고확인대상자와 공동사업하는 사업자의 종합소득세 신고기한 연장 여부(소득-335, 2012.4.21)

성실신고확인대상에 해당하지 않는 공동사업장 B를 갑과 을이 경영함에 있어, 갑이 단독사업(A) 또는 다른 공동사업(C)으로 성실신고확인대상자에 해당하는 경우, 공동사업장 B의 구성원으로 다른 소득이 없어 성실신고확인대상에 해당하지 않는 을은 소득세법 제70조의2제2항에 따른 종합소득과세표준 확정신고기한의 연장을 적용할 수 없는 것입니다.

제5장 지역주택조합 부가가치세

제1절 조합원공급분

지역주택조합은 조합원에게 85㎡이하의 주택을 공급한다. 조합원공급분이 재화의 공급에 해당되는지 여부에 대하여 아래와 같이 두가지 견해가 있다.

1. 재화의 공급에 해당

지역주택조합은 사업목적이 조합원의 주택공급에 주된 목적이 있다. 즉, 비영리성을 지니고 있다. 그러나 부가가치세는 사업의 영리성 여부에 불구하고 사업성(계속·반복성)과 독립성을 지니고 과세되는 재화 또는 용역의 공급 시 과세된다. 따라서 지역주택조합은 비영리성이 있으나 주택이라는 재화를 독립적으로 공급하고 여러 채를 신축하여 수인의 조합원에게 공급하는 사업성(계속·반복성)이 있기에 재화의 공급으로 보아야 한다는 견해이다.

지역주택조합의 조합원에게 공급하는 주택을 재화의 공급으로 보는 경우에도 85㎡ 이하의 주택을 공급하기에 부가가치세는 면세이다. 다만, 일반인에게 공급하는 국민주택규모의 초과분 주택건물에 대하여는 부가가치세가 부과된다.

2. 재화의 공급에 미 해당

지역주택조합이 조합원에게 공급하는 주택사업은 사업성이 없다. 즉, 주택조합의 입장에서 하나의 현장에서 조합원들을 위한 주택을 신축하여 최종소비자의 지위에 있는 조합원에게 공급하는 것으로 사업은 종료된다. 따라서 계속 · 반복성이 요구되는 사업성이 없기에 조합원공급분은 재화의 공급에 해당되지 않는다.

조특법 제104조의7 제3항(도정법상 재건축등조합이 조합원에게 공급하는 토지 및 건축물의 재화의 공급배제)의 규정이 신설되기 이전의 아래의 판례(대법90누509, 1990.6.22)에서도 조합이 조합원들에게 공급하는 주택은 재화의 공급으로 보고 있지 않다. 따라서 조합(법인 또는 1거주자로 보는 공동사업자 모두 가능)이라는 형식을 취하였으나 조합원 본인이 최종소비자인 본인에게 공급하는 토지 및 건축물은 재화의 공급에 해당되지 않는 것으로 보아야 한다.

"주택개량재개발조합이 실시하는 재개발사업중 조합원들에게 분양되는 주택에 관한 사업은 건축시부터 분양에 이르기까지 조합원들이 실질적인 최종소비자의 지위에 있는 것이라고 하여야 할 것이고, 비록 조합원과 법률상 인격이 다른 조합이 그 공사비를 지급하였다거나 조합이 조합원(組合員)들에게 주택을 분양하는 형식을 취하였더라도 조합이 조합원들에게 재화를 공급하였다고 볼 수는 없다.(대법90누509,1990.6.22)"

3. 국세청 해석

직장주택조합이 조합원의 공동명의로 취득한 대지위에 주택과 상가를 신축하여 조합원 또는 일반인에게 분양함에 있어 동 주택을 조합원에게 분양하는 경우에는 부가가치세가 과세되지 아니하는 것이나, 잔여주택 및 상가를 일반인에게 분양하는 경우에는 부가가치세가 과세되지만, 당해 주택이 국민주택규모 이하인 경우에는 부가가치세가 면제된다.(부가 22601-314.1990.3.14, 저자주 : 직장주택조합과 지역주택조합은 주택법 적용을 받으며 세무상 성격은 동일하다.)

▷ 직장주택조합의 조합원분양분재화의 공급여부(부가 22601-314.1990.3.14)

1. 직장주택조합이 조합원의 공동명의로 취득한 대지위에 주택과 상가를 신축하여 조합원 또는 일반인에게 분양함에 있어 동 주택을 조합원에게 분양하는 경우에는 부가가치세법 제6조의 재화의 공급에 해당하지 아니하여 부가가치세가 과세되지 아니하는 것이나, 잔여주택 및 상가를 일반인에게 분양하는 경우에는 동법 제6조의 규정에 의하여 부가가치세가 과세되는 것입니다.
   다만, 당해 주택이 국민주택규모 이하인 경우에는 조세감면규제법 제74조 제1항 제1호의 규정에 의거 부가가치세가 면제되는 것입니다.

2. 직장주택조합이 부가가치세가 과세되는 사업을 영위하는 경우에는 부가가치세법 제5조의 규정에 의거 조합명의의 사업자등록을 하여야 하는 것이며, 자기의 과세사업을 위하여 사용되었거나 사용될 재화 또는 용역의 공급에 대한 세액으로서 동법 제16조 제1항 및 제3항의 규정에 의하여 교부받은 세금계산서상의 매입세액은 자기의 매출세액에서 공제받을 수 있는 것이며,
   과세사업과 면세사업을 겸영하는 경우의 매입세액 안분계산및 세금계산 교부방법에

관하여는 별첨 부가가치세법시행령 제61조 및 동법 기본통칙 5-3-12…17, 동법시행규칙 제18조의 규정을 참고하기 바란다.

3. 등기하지 아니한 직장주택조합이 조합원의 공동 명의로 취득한 대지위에 주택과 상가를 신축하여 분양하는 경우 거주목적의 주택을 조합원 각자의 지분대로 분할 등기하는 것은 소득세의 과세대상이 되지 아니하는 것이나, 상가를 판매함으로 인하여 발생하는 소득에 대하여는 소득세법시행령 제36조 제3호에 의한 사업소득중 부동산매매업으로서 소득세가 과세되는 것이며,이 경우 당해 부동산매매업에서 발생한 소득에 대한 과세방법은 동주택조합을 1거주자로 보아 과세하는 것이나 이 때 동 주택조합의 소득은 조합의 대표자나 관리인의 다른소득과 합산하여 과세하지 아니하는 것입니다.

4. 실무상 적용

도정법상 주택재개발등 정비사업과는 달리 지역주택조합원에게 공급하는 토지 및 건물에 대하여 재화의 공급으로 보지 않는다는 법규정은 없다. 그러나 지역주택조합이라는 형식상 인격에 불구하고 최종소비자인 조합원이 최종소비자인 본인에게 공급하는 것은 재화의 공급으로 볼 수 없는 점(대법90누509, 1990.6.22), 지역주택조합과 세법상 유사한 것으로 볼 수 있는 직장주택조합관련 해석(부가 22601-314.1990.3.14)에서 조합원에게 공급하는 토지 및 건물에 대하여 재화의 공급으로 볼 수 없는 것으로 보는 점, 사업성의 취약성 등으로 보아 “지역주택조합이 조합원에게 공급하는 토지 및 건물은 재화의 공급으로 볼 수 없는 것”으로 실무를 진행하면 문제없을 것이다.

5. 지역주택조합 관련 주요 판례

지역주택조합의 설립 이전에 업무대행사가(가칭)지역주택조합설립추진위원회를 대신하여 각 종 인허가 등 업무를 대행하면서 협력업체로부터 매입세금계산서를 조합추진위가 아닌 본인들 명의로 수취하는 경우가 많다. 업무대행사는 조합을 대신하여 일을 하는 것이기에 조합관련 업무에서 계약의 주체가 될 수 없다. 그러나 실무에서는 조합추진위에서 자금이 없어 업무대행사가 본인들 자금으로 조합을 대신하여 용역비를 직접 지급한다. 이는 회계적으로 업무대행사가 조합에 자금을 대여 후 조합에서 집행하는 것과 같은 것이다. 조합이 공급받은 재화나 용역에 대하여 업무대행사가 세금계산서를 수취하는 경우 전액 매입세액불공제를 적용받기에 실무상 주의를 요한다.

업무대행사가 수취한 지역주택조합관련 매입세액의 불공제 (조심2016부2848, 2016.12.12))

[주문]

○○○장이 2016.5.2. 청구법인에게 한 2015년 제2기 부가가치세 ○○○원의 부과처분은 청구법인이 수취한 매입세금계산서 공급가액 합계 ○○○원 중 공급가액 ○○○원의 매입세액을 공제하여 그 세액을 경정하고, 나머지 심판청구는 기각한다.

[이유]

1. 처분개요

가. 청구법인은 ○○○ 일대에서 재개발정비조합사업을 지역주택조합 아파트 신축사업으로 변경하여 추진하고 있는 ○○○지역 주택조합 설립 추진위원회(이하 "○○○주택조합설립추진위"라 한다)와 업무대행계약을 체결하고, 2016.1.25. 부가가치세 확정신고를 하면서 이것과 관련하여 수취한 공급가액 ○○○원의 매입세금계산서(이하 "쟁점세금계산서"라 한다)상의 매입세액을 매출세액 ○○○원에서 차감하여 산정한 세액 ○○○원의 환급을 신청하였다.

나. 처분청은 2016.2.24.부터 2016.3.4.까지 현장확인을 실시한 결과, 쟁점세금계산서는 청구법인의 업무대행용역 수행이 아니라 ○○○주택조합설립추진위가 부담할 비용과 관련된 것이므로 사실과 다른 세금계산서에 해당되는 것으로 보아 신고한 매입세액을 불공제하여 2016.5.2. 청구법인에게 2015년 제2기 부가가치세 ○○○원을 경정·고지하였다.

다. 청구법인은 이에 불복하여 2016.7.26. 심판청구를 제기하였다.

2. 청구법인 주장 및 처분청 의견

가. 청구법인 주장

(1) 주위적 청구

청구법인이 수취한 쟁점세금계산서는 아래와 같이 크게 ○○○주택조합설립추진위 업무 관련 매입세금계산서와 청구법인 업무대행 관련 매입세금계산서로 구분할 수 있고, 실제 공급받은 자는 청구법인이므로 매입세액을 공제하여야 한다.

청구법인 수취 쟁점매입세금계산서

(가) 쟁점세금계산서는 상당부분이 광고비 및 인건비와 관련된 것으로서, 이는 용역계약상 청구법인의 기본업무를 수행하기 위한 필수적인 비용에 해당하므로 당연히 쟁점세금계산서의 실제 공급받는 자는 청구법인이다.

(나) 재화나 용역의 실제 공급받는 자가 누구인지는 국세기본법 · 제14조에 근거하여 계약내용, 대가의 지급관계, 유효한 계약인지 여부 등 거래의 실질에 따라 판단하여야 하는바, 쟁점세금계산서의 실제 공급받는 자를 정함에 있어서도 실질과세의 원칙에 따라 청구법인 및 ○○○주택설립추진위의 상황, 계약내용, 이익의 귀속자가 누구인지에 대한 판단이 선행되어야 한다.

1) 청구법인과 ○○○주택조합설립추진위가 체결한 용역계약서에 따르면, 청구법인의 최우선 업무는 조합원 모집이라고 할 수 있다. 현재 ○○○주택조합설립추진위는 법률상 해당 주택사업의 주체가 될 수 없는 임의단체로, 현행 주택법 · 제32조상 주택 건설대지의 ○○○% 이상에 해당하는 토지의 사용권원을 확보하여야 주택조합의 설립인가를 신청할 수 있다. 따라서, ○○○주택조합설립추진위는 지역주택조합 설립을 위한 조합원 모집 업무를 이 건 용역계약을 통해 청구법인에 요청하였다.

2) 그러나, 청구법인의 노력에도 불구하고 지역주택조합 설립이 실패하거나 중도 포기하는 경우 현재까지 발생한 사업비에 대한 금전적인 손해의 책임이 모두 청구법인에 있다는 사실을 전제로 이 건 쟁점세금계산서의 공급받는 자가 누구인지를 판단하는 것이 실질과세원칙에 더 부합된다.

(다) ○○○주택조합설립추진위가 주택법에 따른 지역주택조합으로 설립인가되기 전까지의 이 건 주택사업의 계산과 책임은 각종 계약서상 청구법인에게 있으므로 쟁점세금계산서의 공급받는 자는 청구법인이 되어야 한다.

1) 업무대행용역계약서 제9조(특약사항) 제2항에서는 청구법인이 중도에 업무

대행을 포기하였을 경우 기투입한 사업비 등은 포기하며, 동조 제5항에서는 본 용역계약서는 3년 이내의 기간에 조합이 설립되지 않으면 종결된다고 명시되어 있다.

2) 또한, 위 계약서 제7조에 따르면, ○○○주택조합설립추진위 및 그 조합원들은 청구법인에게 용역수행의 대가로 세대당 ○○○원을 업무대행비로 지급하는 것으로 정하면서, 그 지급조건은 자금관리대리사무계약서 제9조 제6항에서 사업부지 면적을 기준으로 ○○○% 이상 토지사용 승낙서가 확보되어야 집행하는 것으로 명시하고 있다. 즉, 지역주택조합이 설립되어야 청구법인의 수익인 업무대행비를 지급받을 수 있도록 계약되어 있다.

3) 이 건 아파트 신축사업은 현재 사업초기 단계로 사업 성공 여부가 불확실하여 ○○○주택조합설립추진위가 지역주택조합으로 설립인가 되어야만 향후 사업진행이 가능하고, 청구법인도 계약에 따라 업무대행비 청구가 가능하게 된다.

그러나, 동일 사업구역내에 청구법인에게 업무대행을 위탁한 ○○○주택조합설립추진위 외 별도로 ○○○지역주택조합 설립추진위원회(이하 "○○○주택설립추진위"라고 한다)가 활동하고 있는 상황에서 ○○○주택조합설립추진위가 먼저 지역주택조합을 설립하지 못하면 동추진위는 해산되고 상기 1)의 계약내용에 따라 청구법인의 업무대행 관련 비용을 회수하지 못하는 것은 물론이고, 동추진위 업무관련 비용도 청구할 수 없게 된다.

따라서 계약의 내용, 대가의 지급관계 등을 종합하여 살펴보면, 지역주택조합이 설립되기 전인 현시점에서 이 건 아파트 신축사업에 대한 위험과 책임이 청구법인에게 있는 것은 명백하므로, 실질과세의 원칙에 따라 지역주택조합의 설립 전후로 청구법인의 세법상 납세자의 지위를 달리 보아야 할 것이다.

4) 위와 같이 지역주택조합의 설립 전에는 아파트 신축사업의 위험과 책임이 모두 청구법인에게 있으므로 ○○○주택조합설립추진위 업무와 관련하여 재화와 용역을 제공받고 수령한 쟁점세금계산서의 실제 공급받는 자도 청구법인으로 보는 것이 거래의 실질에 부합한다.

참고로 이 건 불복청구 준비기간중인 2016.7.18. ○○○주택조합설립추진위와 ○○○주택설립추진위가 단일화하기로 합의하였다.

5) 처분청의 주장대로 이 건 아파트 신축사업의 책임과 위험이 지역주택조합 설립추진위원회에 있다면, 용역제공회사(재화와 용역을 공급하고 쟁점세금계산서를 발급한 회사)의 입장에서는 동일 사업구역내 두 개의 지역주택조합 설립추진위원회가 존재하는 상황에서 공급받는 자를 누구로 하여야 하는지 의문이 제기될 수밖에 없다.

○○○주택조합설립추진위와 청구법인은 사업의 위험과 제반상황을 고려하여 업무대행용역계약서 및 자금관리대리사무계약서를 작성하고, 그 책임과 위험을 청구법인이 부담한 것이다.

(라) 청구법인은 사업의 책임과 위험이 스스로에게 있으므로 ○○○주택조합설립추진위 업무와 관련한 매입에 대하여 용역제공회사와 직접 계약하고, 쟁점세금계산서를 수취하여 부가가치세를 신고납부하였으며, 장부상 쟁점세금계산서의 매입금액을 ○○○주택조합설립추진위로부터 향후 수령할 예정으로 미수금으로 계상하였다. 향후, 이 미수금은 지역주택조합의 설립 여부에 따라 달리 처리할 계획이었다.

1) 만약 사업계획대로 지역주택조합이 설립되면, 현재까지 ○○○주택조합설립추진위 업무와 관련하여 발생한 비용을 지역주택조합에 청구하여 수령할 예정이나, 반대로 지역주택조합이 설립되지 못하여 사업이 실패하게 되면 계약에 따라 모든 금전적 손해와 책임이 청구법인에게 있는 것이므로 청구법인의 비용으로 계상할 예정이다.

2) 그러나, 장부상 자산(미수금)으로 계상하는지 비용으로 계상하는지와 상관없이 쟁점세금계산서의 실제 공급받는 자가 누구인지는 이 건 아파트 신축사업의 책임과 위험이 누구에게 있는지가 판단의 근거가 되어야 하며, 그렇다면 계약상 청구법인에게 그 책임이 있으므로 쟁점세금계산서의 공급받는 자는 청구법인이다.

(마) 청구법인이 지역주택조합 설립후 지급받을 업무대행비(청구법인 본래의 매출)의 자금원천은 ○○○주택조합설립추진위의 신규조합원(모집조합원)이 납부한 업무대행비로서, 신규조합원의 입장에서 청구법인은 분양대행사로서 업무를 수행한 것이며, 업무수행과 관련하여 제공받은 재화와 용역의 공급받는 자

는 청구법인이다.

1) ○○○주택조합설립추진위는 지주조합원과 신규조합원으로 구성되며, 신규조합원 모집이 청구법인의 기본업무 중 하나이다. 신규조합원은 조합가입시 사업비와 별도로 업무대행비(세대당 ○○○원)를 납부하고 이는 신탁계좌로 관리되고 있으며, 청구법인에게 지급되는 업무대행비는 신규조합원이 납부한 금액에서 지급된다.

2) 업무대행용역계약서 제7조 제1항 단서규정에 지주조합원이 부담하는 업무대행비 지불시기는 추후 협의하기로 한다고 명시하고 있으나, 지역주택조합이 설립되지 않았으므로 현재까지 그 지불시기가 정해지지 아니하였다. 따라서, 신탁계좌에는 지주조합원이 납부한 업무대행비는 전혀 없으므로, 지역주택조합이 설립되고 청구법인이 업무대행비를 청구하면 신규조합원이 납부한 업무대행비에서 집행될 것이므로 이는 결국 신규조합원이 청구법인에 업무대행비를 지급하는 결과가 된다.

3) 따라서, 청구법인은 신규조합원이 납부한 업무대행비를 지급받게 되며, 이는 청구법인이 분양대행사로서 역할하고 대가를 수령한 것으로 관련 업무를 수행하면서 재화와 용역을 제공받고 수령한 쟁점 세금계산서의 공급받는 자는 청구법인이다.

(2) 예비적 청구

○○○주택조합설립추진위 업무와 관련된 매입과는 별도로 청구법인의 목적사업인 분양대행 업무를 수행하기 위하여 발생한 비용인 ○○○로부터 교부받은 공급가액 ○○○원의 세금계산서는 ○○○주택조합설립추진위가 부담할 비용이라 할 수 없으므로 매입세액을 공제하여야 한다.

(3) 처분청은 이 건 주택사업의 현황, 용역계약의 내용 및 거래의 실질에 대한 이해와 검토 없이 유사 결정례(심사부가 2015-19, 2015. 6.9.)를 근거로 청구법인의 전체 매입세액을 불공제하였는바, 처분청의 이 건 부가가치세 과세처분은 취소되어야 한다.

나. 처분청 의견

청구법인은 ○○○주택조합설립추진위와 업무대행용역 계약을 2015. 1.23. 체결하여 조합설립 등의 사업진행에 필요한 제반업무의 업무대행, ○○○주택조합설립추진위 사무소 운영에 관한 예산대여, 사무행정 지원업무 및 홍보비용 대여 등 대행업무를 수행하고 업무대행비로 세대당 ○○○원을 받기로 하였다.
청구법인은 업무대행 용역계약서상 청구법인의 업무범위, 자금관리 대리사무계약서, 분양홍보물 등에 업무대행자로 표기되어 있으므로 ○○○주택조합설립추진위의 사업자등록번호나 고유번호를 적어 쟁점세금계산서를 수취하여야 함에도 업무대행사인 청구법인이 하였다.
○○○주택조합설립추진위 사업과 관련한 세금계산서를 업무대행사인 청구법인이 수취한 것은 청구법인 자신의 사업과 관련없는 사실과 다른 세금계산서를 수취한 것이므로 당초 처분은 정당하다.

3. 심리 및 판단

가. 쟁점

청구법인이 주택조합설립추진위의 업무와 관련하여 재화와 용역을 제공받고 수취한 쟁점세금계산서의 실제 공급받는 자인지 여부

나. 관련 법률

(1) 국세기본법

제14조【실질과세】 ① 과세의 대상이 되는 소득, 수익, 재산, 행위 또는 거래의 귀속이 명의일 뿐이고 사실상 귀속되는 자가 따로 있을 때에는 사실상 귀속되는 자를 납세의무자로 하여 세법을 적용한다.

② 세법 중 과세표준의 계산에 관한 규정은 소득, 수익, 재산, 행위 또는 거래의 명칭이나 형식에 관계없이 그 실질 내용에 따라 적용한다.

(2) 부가가치세법

제38조【공제하는 매입세액】① 매출세액에서 공제하는 매입세액은 다음 각 호의 금액을 말한다.

1. 사업자가 자기의 사업을 위하여 사용하였거나 사용할 목적으로 공급받은 재화 또는 용역에 대한 부가가치세액(제52조 제4항에 따라 납부한 부가가치세액을 포함한다)

제39조【공제하지 아니하는 매입세액】① 제38조에도 불구하고 다음 각 호의 매입세액은 매출세액에서 공제하지 아니한다.

2. 세금계산서 또는 수입세금계산서를 발급받지 아니한 경우 또는 발급받은 세금계산서 또는 수입세금계산서에 제32조 제1항 제1호부터 제4호까지의 규정에 따른 기재사항(이하 "필요적 기재사항"이라 한다)의 전부 또는 일부가 적히지 아니하였거나 사실과 다르게 적힌 경우의 매입세액. 다만, 대통령령으로 정하는 경우의 매입세액은 제외한다.

4. 사업과 직접 관련이 없는 지출로서 대통령령으로 정하는 것에 대한 매입세액

(3) 주택법

제32조【주택조합의 설립 등】① 많은 수의 구성원이 주택을 마련하거나 리모델링하기 위하여 주택조합을 설립하려는 경우(제5항에 따른 직장주택조합의 경우는 제외한다)에는 관할 특별자치시장, 특별자치도지사, 시장, 군수 또는 구청장(구청장은 자치구의 구청장을 말하며, 이하 "시장 · 군수 · 구청장"이라 한다)의 인가를 받아야 한다. 인가 받은 내용을 변경하거나 주택조합을 해산하려는 경우에도 또한 같다.

② 제1항에 따라 주택을 마련하기 위하여 주택조합설립인가를 받으려는 자는 해당 주택건설대지의 80퍼센트 이상에 해당하는 토지의 사용권원을 확보하여야 한다. 다만, 제1항 후단의 경우에는 그러하지 아니하다.

다. 사실관계 및 판단

(1) 청구법인은 2015.1.23.에 ○○○주택조합설립추진위와 아파트 신축 사업을

위한 업무대행용역계약을 체결하였다.

지역주택조합(또는 지역주택조합 설립추진위원회)의 업무대행사(청구법인)를 통한 일반적인 업무흐름을 표시하면 아래 그림과 같다. 이 건 불복청구의 대상이 되는 대부분의 쟁점세금계산서는 청구법인이 아래의 업무대행용역을 수행하는 과정에서 수취한 것이다.

(2) 청구법인이 2015.1.23. ○○○주택조합설립추진위와 맺은 업무대행용역계약서 일부 내용은 아래와 같다.

(3) 청구법인이 2015.4.30. ○○○주택조합설립추진위 및 ○○○주식회사와 맺은 자금관리대리사무계약서 내용은 아래와 같다.

(4) 이상의 사실관계 및 관련 법률 등을 종합하여 살피건대, 쟁점세금계산서○○○ 중 청구법인과 ○○○㈜와의 거래분○○○은 ○○○주택조합설립추진위와 ○○○㈜ 및 청구법인이 맺은 자금관리대리사무계약에 의하여 조합원 출자금 등의 자금을 관리하는 대가로 교부받은 세금계산서이므로 공급받는 자는 ○○○주택조합설립추진위로 보이는 점 등에 비추어 해당 매입세액을 불공제하고 과세한 이 건 처분은 달리 잘못이 없다고 판단된다.

그러나, 나머지 거래분○○○은 상당 부분이 광고비 및 인건비와 관련된 것으로서 이는 업무대행 용역계약상 청구법인의 기본업무를 수행하기 위한 필수적인 비용으로 보이는 점, 동계약서의 내용, 대가의 지급관계 등을 보면 ○○○주택조합설립추진위가 설립되기 전까지는 이 건 아파트 신축사업에 대한 위험과 책임이 청구법인에게 있는 것으로 보이는 점 등에 비추어 처분청이 해당 매입세액을 불공제하고 과세한 이 건 처분은 잘못이 있다고 판단된다.

4. 결론

이 건 심판청구는 심리결과 청구주장이 일부 이유 있으므로 국세기본법 · 제81조, 제65조 제1항 제2호 및 제3호에 의하여 주문과 같이 결정한다.

제2절 일반인 공급분

1. 주택건물 및 상가건물

일반인에게 분양하는 토지 및 건물에 대하여는 재화의 공급에 해당된다. 조합원과는 달리 일반인에게는 전용 85㎡ 초과분의주택을 공급할 수 있다. 따라서 일반인에게 공급하는 국민주택규모 초과분 주택건물과 상가건물 분에 대하여는 부가가치세가 과세되며 국민주택규모이하의 주택건물에 대하여는 부가가치세가 면제된다.

2. 토 지

규모에 불구하고 주택건물의 그 부수토지와 상가건물의 부수토지는 모두 부가가치세가 면제된다.

▷ 지역주택조합이 조합원명의로 상가를 신축하여 분양시 과세 여부(부가 46070-2082, 1993.8.27)

지역주택조합이 조합원의 공동명의로 취득한 대지위에 상가를 신축하여 분양하는 경우에는 부가가치세법 제6조 제1항의 규정에 의하여 부가가치세가 과세되는 것이며, 지역주택조합이 대표자 또는 관리인이 선임되어 있고 이익의 분배방법 및 분배 비율이 정하여져 있지 아니한 경우에는 1거주자로 보며, 부가가치세가 과세되는 사업을 영위하는 경우 부가가치세법 제5조(舊 부가가치세법 제8조)에 의하여 조합명의의 사업자등록을 하여야 하는 것임.

▷ 지역주택조합 추진위원회의 사업과 관련하여 업무대행사가 수취한 세금계산서는 사실과 다른 세금계산서로 관련 매입세액은 불공제되는 것임(심사부가2015-19, 2015.6.9)

이 건의 경우, 청구법인은 단지 (가칭)지역주택조합 내지 조합의 업무를 대행하는 자로서 청구법인의 모든 행위는 (가칭)지역주택조합 내지 조합에 귀속되는 것으로 나타나고 있어 청구법인이 수취한 쟁점세금계산서는 청구법인 자신의 사업과 관련된 것이 아닌 점, 청구법인이 ㈜A디앤씨외 6개 업체로부터 수취한 쟁점세금계산서 3,955,000천원은 시행사인 (가칭)지역주택조합 추진위원회가 부담할 비용으로서, 이 건 주택건설사업 시행자인 (가칭)지역주택조합 추진위원회의 업무와 관련된 것일 뿐만 아니라 청구법인이 수취한 쟁점세금계산서에 대해 수취한 시기에 (가칭)지역주택조합 추진위원회에게 세금계산서를 교부한 사실도 확인되지 않는 점(조심2010전3637, 2011.2.7., 같은 뜻),

업무대행이란 "남을 대신하여 그 업무를 행한다"는 의미이므로 그 자체로 자신의 업무로 보기 어려운 측면이 있는 점(조심2008서3310, 2009.06.30., 같은 뜻),

(가칭)지역주택조합 추진위원회가 추진하고 있는 이 건 주택건설사업의 부가가치세 과세 · 면세사업을 하기 위해서는 (가칭)지역주택조합 추진위원회 자신이 사업자등록을 하거나(서면인터넷방문상담3팀-1508, 2007.5.16. 같은 뜻), 부가가치세법 시행령 제12조제2항에 따른 사업자등록번호에 준하는 고유번호를 부여받아 자기의 사업을 위하여 사용되었거나 사용될 재화 또는 용역을 공급받은 경우에는 부가가치세법 제32조제1항제2호에 따라 공급받는 자인 (가칭)지역주택조합 추진위원회 자신의 사업자등록번호 또는 고유번호를 적어 쟁점세금계산서를 수취하여야 함에도 (가칭)지역주택조합 추진위원회의 업무대행사인 청구법인이 수취한 점 등

이상의 관련법령과 사실관계를 종합하면, (가칭)지역주택조합 추진위원회의 사업과 관련한 쟁점세금계산서를 청구법인이 자신의 사업과 관련 없이 수취한 이상 사실과 다른 세금계산서를 수취한 것에 해당하여 관련 매입세액 전부가 불공제되는 것이고, 이 건 매입세액 불공제액도 사실과 다른 세금계산서의 수취에 따른 전부 불공제되는 매입세액에 포함되는 이상 이 건 처분은 달리 잘못이 없다고 판단된다.

제6장 지역주택조합 취득세

제1절 취득세 일반

1. 취득세

부동산 · 차량 등의 소유권 이전 등 취득행위를 과세객체로 하여 부과되는 세금

(1) 취득의 정의와 유형

매매, 교환, 상속, 증여, 기부, 법인에 대한 현물출자, 건축, 공유수면의 매립, 간척에 의한 토지의 조성 등과 그 밖에 이와 유사한 취득으로서 원시 · 승계취득 또는 유 · 무상의 모든 취득을 말한다.

(2) 과세대상

1) 일반취득

부동산(토지 · 건축물), 차량, 기계장비(건설기계 등), 입목, 항공기, 선박, 광업권, 어업권, 골프 · 콘도미니엄 · 종합체육시설이용 · 승마회원권 등을 취득하는 행위

2) 간주취득

토지의 지목변경, 선박 · 차량 · 기계장비 종류변경 등(간주취득)

※ 취득가액 50만원 이하는 취득세를 부과하지 않음(지방세법 제17조 제1항)

(3) 납세의무자

취득세 과세대상을 취득한 자로 과세물건 취득일부터 60일 이내 관할 자치구청에 신고납부

※무신고가산세(20%), 과소신고가산세(10%), 납부지연가산세(1일 1만분의 2.2 등) 부과 징수

(4) 과세표준 및 세율

1) 과세표준

취득당시의 가액

① 무상취득(상속제외) : 시가인정액

② 유상취득: 사실상의 취득가격

※23년부터는 취득원인별로 납세자가 과세표준을 이해하기 쉽도록 무상취득 · 유상승계취득 · 원시취득 · 과표특례 · 간주취득으로 구분하여 재편되었음.

2) 세율

① 부동산 유상취득의 표준세율 : 1,000분의 40(4%)

② 대도시내 공장 신 · 증설, 본점사업용 부동산 : 8%

③ 골프장, 고급주택, 고급오락장, 고급선박 : 12%

④ 주택 유상거래 세율 : 1~12%

구 분	1주택	2주택	3주택	법인 · 4주택 ~
조정대상지역	1~3%	8%(일시적 2주택 제외)	12%	12%
非조정대상지역	1~3%	1~3%	8%	12%

※주택유상거래 : 취득가액의 6억 이하 1%, 6억 초과~9억 이하 1.01%~2.99%, 9억 초과 3%

※6억 초과~9억 이하 : (해당 주택의 취득당시가액×2/3억원 − 3)×1/100

과세표준액 150만원 마다 0.01%씩 상승

(5) 취득세 세율표(표준 중과세)

1) 표준세율

① 부동산

<table>
<tr><th colspan="3">구분</th><th>세율</th></tr>
<tr><td rowspan="13">부
동
산</td><td rowspan="3">주택
유상
거래</td><td>조정지역 1주택, 비조정지역 2주택</td><td>10~30/1,000(1~3%)</td></tr>
<tr><td>조정지역 2주택, 비조정지역 3주택</td><td>80/1,000(8%)</td></tr>
<tr><td>조정지역 3주택 이상, 법인 취득 또는
비조정지역 4주택 이상</td><td>120/1,000(12%)</td></tr>
<tr><td rowspan="2">상속</td><td>농지</td><td>23/1,000(2.3%)</td></tr>
<tr><td>농지 외</td><td>28/1,000(2.8%)</td></tr>
<tr><td rowspan="2">상속 외
무상취득</td><td>일반납세자</td><td>35/1,000(3.5%)</td></tr>
<tr><td>비영리사업자의 취득</td><td>28/1,000(2.8%)</td></tr>
<tr><td colspan="2">원시취득</td><td>28/1,000(2.8%)</td></tr>
<tr><td colspan="2">공유물의 분할 등의 취득</td><td>23/1,000(2.3%)</td></tr>
<tr><td colspan="2">합유 · 총유물의 분할 취득</td><td>23/1,000(2.3%)</td></tr>
<tr><td rowspan="2">그 밖의 원인
으로 인한
취득</td><td>농지</td><td>30/1,000(3.0%)</td></tr>
<tr><td>농지 외</td><td>40/1,000(4.0%)</td></tr>
</table>

② 부동산 외

<table>
<tr><th colspan="5">구분</th><th>세율</th></tr>
<tr><td rowspan="22">기타</td><td rowspan="8">선박</td><td rowspan="5">등기 · 등록대상 선박 (소형선박제외)</td><td colspan="2">상속취득</td><td>25/1,000(2.5%)</td></tr>
<tr><td colspan="2">상속 외 취득</td><td>30/1,000(3.0%)</td></tr>
<tr><td colspan="2">원시 취득</td><td>20.2/1,000(2.02%)</td></tr>
<tr><td colspan="2">수입 · 주문건조 취득</td><td>20.2/1,000(2.02%)</td></tr>
<tr><td colspan="2">그 밖의 원인에 의한 취득</td><td>30/1,000(3.0%)</td></tr>
<tr><td rowspan="2">소형선박</td><td colspan="2">선박법 제1조의2 제2항의 소형선박</td><td>20.2/1,000(2.02%)</td></tr>
<tr><td colspan="2">동력수상레저기구</td><td>20.2/1,000(2.02%)</td></tr>
<tr><td colspan="3">그 밖의 선박</td><td>20/1,000(2.0%)</td></tr>
<tr><td rowspan="6">차량</td><td rowspan="2">비영업용 승용자동차</td><td colspan="2"></td><td>70/1,000(7.0%)</td></tr>
<tr><td colspan="2">경자동차</td><td>40/1,000(4.0%)</td></tr>
<tr><td rowspan="3">그 밖의 자동차</td><td rowspan="2">비영업용</td><td></td><td>50/1,000(5.0%)</td></tr>
<tr><td>경자동차</td><td>40/1,000(4.0%)</td></tr>
<tr><td>영업용</td><td></td><td>40/1,000(4.0%)</td></tr>
<tr><td colspan="3">미등록대상 차량 및 위 외의 자동차</td><td>20/1,000(2.0%)</td></tr>
<tr><td rowspan="2">기계장비</td><td>건설기계</td><td colspan="2"></td><td>30/1,000(3.0%)</td></tr>
<tr><td></td><td colspan="2">등록대상이 아닌 기계장비</td><td>20/1,000(2.0%)</td></tr>
<tr><td rowspan="3">항공기</td><td colspan="3">항공법 제3조 단서에 따른 항공기</td><td>20/1,000(2.0%)</td></tr>
<tr><td colspan="3">그 밖의 항공기</td><td>20.2/1,000(2.02%)</td></tr>
<tr><td></td><td colspan="2">최대이륙 중량 5,7000kg 이상</td><td>20.1/1,000(2.01%)</td></tr>
<tr><td colspan="4">입목</td><td>20/1,000(2.0%)</td></tr>
<tr><td colspan="4">광업권 · 어업권</td><td>20/1,000(2.0%)</td></tr>
<tr><td colspan="4">골프, 승마, 콘도미니엄 또는 종합체육시설이용권</td><td>20/1,000(2.0%)</td></tr>
</table>

2) 중과세율 : 표준세율+가산세율(중과기준세율×배율)

구 분	세 율
① 과밀억제권역에서의 본점 · 주사무소용 부동산 취득(건물을 신 · 증축하는 경우와 그 부속토지만 해당) 및 공장을 신 · 증설하기 위하여 사업용 과세물건의 취득	표준세율 + {중과기준세율(2%)×2배} ※ 세목통합 전 취득세만 중과대상
② 대도시(과밀억제권역에서 산업단지 제외)에서의 법인의 설립*등 법인 등의 대도시 전입에 따른 대도시 부동산 취득, 대도시(산업단지, 유치지역, 공업지역 제외) 공장 신 · 증설에 따른 부동산 취득 *휴먼법인을 인수하는 경우를 포함	(표준세율×3배) – {중과기준세율(2%)×2배} ※ 세목통합 전 등록세만 중과대상
③ 골프장, 고급주택, 고급오락장, 고급선박	표준세율 + {중과기준세율(2%)×4배}
④ ①과 ②가 동시에 적용되는 과세물건	표준세율×3배
⑤ ②와 ③이 동시에 적용되는 과세물건	(표준세율×3배) + {중과기준세율(2%)×2배}

3) 세율의 특례 : (표준세율–중과기준세율) 또는 중과기준세율 적용

구 분	세 율
① 형식적인 취득으로 등기 또는 등록하는 경우 – 환매등기 병행 부동산의 매매, 상속(1가구 1주택), 법인합병, 공유물 분할, 건축물 이전으로 인한 취득, 재산분할로 인한 취득	표준세율 – 중과기준세율(2%) ※ 세목통합 전 등록세만 과세
② 간주취득 등의 세율 특례 – 건물의 개수로 인한 취득, 선박 · 차량 · 기계장비의 종류변경, 토지의 지목변경, 과점주주 취득세 등	중과기준세율(2%) ※ 세목통합 전 취득세만 과세

(6) 사치성 재산에 대한 중과세 개요

구분	고급주택	고급오락장	골프장	고급선박
개념	주거용 건축물 중 면적과 가액이 일정 기준을 초과한 주택	도박장, 유흥주점 영업장, 특수목욕장, 그 밖에 이와 유사한 용도에 사용되는 건축물과 그 부속토지	회원제 골프장 용 부동산 중 구분 등록 대상 토지와 건축물 및 그 토지상(上)의 입목	비업무용 자가용 선박
중과 기준 (세부)	(공동) 주택가격 9억 초과 (단, ④는 제외)(개별) 다음 요건 중 하나 이상 구비시 ① 건축물 연면적 331m² 초과 ② 대지면적 662m² 초과 ③ 200kg 초과 엘리베이터 설치 ④ 에스컬레이터 또는 67m² 이상 수영장 중 1개 이상 시설 설치 ⑤ 연면적 245m²(복층형 274m²)초과 공동주택	① 카지노장 (외국인 전용 제외) ② 자동도박기 ③ 고급미용실 (욕실설비&요금지불) ④ 「식품위생법」제37조에 따른 허가 대상인 유흥주점 100제곱미터 초과) • 무도장(카바레 · 나이트클럽 · 디스코클럽 등) • 룸살롱, 요정 등	–	시가 표준액 3억원 초과
취득세 중과	중과기준세율(2%)의 4배 가산(유상거래 2~3% → 9~11%)	4배 가산 (유상거래4% → 12%)	4배 가산 (유상거래 4% → 12%)	4배 가산 (3% → 11%)
재산세 중과	없음	4%(일반 0.25%)	4%(일반 0.25%)	5%(일반 0.3%)

(7) 취득유형별 취득의 시기

구 분	취득의 시기	비 고
무상승계취득	계약일 (상속 또는 유증으로 인한 취득의 경우에는 상속 또는 유증 개시일 을 말함) ※취득일 전에 등기 또는 등록을 한 경우에는 그 등기일 또는 등록일	다만, 해당 취득물건을 등기·등록하지 아니하고 다음의 어느 하나에 해당하는 서류에 의하여 취득일이 속하는 달의 말일부터 3개월 이내에 계약이 해제된 사실이 입증되는 경우에는 취득한 것으로 보지 아니함 ① 화해조서·인낙조서 ② 취득일이 속하는 달의 말일부터 3개월 이내에 작성된 공정증서 또는 「부동산 거래신고에 관한 법률」 제3조에 따라 시장·군수·구청장이 교부한 거래계약 해제를 확인할 수 있는 서류 등
유상승계취득	•「지방세법」 제10조 제5항 제1호부터 제4호까지의 규정 중 어느 하나에 해당하는 유상승계취득 : 그 사실상의 잔금지급일 • 위에 해당하지 아니하는 유상승계취득 : 그 계약상의 잔금지급일(계약상 잔금지급일이 명시되지 아니한 경우에는 계약일부터60일이 경과한 날을 말함) ※ 취득일 전에 등기 또는 등록을 한 경우에는 그 등기일 또는 등록일	다만, 해당 취득물건을 등기·등록하지 아니하고 다음의 어느 하나에 해당하는 서류에 의하여 취득일부터 60일 이내에 계약이 해제된 사실이 입증되는 경우에는 취득한 것으로 보지 아니함 ① 화해조서·인낙조서 ② 취득일부터 60일 이내에 작성된 공정증서 또는 「부동산 거래신고에 관한 법률」 제3조에 따라 시장·군수·구청장이 교부한 거래계약 해제를 확인할 수 있는 서류 등
차량·기계장비·항공기 및 선박	• 주문을 받거나 판매하기 위하여 차량 등을 제조·조립·건조하는 경우: 실수요자가 차량 등을 인도받는 날과 계약서 상의 잔금지급일 중 빠른날 • 차량 등을 제조·조립·건조하는 자가 그 차량 등을 직접 사용하는 경우: 차량 등의 등기 또는 등록일, 사실상 사용일 중 빠른날	
수입에 따른 취득 ※'24.1.1부터 항공기의 경우 금융리스(소유권을 이전 받는 조건으로 임차하여 수입)만 과세대상 임을 명확히 함	해당 물건을 우리나라에 반입하는 날(보세구역을 경유하는 것은 수입신고필증 교부일)	• 차량등의 실수요자가 따로 있는 경우: 실수요자가 차량 등을 인도받는 날과 계약상의 잔금지급일 중 빠른 날 • 수입물건을 우리나라에 반입하지 않거나 보세구역을 경유하지 않고 외국에서 직접 사용하는 경우: 그 수입물건의 등기 또는 등록일

연부취득	그 사실상의 연부금 지급일	※취득일 전에 등기 또는 등록을 한 경우에는 그 등기일 또는 등록일
건축물을 건축 또는 개수하여 취득	사용승인서를 내주는 날(사용승인서를 내주기 전에 임시사용승인을 받은 경우에는 그 임시사용 승인일을 말하고, 사용승인서 또는 임시사용승인서를 받을 수 없는 건축물의 경우에는 사실상 사용이 가능한 날을 말함)과 사실상의 사용일 중 빠른 날	
「주택법」 제11조에 따른 주택조합이 주택건설사업을 하면서 조합원에게 귀속되지 않는 토지를 취득	「주택법」 제49조에 따른 사용검사를 받은 날	
「도시 및 주거환경정비법」 제35조제3항에 따른 주택재건축조합이 주택재건축사업을 하면서 조합원에게 귀속되지 않은 토지를 취득	「도시 및 주거환경정비법」 제86조제2항에 따른 소유권이전 고시일의 다음 날	
매립 · 간척 등으로 토지 원시취득	공사준공인가일	다만, 공사준공인가일 전에 사용승낙 · 허가를 받거나 사실상 사용하는 경우에는 사용승낙일 · 허가일 또는 사실상 사용일 중 빠른 날
차량 · 기계장비 또는 선박의 종류 변경에 따른 취득	사실상 변경한 날과 공부상 변경한 날 중 빠른 날	
토지의 지목변경에 따른 취득	토지의 지목이 사실상 변경된 날과 공부상 변경된 날 중 빠른 날	다만, 토지의 지목변경일 이전에 사용하는 부분에 대해서는 그 사실상의 사용일
「민법」 제839조의2 및 제843조에 의한 재산분할로 인한 취득	취득물건의 등기일 또는 등록일	

(8) 취득세 계산사례

1) 취득세

○ 예문
갑(甲)은 2023년 3월에 유상거래로 아파트를 7억원에 매입했음.
(1세대 1주택의 취득)
그 아파트의 취득 당시 공동주택 공시가격은 500,000,000원임
갑(甲)이 해당구청에 납부할 취득세는?

○ 계산
1) 과세표준(A) : 700,000,000원
※ 유상취득은 사실상의 취득가격을 과세표준으로 신고.
2) 세율(B) : 1.6667%
※취득가액 6~9억인 경우 : (해당 주택의 취득당시가액×2/3억원 - 3) × 1/100
3) 산출세액(A×B) : 11,666,900원

○ 납부세액
따라서 갑(甲)은 60일내 11,666,900원의 취득세
(지방교육세 1,166,690원을 포함한 합계세액은 12,833,590원)를 신고납부 하여야 함.

---

2) 가산세

○ 예문
갑(甲)이 신고납부 해야 할 취득세는 3,000,000원임.
그런데 이 중 1,500,000원만 정상적으로 신고하였고, 나머지 1,500,000원은 신고하지 않았음(나머지 1,500,000원 중 1,000,000원은 사기 · 부정행위로 과소신고 되었고, 500,000원은 단순 과소신고 되었음)
갑(甲)이 부담하여야 할 과소신고 가산세는?

○ 계산
1) 사기 · 부정행위로 과소신고분 세액의 40%(A) = 400,000원
2) (과소신고분 세액 - 부정과소신고분 세액)의 10%(B) : 50,000원
3) 가산세(A+B) = 450,000원

○ 납부세액
따라서 갑(甲)은 450,000원의 과소신고 가산세를 추가로 부담하여야 함.

제2절 지역주택사업의 취득세

1. 지역주택 사업의 취득세

(1) 조합원의 취득세

지역주택사업과 관련하여 토지구입은 조합원명의(지분)로 하여 조합에 신탁을 하거나 조합명의로 직접 취득하며 토지취득 시 토지구입가액의 4%(주택 및 그 부수토지는 1%~3%)를 취득세로 부담한다. 또한 건물의 완공 시 건물관련 총공사비용 중 해당 조합원분양연면적으로 나누어 산출된 조합원 세대당 공사비를 과세표준으로 하여 2.8%의 취득세를 각 조합원이 부담한다.(지방법 제11조 제1항)

과세 대상	과세표준	취득세율
토지	토지실제취득가액	4%(주택 및 그 부수토지: 1% ~3%)
건물	건물총공사비/연면적× 조합원분양연면적	2.8%

사업구역내의 토지를 100% 취득 후 사업계획승인을 받는다. 사업계획승인일 이후에는 조합원자격을 전매할 수 있으며 이 경우 소득세법에서는 분양권양도로 보아 양도세가 과세되나 지방세법에서는 토지의 양도로 보아 취득하는 자에게 토지에 대한 취득세를 부과한다. 이 때 토지에 대한 취득세 과세표준은 "토지분양가액 + 프리미엄"이며 기 불입한 건물 분양대금은 과세표준에서 제외된다. 건물 분양대금에 대한 취득세는 향후 건물이 완공되어 조합원에게 소유권보존등기 시점에서 건물에 대한 취득세 과세표준에 산입되어 별도로 부과한다.

▷주택조합원 변경에 따른 취득세 납부 여부(세정-710, 2005.1.14)

지방세법 제105조 제10항에서 주택조합이 당해 조합원용으로 취득하는 조합주택용 부동산은 그 조합원이 취득한 것으로 본다고 규정하고 있으므로 주택조합이 토지대금을 완납하였다면 이는 조합원 A가 취득한 것이고 추후 조합원의 명의가 갑으로 변경되었다면 조합원 갑은 조합원 A의 토지지분을 승계취득한 것이므로 조합원 갑 또한 취득세 납세의무가 있는 것임.

(2) 일반인 분양자의 취득세

일반인 분양분은 조합명의로 소유권보존등기 후 일반인에게 이전 된다. 이 경우 일반인 분양자는 분양가액의 1%~3%를 취득세로 부담한다.

한편 전용면적이 40제곱미터 이하인 주거용 건축물 및 그 부속토지 로서 취득가액이 1억원 미만인 주택을 취득하여 1가구 1주택자에 해당되는 경우에는 2018.12.31까지 취득세를 100% 면제한다.(지특법 제33조 제2항)(2015.12.29개정)

1) 2012.9.23 이전 취득 분

구 분	주택 유상거래 취득세 법정세율	11.1.1 – 11.3.21	11.3.22 – 11.12.31	12.1.1 – 12.9.23
① 9억원이하 and 1주택자 ② 일시적 2주택	4%(농특세 · 지방교육세포함 4.6%)	2%(50%감면)	1%(75%감면)	2%(50%감면)
9억원초과 or 다주택자		4%(감면없음)	2%(50%감면)	4%(감면없음)

2) 2013.8.27 이전 취득 분

구 분	주택 유상거래 취득세 법정세율	12.9.24 – 12.12.31	2013.1.1 – 6.30	2013.7.1 – 2013.8.27
① 9억원이하 and 1주택자 ② 일시적 2주택	4% (농특세 · 지방교육세포함 4.6%)	1%(75%감면)	1%(75%감면)	2%(50%감면)
① 9억원초과 12억원 이하인 1주택자(일시적 2주택 포함) ② 12억원이하의 다주택자		2%(50%감면)	2%(50%감면)	4%(감면없음)
12억원 초과주택		3%(25%감면)	3%(25%감면)	4%(감면없음)

3) 2013.8.28 이후 취득 분

유상거래를 원인으로 지방세법 제10조에 따른 취득 당시의 가액이 6억원 이하인 주택을 취득하는 경우에는 1천분의 10의 세율을, 6억원 초과 9억원 이하의 주택을 취득하는 경우에는 1천분의 20의 세율을, 9억원 초과 주택을 취득하는 경우에는 1천분의 30의 세율을 각각 적용한다.(2013.12.26 신설) 본 규정은 2013년 8월 28일 이후 최초로 취득하는 분부터 적용한다.

구 분 (주택 유상거래)	세 율	비 고
6억원 이하	1%	다주택자 여부에 불구하고 해당 세율 적용
6억원 초과 9억원 이하	2%	
9억원 초과	3%	

(3) 조합의 취득세

1) 납세의무자

주택법제11조에 따른 주택조합과 도시 및 주거환경정비법 제35조 제3항 및 빈집 및 소규모주택 정비에 관한 특례법 제23조에 따른 재건축조합 및 소규모재건축조합(이하 이 장에서 "주택조합 등"이라 한다)이 해당 조합원용으로 취득하는 조합주택용 부동산(공동주택과 부대시설 · 복리시설 및 그 부속토지를 말한다)은 그 조합원이 취득한 것으로 본다. 다만, 조합원에게 귀속되지 아니하는 부동산(이하 이 장에서 "비조합원용 부동산"이라 한다)은 제외한다.(2017.02.08 개정)〈빈집 및 소규모주택 정비에 관한 특례법 부칙개정 2018.02.09 시행〉(지방법 제7조 제8항) 따라서 비조합원용 부동산에 대한 취득세납세의무자는 조합이다.

2) 취득 시기

주택법 제32조에 따른 주택조합이 주택건설사업을 하면서 조합원에게 귀속되지 않은 토지를 취득하는 경우에는 주택법 제29조에 따른 사용검사를 받은 날에 그 토지를 취득한 것으로 본다.(지방령 제20조 제7항)

실무적인 측면에서, 조합에서 조합원으로부터 금전(분담금)을 신탁 받아 제3자로부터 토지(1,000평)를 총 300억에 구입(2012.1.1)하는 경우로서 800평은 조합원분양분의부수토지이고 200평은 일반인분양분의부수토지인 사례를 살펴보자. 일반인분양분 200평에 대하여는 제3자에게 잔금지급 시 취득시기가 도래하는 반면, 조합원분양분 800평은 현행법상 건물의 사용검사일에 취득시기가 도래한다. 그러나 분양승인을 받기위해서는 사업구역내의 토지 100%의 소유권을 조합명의로 확보하여야 하기에 현실적으로 조합원분양분의부수토지 800평에 대한 취득세를 납부하여야만 등기가 가능하다. 이러한 이유에서 조합에서 1,000평 전부의 취득세를 제3자로부터 취득 시 전액 납부하고 분담금 형태로 조합원에 전가한다.

3) 신탁재산 취득에 따른 비과세

신탁(신탁법에 따른 신탁으로서 신탁등기가 병행되는 것만 해당한다)으로 인한 신탁재산의 취득으로서 다음 각 호의 어느 하나에 해당하는 경우에는 취득세를 부과하지 아니한다. 다만, 신탁재산의 취득 중 주택조합등과 조합원 간의 부동산 취득 및 주택조합등의 비조합원용 부동산 취득은 제외한다.(2010.3.31 개정)

① 위탁자로부터 수탁자에게 신탁재산을 이전하는 경우
② 신탁의 종료로 인하여 수탁자로부터 위탁자에게 신탁재산을 이전하는 경우
③ 수탁자가 변경되어 신수탁자에게 신탁재산을 이전하는 경우

4) 과세표준 및 세율

사업계획승인 이전의 사업부지 취득은 조합원명의로 하기에 조합에서 직접 부담하는 취득세는 원칙적으로 없다.(실무적으로는 조합명의로 토지 일괄취득 후 취득세를 조합에서 부담 후 조합원에게 분담금 형태로 전가 시킴.) 조합원명의로 취득한 사업부지는 "조합(또는 신탁사)명의로 신탁 → 완공 시 신탁해제 → 조합원귀속(조합원분) 또는 조합취득(일반 분양분)"의 과정을 거친다.

건물의 완공 시 일반인에게 분양할 주택 및 상가의 경우 조합명의로 직접 보존등기를 하나 조합원분양분은 조합원명의로 보존등기를 한다. 이 경우 일반인분양분에 대한 보존등기 시 과세표준은 총건물공사비용을 일반인분양연면적으로 나눈 가액으로 하며 취득세율은 2.8% 이다. 재개발 · 도시환경정비사업조합의 취득세는 법 또는 조례

에서 100% 감면규정을 두고 있으나 지역주택조합의 경우 민간사업이기에 주택재건축 정비사업조합처럼 일반인 분양분에 대한 보존등기 시 취득세 감면규정(지방세감면 조례규정)은 없다.(다만, 40㎡이하, 1억원 이하인 1가구 1주택이 되는 자에 대한 100% 감면은 있음)

▷지역주택조합의 건물 취득세 과세표준(세정-1718, 2005.7.19)

지방세법시행령 제82조의 3 제1항에서 취득세의 과세표준이 되는 취득가격은 과세대상 물건의 취득시기를 기준으로 그 이전에 당해 물건을 취득하기 위하여 거래 상대방 또는 제3자에게 지급하였거나 지급하여야 할 일체의 비용[소개수수료, 설계비, 연체료, 할부이자 및 건설자금에 충당한 금액의 이자등 취득에 소요된 직접 · 간접비용(부가가치세를 제외한다)을 포함하되, 법인이 아닌 자가 취득하는 경우에는 연체료 및 할부이자를 제외한다]을 말한다고 규정하고 있으므로 지역주택조합의 취득세 과세표준이 되는 취득가격은 조합원이 지급한 확정분담금이 아니라 주택 취득에 소요된 시공법인의 장부상 입증되는 실제 공사비가 되는 것임.

제7장 지역주택조합 재산세

제1절 재산세 일반

1. 재산세

토지, 건축물, 주택, 선박 및 항공기의 소유에 대하여 그 소유자에게 부과하는 조세로 토지, 건축물, 주택 등 재산에 과세하는 재산세와 도시계획세를 재산세로 통합(2010)

(1) 과세대상

납세자가 소유한 재산의 가치에 담세력을 두어 과세

1) 주택 : 부속토지를 포함한 공동주택, 단독주택 등

2) 토지 : 나대지, 전 · 답 · 과수원 등 농지, 임야, 주택을 제외한 건축물의 부속토지 등

3) 건축물 : 주택을 제외한 상가 등 일반 건축물

4) 기타 : 항공기, 선박

(2) 납세의무자

과세기준일 현재(매년 6월 1일) 당해 재산의 소유자

○ 공유재산인 경우 : 지분권자

○ 소유권 변동 등이 있었음에도 신고하지 아니하여 사실상 소유자를 알 수 없을 때 : 공부상 소유자

○ 상속등기 및 소유자 미신고 상속재산 : 주된 상속자(상속지분이 높은 자)

○ 국가 등으로부터 연부취득재산 무상 사용시 : 매수 계약자

○ 수탁자 명의로 등기 · 등록된 신탁재산 : 위탁자

○ 소유권의 귀속이 분명하지 아니하여 사실상의 소유자를 확인할 수 없는 경우 : 그 사용자

○ 주택의 건물과 부속토지의 소유자가 다른 경우 : 건축물과 그 부속토지의 시가

표준액 비율로 안분 계산한 부분의 소유자

(3) 세액산출 구조

1) 과세표준

공시가격에 공정시장가액비율을 곱하여 산정

- 공정시장가액 비율[5]: 주택 60%(2023년 기준 1세대 1주택의 경우, 공시가격 3억 이하 43%, 3억 초과 6억 이하 44%, 6억 초과 45%), 토지 · 건축물 70%

2) 과세표준상한제

주택에 대한 재산세는 ①금년도 과세표준액과 ②과표(2024년 시행) 상한액을 비교하여 낮은 과표를 사용한 산출세액을 부과

※과세표준상한액 : 전년도 과세표준 + (금년도 과세표준×과세표준상한율[6])

〈계산순서〉

과표상한 비교	→	산출세액 계산	→	세부담 상한 계산	→	납부세액 부과 · 고지
①금년도 과표 ②과표 상한액 →① · ②중 작은값		③결정된 과표에 따라 세액 산출		④세부담상한액 적용 → ③ · ④중 작은값		

3) 세 율

- (주택) 0.1%~0.4% / (건축물) 주거지역 내 공장 0.5%, 기타 0.25%
- (토지) 종합합산 0.2%~0.5%, 별도합산 0.2%~0.4%, 분리과세(전 · 답 · 과수원 등 0.07%, 일반 0.2%, 골프장 · 고급오락장 4%)

---

5) 공정시장가액 비율 : 부동산시장의 동향과 지방재정 여건 등을 고려하여 세금을 부과하는 기준인 과세표준(과표)를 정할 때 적용하는 공시가격의 비율

6) 재산세 과세표준상한율은 0~5% 범위 내에서 대통령령으로 정함

4) 특례세율

1세대 1주택자[7] 공시가격 9억 이하 주택에 대해 과표 구간별 재산세율 0.05%p 인하 특례세율 적용(2026년까지 한시적용)

5) 세부담 상한제

직전년도 납부세액의 일정비율(세부담 상한비율) 이상 과세할 수 없음(2029년 폐지)

〈 토지분 재산세 과세구분 〉

종합합산	별도합산	분리과세
• 별도 · 분리과세 토지를 제외한 모든 토지	• 일반 건축물 부속토지 – 무허가건물 부속토지 제외 • 별도 합산할 상당한 이유가 있는 사업용 토지 등 – 자동차운송사업용, 운동시설용, 부설주차장용, 유통시설용, 원형보전임야	〈저율 분리과세 (0.07%)〉 • 농지(도시지역 내 농지는 제외) • 특정 임야(보전산지 내 등) 〈일반 분리과세 (0.2%)〉 • 읍 · 면 · 산업단지 소재 공장용 토지 • LH · 전기 · 가스 · 수자원공사의 사업용 토지 등 공익적 성격의 토지 〈고율 분리과세 (4%)〉 • 고급오락장, 회원제 골프장 등
• 세율 0.2~0.5% • 공시가격 5억 초과는 종부세 과세	• 세율 0.2~0.4% • 공시가격 80억 초과는 종부세 과세	• 세율 0.07%~4% • 종부세 제외

7) 65세 이상 부모 조부모 동거 봉양 시 별도 세대로 인정

(4) 납기

과세대상	납기
주 택	1/2은 매년 7월 16일부터 7월 31일까지, 나머지 1/2은 9월 16일부터 9월 30일까지 ※ 연세액 20만원 이하는 납기를 7월 16일부터 7월 31일까지로 하여 한꺼번에 부과 · 징수할 수 있습니다.
건축물	매년 7월 16일부터 7월 31일까지
토 지	매년 9월 16일부터 9월 30일까지
선 박	매년 7월 16일부터 7월 31일까지
항공기	매년 7월 16일부터 7월 31일까지

(5) 물납 · 분납 · 납부유예

구 분	대상 및 납부방법
물납	• (대상) 재산세 납부세액이 1천만원을 초과하는 납세의무자 ※ 재산세에 병기 고지되는 지역자원시설세, 지방교육세는 제외 • (방법) 재산세 납기 10일전까지 자치구청장에 물납신청 • (물납대상자산) 해당 지방자치단체 관할구역내의 부동산
분납	• (대상) 재산세 납부세액이 250만원을 초과하는 납세의무자 ※ 재산세에 병기 고지되는 지역자원시설세 분납 가능, 지방교육세는 제외 • (방법) 재산세 납부기한까지 자치구청장에 분납신청 • (분할납부) 납부할 세액의 일부를 납부기한이 지난 날부터 3개월 이내 분할납부 (24년부터 2개월 이내 → 3개월 이내 개정) – 납부할 세액이 5백만원 이하인 경우 : 250만원을 초과하는 금액 – 납부할 세액이 5백만원을 초과하는 경우 : 그 세액의 50% 이하의 금액
납부유예	• 일정 요건*을 갖춘 1주택자가 납부 유예를 신청하는 경우, 주택의 처분(양도, 증여, 상속) 시점까지 재산세 납부 유예 가능 * ① 과세기준일 현재 만 60세 이상 또는 5년 이상 보유, ② 과세기준일 현재 1세대 1주택, ③ 직전 과세기간 총급여 7천만원 이하 (종합소득금액 6천만원 이하), ④ 해당연도 재산세(도시지역분 포함) 100만원 초과, ⑤지방세 · 국세 체납이 없을 것

(6) 재산세와 함께 부과되는 세금

○ 재산세 도시지역분(舊 도시계획세) : 주택, 토지, 건축물(0.14%)

※「국토의 계획 및 이용에 관한 법률」에 따른 도시지역 내 부동산

○ 소방분 지역자원시설세 : 건축물(주택포함) · 선박(0.04%~0.12%)

○ 지방교육세 : 재산세 세액의 20%

(7) 재산세 세율

1) 주택

○ 그 밖의 주택

과세표준	세 율
6천만원 이하	1,000분의 1
6천만원 초과 1억5천만원 이하	60,000원 + 6천만원 초과금액의 1,000분의 1.5
1억5천만원 초과 3억원 이하	195,000원 + 1억5천만원 초과금액의 1,000분의 2.5
3억원 초과	570,000원 + 3억원 초과금액의 1,000분의 4

※ 1세대1주택에 대한 세율특례 신설(2021년)

- 시가표준액 9억 이하 1세대 1주택 0.05% 인하(2026년까지 3년간 추가 연장)

2) 건축물

○ 골프장, 고급오락장용 건축물 : 과세표준의 1천분의 40

○ 특별시 · 광역시(군 지역은 제외) · 시(읍 · 면 지역은 제외) 지역에서「국토의 계획 및 이용에 관한 법률」과 그 밖의 관계 법령에 따라 지정된 주거지역 및 해당 지방자치단체의 조례로 정하는 지역의 대통령령으로 정하는 공장용 건축물 : 과세표준의 1천분의 5

○ 그 밖의 건축물 : 과세표준의 1천분의 2.5

3) 토지

① 종합합산과세대상

과세표준	세 율
5,000만원 이하	1,000분의 2
5,000만원 초과 1억원 이하	10만원 + 5,000만원 초과금액의 1,000분의 3
1억원 초과	25만원 + 1억원 초과금액의 1,000분의 5

② 별도합산과세대상

과세표준	세 율
2억원 이하	1,000분의 2
2억원 초과 10억원 이하	40만원 + 2억원 초과금액의 1,000분의 3
10억원 초과	280만원 + 10억원 초과금액의 1,000분의 4

③ 분리과세대상

- 전 · 답 · 과수원 · 목장용지 및 임야 : 과세표준의 1천분의 0.7
- 골프장 및 고급오락장용 토지 : 과세표준의 1천분의 40
- 그 밖의 토지 : 과세표준의 1천분의 2

4) 선박

○ 고급선박 : 과세표준의 1천분의 50

○ 그 밖의 선박 : 과세표준의 1천분의 3

5) 항공기

○ 과세표준의 1천분의 3

(8) 재산세 계산사례(일반적용례)

○예문 갑(甲)은 2019년 2월에 유상거래로 아파트를 취득함.
그 아파트의 2024년도 시가표준액(공동주택가격)은 300,000,000원임.
갑(甲)이 2024년도 재산세 과세기준일(2024.6.1.) 현재에도 위 아파트를 소유하고 있을 경우 2024년도에 갑(甲)이 납부할 재산세는?

1세대 2주택인 경우

○계산 1) 과세표준(A) : 180,000,000원
※과세표준 = 시가표준액(300,000,000원) × 주택의 공정시장가액비율(60%)
2) 세율(B) : 195,000원 + 1억5천만원의 초과금액의 1,000분의 2.5
3) 산출세액 : 270,000원

○납부세액 재산세액에는 도시지역분이 가산됨.
도시지역분 : 252,000원(180,000,000원 × 0.14%)
따라서 갑(甲)은 522,000원 재산세를 납부하여야 함.

위의 재산세 도시지역분(舊 도시계획세)외에 재산세와 함께 고지되는 세금이 있음. 재산세와 함께 고지되는 세금은 ① 소방분 지역자원시설세(舊 소방공동시설세)와 ② 지방교육세가 있음.
1) 지역자원시설세(소방분) : 52,700원
※67,000,000원(추정 과세표준[1])일 경우(49,100원 + 6,400만원 초과금액의 10,000분의 12)
2) 지방교육세 : 54,000원
※지방교육세는 재산세액(도시지역분을 제외한 270,000원)의 20% 과세

○따라서 갑(甲)은 재산세(재산세 본세+도시지역분)와 지역자원시설세 및 지방교육세를 합하여 2024년도에 총 628,700원을 납부하여야 함.

1세대 1주택인 경우

○계산 1) 과세표준(A) : 129,000,000원
※과세표준 = 시가표준액(300,000,000원)×주택의 공정시장가액비율(43%, 2023년 기준)
2) 세율(B) : 30,000원 + 6천만원 초과금액의 1,000분의 1
3) 산출세액 : 99,000원

○납부세액 재산세액에는 도시지역분이 가산됨.
도시지역분 : 180,600원(129,000,000원 × 0.14%)
따라서 1세대 1주택인 경우라면, 갑(甲)은 279,600원의 재산세를 납부하여야 하는 것으로 2주택 이상인 경우보다 본세만 기준으로 242,400원의 세부담이 경감됨.

1) 아파트의 소방분 지역자원시설세의 과세표준은 공동주택가격에 공정시장가액비율(60%)을 곱한 것이 아니라, 지방자치단체의 장이 매년 1.1.자로 발행하는 건물시가표준액(구 소방공동시설세인 소방시설에 충당하는 지역자원시설세이므로 '토지'의 시가표준액은 제외됨)상의 시가표준액임. 일반적으로 이 가액은 '공동주택가격 × 공정시장가액비율'의 가액보다 현저히 낮음.

제2절 지역주택사업의 재산세

1. 지역주택사업의 재산세

(1) 조합원의 재산세

1) 개 요

재산세는 매년 6월 1일 현재 토지 · 건물 등을 사실상 소유한 자에게 부과한다. 지역주택조합원이 부담하는 재산세는 토지 취득시점부터 주택완공시점 이전까지 토지에 대한 재산세가 부과된다. 다만, 2013.1.1 이후부터 주택법 제2조 제11호 규정의 지역주택조합 · 직장주택조합이 조합원이 납부한 금전으로 매수하여 소유하고 있는 신탁재산(토지등)의 경우에는 해당 지역주택조합 · 직장주택조합이 납세의무자로 전환되었다. 따라서 주택조합에 신탁된 토지등은 신탁등기일부터 신탁해지일까지 조합원의 재산세 납세의무가 없다.

주택완공시점 이후에는 조합원분양분 주택(그 부수토지를 포함한다.)에 대한 재산세가 조합원에게 부과되며 일반인분양분에 대하여는 조합에 부과된다.

〈 재산세 납세의무자 〉

구 분		납세의무자	
		조합원	주택조합(주택법)
원 칙		사실상 소유자	
신탁외 자산		토지 등 소유자	
신탁자산	신탁등기일 ~ 신탁해지일	×	○
완공 이후	조합원 분양분	○	×
	일반인 분양 예정 분	×	○

1) 납세의무자 아닌 경우(×) / 납세의무자인 경우(○)
2) 표에서 신탁자산은 조합원이 조합에 납부한 금전으로 매수하여 조합에서 소유하고 있는 신탁된 토지를 말한다.

2) 토지에 대한 재산세 과세대상의 구분

토지에 대한 재산세 과세대상은 다음에 따라 종합합산과세대상, 별도합산과세대상 및 분리과세대상으로 구분한다.(지방법 제106조 제1항)

① 종합합산과세대상

과세기준일 현재 납세의무자가 소유하고 있는 토지 중 별도합산과세대상 또는 분리과세대상이 되는 토지를 제외한 토지. 주로 나대지, 잡종지가 주류를 이룬다.

다만, 다음 각 목의 어느 하나에 해당하는 토지는 종합합산과세대상으로 보지 아니한다.

가. 이 법 또는 관계 법령에 따라 재산세가 비과세되거나 면제되는 토지

나. 이 법 또는 다른 법령에 따라 재산세가 경감되는 토지의 경감비율에 해당하는 토지

② 별도합산과세대상

과세기준일 현재 납세의무자가 소유하고 있는 토지 중 다음 각 목의 어느 하나에 해당하는 토지. 주로 건물의 부속토지를 말한다.

다만, 제1호 가목 및 나목에 따른 토지는 별도합산과세대상으로 보지 아니한다.

가. 공장용 건축물의 부속토지 등 대통령령으로 정하는 건축물의 부속토지

나. 차고용 토지, 보세창고용 토지, 시험 · 연구 · 검사용 토지, 물류단지시설용 토지 등 공지상태(空地狀態)나 해당 토지의 이용에 필요한 시설 등을 설치하여 업무 또는 경제 활동에 활용되는 토지로서 대통령령으로 정하는 토지

③ 분리과세대상

과세기준일 현재 납세의무자가 소유하고 있는 토지 중 다음 각 목의 어느 하나에 해당하는 토지

가. 공장용지 · 전 · 답 · 과수원 및 목장용지로서 대통령령으로 정하는 토지

나. 산림의 보호육성을 위하여 필요한 임야 및 종중 소유 임야로서 대통령령으로 정하는 임야

다. 제13조 제5항에 따른 골프장용 토지와 같은 항에 따른 고급오락장용 토지로서 대통령령으로 정하는 토지

라. 산업집적활성화 및 공장설립에 관한 법률 제2조 제1호에 따른 공장의 부속토지로서 개발제한구역의 지정이 있기 이전에 그 부지취득이 완료된 곳으로서 대통령령으로 정하는 토지

마. 국가 및 지방자치단체 지원을 위한 특정목적 사업용 토지로서 대통령령으로 정하는 토지

바. 에너지 · 자원의 공급 및 방송 · 통신 · 교통 등의 기반시설용 토지로서 대통령령으로 정하는 토지(2017.12.26 신설)

사. 국토의 효율적 이용을 위한 개발사업용 토지로서 대통령령으로 정하는 토지

아. 그 밖에 지역경제의 발전, 공익성의 정도 등을 고려하여 분리과세하여야 할 타당한 이유가 있는 토지로서 대통령령으로 정하는 토지

위 가목에서 대통령령이 정하는 전 · 답 · 과수원은 다음과 같다.(지방령 제102조 제1항 제2호)

㉠ 전 · 답 · 과수원(이하 이 조에서 "농지"라 한다)으로서 과세기준일 현재 실제 영농에 사용되고 있는 개인이 소유하는 농지. 다만, 특별시 · 광역시(군 지역은 제외한다) · 특별자치시 · 특별자치도 및 시지역(읍 · 면 지역은 제외한다)의 도시지역의 농지는 개발제한구역과 녹지지역에 있는 것으로 한정한다.

㉡ 농지법 제2조 제3호에 따른 농업법인이 소유하는 농지로서 과세기준일 현재 실제 영농에 사용되고 있는 농지. 다만, 특별시 · 광역시(군 지역은 제외한다) · 특별자치시 · 특별자치도 및 시지역(읍 · 면 지역은 제외한다)의 도시지역의 농지는 개발제한구역과 녹지지역에 있는 것으로 한정한다.

㉢ 한국농어촌공사 및 농지관리기금법에 따라 설립된 한국농어촌공사가 같은 법에 따라 농가에 공급하기 위하여 소유하는 농지

㉣ 관계 법령에 따른 사회복지사업자가 복지시설이 소비목적으로 사용할 수 있도록 하기 위하여 소유하는 농지

㉤ 법인이 매립 · 간척으로 취득한 농지로서, 과세기준일 현재 실제 영농에 사용되고 있는 해당 법인 소유농지. 다만, 특별시 · 광역시(군 지역은 제외한다) · 특별자치시 · 특별

자치도 및 시지역(읍 · 면 지역은 제외한다)의 도시지역의 농지는 개발제한구역과 녹지지역에 있는 것으로 한정한다.

㉥ 종중(宗中)이 소유하는 농지. 다만, 염전 사용을 폐지한 후 다른 용도로 사용하는 토지는 제외한다.

3) 주택건설사업에 제공되는 토지의 재산세 분리과세

「주택법」에 따라 주택건설사업자 등록을 한 주택건설사업자[8]가 주택을 건설하기 위하여 같은 법에 따른 사업계획의 승인을 받은 토지로서 주택건설사업에 제공되고 있는 토지[9]는 재산세 분리과세대상에 해당된다.(제106조 제1항 제3호 사목, 지방령 제102조 제7항 제7호, 2016.08.11 개정)

따라서 아래의 요건을 모두 충족하는 경우 해당 토지의 소유자는 재산세가 분리과세된다.

① 주택법에 따른 주택조합이 주택을 건설할 것.

② 주택법에 의한 사업계획의 승인을 받은 토지일 것

③ 주택건설사업에 제공될 것

위 "③ 주택건설사업에 제공될 것"의 의미는 주택건설사업의 부지로 제공되기 위하여 다른 용도로 사용되지 않고 있는 토지를 의미한다.

▷ "사업계획의 승인을 받은 토지로서 주택건설사업에 공여되고 있는 토지"의 의미 (지방세운영-2091, 2008.11.10)

재산세 분리과세 대상인 지방세법 시행령 제132조 제5항 제8호의 "사업계획의 승인을 받은 토지로서 주택건설사업에 공여되고 있는 토지"라 함은 주택법에 따른 주택건설사업계획의 승인을 받은 토지로서 주택건설사업의 부지로 제공되기 위하여 다른 용도로 사용되지 않고 있는 토지를 의미한다고 할 것입니다.

○ 지방세법 제182조 제1항 각 호 외의 부분에서는 토지에 대한 재산세 과세대상을 종합

---

8) 같은 법 제11조에 따른 주택조합 및 고용자인 사업주체와 「도시 및 주거환경정비법」 제24조부터 제28조까지 또는 「빈집 및 소규모주택 정비에 관한 특례법」 제17조부터 제19조까지의 규정에 따른 사업시행자를 포함한다.

9) 「주택법」 제2조 제11호에 따른 지역주택조합 · 직장주택조합이 조합원이 납부한 금전으로 매수하여 소유하고 있는 「신탁법」에 따른 신탁재산의 경우에는 사업계획의 승인을 받기 전의 토지를 포함한다.

합산과세대상, 별도합산과세대상 및 분리과세대상으로 구분하고 있으며, 같은 항 제3호에서는 분리과세대상 토지를 각 목으로 정하면서, 같은 호 가목부터 라목에서는 대통령령이 정하는 공장용지 · 전 · 답 · 과수원 및 목장용지, 임야, 골프장 등을 정하고 있으며, 같은 호 마목에서는 “가목부터 라목까지의 규정에 따른 토지와 유사한 토지로서 분리과세해야 할 상당한 이유가 있는 것으로서 대통령령이 정하는 토지”를 정하고 있습니다.

○ 이에 따라 지방세법 시행령 제132조 제5항 각 호에서는 같은 법 제182조 제1항 제3호 마목의 분리과세 대상 토지를 규정하면서, 같은 법 시행령 제132조 제5항 제8호에서는 “주택법에 따라 주택건설업자 등록을 한 주택건설사업자(주택법 제32조에 따른 주택조합 및 고용자인 사업주체와 도시 및 주거환경정비법 제7조부터 제9조까지의 규정에 따른 사업시행자를 포함함)가 주택을 건설하기 위하여 주택법에 따른 사업계획의 승인을 받은 토지로서 주택건설사업에 공여되고 있는 토지”를 규정하고 있습니다.

○ 한편, 주택법 제16조 제1항 및 같은 법 시행령 제15조에 따르면 단독주택의 경우 20호, 공동주택의 경우 20세대 이상의 주택건설사업을 시행하려는 자는 사업계획승인신청서에 주택과 부대시설 및 복리시설의 배치도 등 서류를 첨부하여 시 · 도지사 등에게 제출하고 그 사업계획승인을 얻어야 하며, 같은 법 제16조 제7항부터 제9항까지, 같은 법 시행령 제18조에 따르면 사업계획승인을 얻은 사업주체는 승인을 얻은 사업계획대로 사업을 시행하여야 하고, 승인을 얻은 날부터 2년 이내에 공사에 착수하여야 하되, 문화재보호법 제56조에 따라 문화재청장의 발굴통지서 교부가 있은 경우, 해당 사업시행지에 대한 소유권 분쟁(소송절차가 진행 중인 경우에 한함)으로 공사착수가 지연되는 경우, 사업계획승인의 조건으로 부과된 사항을 이행함에 따라 공사착수가 지연되는 등의 정당한 사유가 있는 경우 사업주체의 신청에 따라 그 사유가 종료된 날부터 1년의 범위 안에서 그 공사의 착수기간을 연장할 수 있도록 규정하고 있으며, 위 기간 내에 공사에 착수하지 아니하는 경우에는 사업계획승인권자가 그 사업계획승인을 취소할 수 있고, 사업계획승인을 얻은 사업주체가 공사에 착수하려는 때에는 사업계획승인권자에게 신고하도록 하고 있습니다.

○ 재산세 분리과세제도는 정책적인 고려에 따라 중과세 또는 경과세의 필요가 있는 토지에 대하여 예외적으로 별도의 기준에 따라 분리과세함으로써 종합합산과세에서 오는 불합리를 보완하려는 제도로서, 지방세법 시행령 제132조 제5항 각 호의 토지의 경우 공기업이 업무수행을 목적으로 소유하는 토지, 공유수면매립법에 따라 매립 또는 간척한 토지로서 일정한 요건에 해당하는 토지 등으로, 종합합산 과세표준에서 제외하여 예외적으로 저율의 분리과세를 함으로써 조세부담을 경감하여 주는 특혜 규

정이라고 할 것이며, 지방세법 시행령 제132조 제5항 제8호에서 주택법에 따라 등록한 주택건설사업자가 주택을 건설하기 위하여 주택건설사업계획의 승인을 받은 토지로서 주택건설사업에 공여되고 있는 토지를 분리과세 대상으로 규정한 입법취지는 주택건설사업자에 대한 조세지원을 통하여 국민의 주거안정 및 주거수준 향상을 위한 주택의 건설 · 공급이 활발하게 이루어지게 하기 위한 것이라고 할 것입니다.

○ 또한 조세법규는 특별한 사정이 없는 한 법문대로 해석해야 하고, 합리적인 이유 없이 확장해석하거나 유추해석하는 것은 허용되지 아니하며, 특히 감면 요건 중 특혜규정이라고 볼 수 있는 것은 엄격하게 해석하는 것이 조세공평의 원칙에도 부합하는 점(2003. 8. 22. 선고 2001두3525 판결) 등을 고려할 때, 지방세법 시행령 제132조 제5항 제8호에서 정한 "주택건설사업에 공여되고 있는 토지"의 범위를 해석함에 있어서도 법문에 따라 엄격하게 해석해야 할 것입니다.

○ 주택법에 따른 주택건설사업은 입지의 선정, 토지 소유권 확보, 사업계획의 수립 및 승인, 기존 건축물 등의 철거, 주택건설공사의 착공 등 일련의 절차에 따라 진행된다고 할 것이며, 주택건설사업에 "공여(供與)"되고 있는 토지라 함은 이러한 주택건설사업을 위하여 실제로 제공되는 토지를 의미한다고 할 것인데, 위에서 본 바와 같이 사업계획 승인을 얻은 후에도 다양한 사유로 상당 기간 동안 실제 주택 건설이 이루어지지 않을 수 있으며, 일정 기간이 지나도 공사에 착수하지 않을 경우 그 사업계획 승인이 취소될 수 있는 점, 사업계획 승인을 얻었다고 하여 바로 해당 토지에서의 다른 용도로의 사용이 제한되는 등의 법적인 효과가 있는 것으로 보이지 않는 점, 또한 법문에서 분리과세 대상 토지를 "사업계획 승인을 받은 토지"로만 규정하지 않고 "사업계획 승인을 받은 토지로서 주택건설사업에 공여되고 있는 토지"를 규정하고 있는 점 등을 고려할 때, 사업계획 승인을 받았다는 사실만으로 대상 토지가 주택건설사업에 공여되고 있다고 보기는 어려울 것입니다.

○ 그렇다면, 주택건설사업에 공여되고 있다고 보기 위해서는 해당 토지가 사업계획 승인을 받은 후 실제 주택이 건설되기 위한 부지로서의 기능을 수행하고 있는 상태이어야 할 것이며, 이를 위해서는 적어도 해당 토지가 여전히 기존의 사용 용도에 따라 주거, 경작, 임대 등에 사용되고 있어서는 안된다고 할 것인바, 사업승인을 받았다는 이유만으로 실질적인 토지의 용도에 있어 기존의 상태와 아무런 변화가 없는 경우까지 주택건설사업에 공여된 것으로 보고 분리과세의 혜택을 부여하는 것은 토지의 사실상의 현황을 기준으로 과세하는 재산세 현황부과의 원칙(지방세법 시행령 제143조)에도 부합하지 않는다고 할 것입니다.

○ 한편, 분리과세 대상 토지를 정하고 있는 지방세법 시행령 제132조 제5항 각 호 외의

부분 단서에서는 각종 공공시설 · 설비에 "직접 사용"되고 있는 토지를 정하고 있는 같은 항 제5호, 제9호부터 제11호까지의 경우 그 "시설 및 설비공사를 진행 중인 토지"도 포함하도록 규정하고 있고, 한국토지공사 및 대한주택공사가 타인에게 공급할 목적 등으로 소유하고 있는 토지를 정하고 있는 같은 항 제1호 및 제2호의 경우 "취득일부터 5년이 경과한 토지로서 용지조성사업 또는 건축을 착공하지 아니한 토지"를 제외하도록 명시적으로 규정하고 있는 점, 주택건설사업을 수행함에 있어서는 물리적인 공사행위 외에도 다양한 준비, 관리 행위가 이루어지는 점 등을 고려할 때, 위와 같이 명시적으로 물리적인 공사 착공행위 등을 요건으로 하고 있는 않는 같은 항 제8호의 토지 범위를 해석함에 있어 "주택건설사업에 공여"되었다는 의미를 반드시 물리적인 착공 등의 행위가 이루어진 때로 한정하여 해석하는 것은 타당하지 않다고 할 것입니다.

○ 또한 주택법 제16조 제2항에 따르면 주택건설사업계획의 승인을 얻고자 하는 자는 해당 주택건설대지의 소유권 등을 확보하도록 하고 있고, 같은 조 제7항 및 제9항에 따르면 사업계획 승인일부터 2년(정당한 사유가 있는 경우 1년 연장) 이내에 공사에 착수하지 않으면 승인이 취소되는 점 등을 고려할 때, 같은 법에 따른 주택건설사업의 사업주체가 사업부지의 소유권 등을 확보하여 자신의 위험부담 아래 주택건설사업을 진행하는 이상, 자신의 사업계획에 따라 해당 토지를 주택건설사업 부지로 제공하면 충분한 것이지, 반드시 재산세 부과기준일까지 철거공사, 건축공사 등의 착공이 이루어져야만 주택건설사업에 "공여"되는 것이라고 보기는 어렵습니다.

○ 그렇다면 재산세 분리과세 대상인 지방세법 시행령 제132조 제5항 제8호의 "사업계획의 승인을 받은 토지로서 주택건설사업에 공여되고 있는 토지"라 함은 주택법에 따른 주택건설사업계획의 승인을 받은 토지로서 주택건설사업의 부지로 제공되기 위하여 다른 용도로 사용되지 않고 있는 토지를 의미한다고 할 것입니다.

▷주택건설사업에 제공되는 시점(지방세운영-2104, 2009.5.26)

가. 지방세법 제182조 제1항 제3호 및 동법시행령 제132조 제5항 제8호의 규정에 의거 주택법에 의하여 주택건설사업자 등록을 한 주택건설사업자(주택법 제32조의 규정에 의한 주택조합 및 고용자인 사업주체와 도시 및 주거환경정비법 제7조 내지 제9조의 규정에 의한 사업시행자를 포함한다)가 주택을 건설하기 위하여 동법에 의한 사업계획의 승인을 받은 토지로서 주택건설 사업에 공여되고 있는 토지는 재산세를 분리과세 하도록 규정하고 있습니다.

나. 주택건설 사업에 공여되고 있는 토지를 분리과세 대상으로 규정한 입법취지는 주택건설사업자에 대한 조세지원을 통하여 국민의 주거안정을 위한 주택의 건설 · 공급이 활발하게 이루어지게 하기 위한 것이며, 주택건설 사업에 "공여"되고 있는 토지라 함은 주택건설 사업을 위하여 주택건설사업 실시계획에 따라 주택건설 사업용에 실제로 제공되는 토지를 의미하는 바,

다. 귀문의 경우 재산세 과세기준일 현재 주택건설사업 승인을 받아 당초 주택건설사업계획에 따라 주택건설공사를 착공하였으나, 그 이후 장기간('02.7월~현재) 공사가 중단된 상태로 방치되어 있고, 주택건설사업승인서상 주택건설사업 변경승인을 받지도 않은 경우라면 당해 토지는 주택건설 사업에 공여되는 토지로 볼 수 없다고 사료되나, 이에 해당되는지 여부는 구체적인 사실관계를 명확히 확인한 후 과세권자가 결정할 사안입니다.

(2) 조합의 재산세

1) 개 요

조합원이 주택법에 의한 주택건설사업을 위하여 지역주택조합에게 현금을 신탁한 후 토지를 조합원명의가 아닌 조합명의로 등기하는 경우 토지에 대한 재산세는 소유권자인 조합에게 부과된다. 이 경우 사업계획승인 후 주택건설에 사용하기 이전까지는 재산세가 각 현황에 따라 분리, 별도, 종합합산과세 대상으로 각각 부과되나 주택건설에 사용되는 시점부터는 분리과세 된다.

2) 신탁재산에 대한 조합의 납세의무

재산세의 납세의무자는 과세기준일 현재 재산을 사실상 소유하고 있는 자이다. 따라서 조합에서 사실상 소유하고 있는 토지등은 조합이 재산세의 납세의무자이다. 지방세법 제107조 제2항 제2호에서도 실질과세를 근거로 신탁법에 따라 수탁자명의로 등기 · 등록된 신탁재산의 경우에는 위탁자를 재산세의 납세의무자로 정하고 있다.

그러나 2013.1.1 이후에는 주택법 제2조 제11호에 따른 지역주택조합 · 직장주택조합이 조합원이 납부한 금전으로 매수하여 소유하고 있는 신탁재산(토지)의 경우에는 해당 지역주택조합 · 직장주택조합이 납세의무자로 전환되었다. 이 경우 지역주택조

합 · 직장주택조합의 조합원은 지방세기본법 제135조에 따른 납세관리인으로 본다.(2013.1.1 개정)(지방법 제107조 제2항)

3) 주택건설사업에 제공되는 토지의 재산세 분리과세

「주택법」에 따라 주택건설사업자 등록을 한 주택건설사업자[10]가 주택을 건설하기 위하여 같은 법에 따른 사업계획의 승인을 받은 토지로서 주택건설사업에 제공되고 있는 토지[11]는 재산세 분리과세대상에 해당된다.(제106조 제1항 제3호 사목, 지방령 제102조 제7항 제7호)

4) 완공된 미분양주택의 재산세 납세의무

지역주택조합과 조합원 사이에 체결된 신탁계약서 제8조의 신탁기간을 살펴보면 "신탁기간은 주택건설사업의 완료시(사용검사일)까지로 한다"고 명기되어 사용검사일에 신탁계약기간이 종료되는 것으로 되어 있고, 지역주택조합이 주택건설사업으로 준공한 건물 중 일반분양분을 지역주택조합 명의로 보존등기하였다면, 이는 지방세법 제7조 제8항 및 지방세법 제107조 제1항에 의하여 재산세 과세기준일 현재 재산을 사실상 소유하고 있는 지역주택조합이 재산세를 납부할 의무가 있다.(서울세제-5067, 2012.4.26)

5) 실무적 고려

신탁자산의 재산세납세의무자를 주택조합으로 전환하였기에 지역주택조합의 사업계획서에 재산세 예상지출분을 반영하여 조합원분양금을 책정해야 할 것이다.

○ 위탁자가 신탁한 금전으로 매수하여 수탁자 명의로 등기를 마친 토지는 신탁법에 의한 신탁재산에 속하므로 그에 대한 재산세 또는 종합토지세의 납세의무자(대법 2011다6076, 2011.11.10)

☞ 법개정으로 본 판례는 2012.12.31이전 납세의무 성립 분 까지만 적용 할 수 있다. 따

10) 같은 법 제11조에 따른 주택조합 및 고용자인 사업주체와 「도시 및 주거환경정비법」 제24조부터 제28조까지 또는 「빈집 및 소규모주택 정비에 관한 특례법」 제17조부터 제19조까지의 규정에 따른 사업시행자를 포함한다.

11) 「주택법」 제2조 제11호에 따른 지역주택조합 · 직장주택조합이 조합원이 납부한 금전으로 매수하여 소유하고 있는 「신탁법」에 따른 신탁재산의 경우에는 사업계획의 승인을 받기 전의 토지를 포함한다.

라서 2013.1.1 이후에는 조합원이 납부한 금전으로 매수하여 소유하고 있는 신탁재산(토지)의 경우에는 해당 지역주택조합 · 직장주택조합을 재산세 및 종부세의 납세의무자로 전환함

[요약]

신탁법에 의하여 수탁자 명의로 등기된 신탁재산임이 그 토지의 등기부상에 명백히 나타나 있다면 그 납세의무자가 아닌 수탁자에 대하여 한 재산세 등 부과처분은 그 하자가 중대하고도 명백하여 당연무효라고 할 것임

[주문]

상고를 모두 기각한다.
상고비용은 피고가 부담한다.

[이유]

상고이유를 판단한다.

구 지방세법(2005. 1. 5. 법률 제7332호로 개정되기 전의 것) 제182조 제5항, 제234조의9 제2항 제5호, 구 지방세법(2010. 3. 31. 법률 제10221호로 전부 개정되기 전의 것) 제183조 제2항 제5호, 신탁법 제19조 등을 종합하면, 위탁자가 신탁한 금전으로 매수하여 수탁자 명의로 등기를 마친 토지는 신탁법에 의한 신탁재산에 속하므로 그에 대한 재산세 또는 종합토지세(이하 '재산세 등'이라 한다)의 납세의무자는 위탁자라고 할 것이다.

그리고 이와 같이 신탁법에 의하여 수탁자 명의로 등기된 신탁재산임이 그 토지의 등기부상에 명백히 나타나 있다면 그 납세의무자가 아닌 수탁자에 대하여 한 재산세 등 부과처분은 그 하자가 중대하고도 명백하여 당연무효라고 할 것이다(대법원 2007. 3. 15. 선고 2006두14582 판결 참조).

원심은 우선 다음과 같은 사실을 인정하였다. 지역주택조합인 원고들이 조합원들로부터 신탁받은 금전으로 이 사건 토지를 매수하여 원고들 명의로 소유권이전등기를 마쳤다. 이 사건 토지의 등기부에는 이 사건 토지가 신탁법에 의한 신탁재산임을 공시하기 위하여 등기목적란에 '신탁재산처분에 의한 신탁', 권리자 및 기타 사항 중 횡선으로 구획된 곳에 신탁원부의 각 번호가 기재되어 있다. 한편 피고는 원고들이 2002년부터 2008년까지 이 사건 토지를 사실상 소유하고 있다고 보아 원고들에게 그에 대한 재산세 등(이하 '이 사건 재산세 등'이라 한다)을 부과하는 이 사건 처분을 하였고 원고들은 이를

납부하였다는 것이다.

나아가 원심은 이 사건 토지는 조합원들이 신탁한 금전으로 얻은 재산으로서 신탁법에 의한 신탁재산에 해당하여 이 사건 재산세 등의 납세의무자는 위탁자인 조합원들이고 이 사건 토지가 그와 같은 신탁재산임이 등기부상에 명백히 나타나 있으므로, 납세의무자가 아닌 원고들에 대하여 한 이 사건 처분은 그 하자가 중대하고도 명백하여 당연무효라고 판단하고, 피고는 원고들에게 그가 납부한 재산세 등(소멸시효 완성분 제외)을 부당이득으로 반환할 의무가 있다고 판단하였다.

앞서 본 규정과 법리 및 기록에 비추어 보면, 이와 같은 원심의 판단은 정당하고, 거기에 상고이유에서 주장하는 신탁토지에 대한 재산세 등의 납세의무자와 과세처분의당연무효에 관한 법리오해 등의 위법이 없다. 상고이유에서 들고 있는 대법원 2000.5.30 선고 98두10950 판결, 대법원 2005.7.28 선고 2004두8767 판결, 대법원 2006.6.30 선고 2004두6761 판결은 이 사건과 사안을 달리하여 이 사건에 원용하기에 적절하지 아니하다.

그러므로 상고를 모두 기각하고, 상고비용은 패소자가 부담하기로 하여, 관여 대법관의 일치된 의견으로 주문과 같이 판결한다.

제8장 지역주택조합의 종합부동산세

제1절 종합부동산세 일반

1. 목적 (법 제1조)

종합부동산세는 부동산 보유세제의 개편에 따라 신설된 국세로 2005.1.5. 법률 제7328호 제정 공포되어 2005년부터 시행되었다.

종합부동산세법 제1조에서 이법은 부동산 보유자에 대하여 종합부동산세를 부과하여 부동산 보유에 대한 조세부담의 형평성을 제고하고 부동산의 가격안정을 도모함으로써 지방재정의 균형발전과 국민경제의 건전한 발전에 이바지함을 목적으로 한다고 규정하고 있다.

※징수한 종합부동산세는 지자체의 재정여건 등 기준에 따라 부동산교부세로 전액 지자체에 교부

(1) 보유세제의 개편

종전 재산세와 종합토지세를 통합하여 1차로 시군구에서 낮은 세율로 재산세를 과세하고 2차로 국가에서 전국 소유 부동산을 과세유형별, 납세의무자별로 합산하여 일정기준액 초과분에 대하여 종합부동산세를 부과

- 종전 건축물로 과세되던 주거용 건물과 종합합산대상인 주택 부속토지를 통합한 주택을 별도의 과세대상으로 추가하고 토지에 대한 재산세 과세방식을 전국합산방식에 과세유형별 관내합산 방식으로 전환

(2) 보유세제의 비교

<table>
<tr><th rowspan="2">구분</th><th colspan="2">종전</th><th colspan="2">현행</th></tr>
<tr><th>재산세</th><th>종합토지세</th><th>재산세</th><th>종합부동산세</th></tr>
<tr><td>과세
대상</td><td>건축물
(주택포함)</td><td>토지</td><td>주택
토지</td><td>주택
토지(종합, 별도합산)</td></tr>
<tr><td>납세
의무자</td><td colspan="3">6.1. 현재 재산 소유자</td><td>6.1. 현재 재산소유자 중 인별 합산 공시가격이 과세유형별 공제액을 초과하는 자
주택 : 6억원
(1세대 1주택자 11억원)
※ 법인 기본공제 폐지
종합합산토지 : 5억원
별도합산토지 : 80억원</td></tr>
<tr><td>과세
권자</td><td colspan="3">재산 소재지 관할 시장 · 군수 · 구청장</td><td>납세지 관할 세무서장</td></tr>
<tr><td>과세
방법</td><td>물건별 과세</td><td>과세대상 유형별
전국 합산 세액계산
물건 소재지 관내별
세액 안분 과세</td><td>주택 : 물건별 과세
토지 : 관내합산 과세</td><td>과세대상 유형별 · 인별
전국합산 과세</td></tr>
<tr><td>과세
표준</td><td>시가표준액</td><td>토지공시가격 ×
적용비율</td><td>주택 :
공시가격×60%＊
＊1세대1주택 45%
토지 :
공시가격×70%</td><td>주택 :
(공시가격–6억원*)×60%
＊1세대1주택 11억원
＊＊법원 기본공제 폐지
종합합산토지 :
(공시가격–5억원)×100%
별도합산토지 :
(공시가격–80억원)×100%</td></tr>
<tr><td>세율</td><td>주택 :
6단계 누진세율
기타 :
단일세율</td><td>토지(종합,별도) :
9단계 누진세율
토지(분리과세) :
단일세율</td><td>주택, 토지 :
3~4단계 누진세율
토지(분리과세) :
단일세율</td><td>주택 : 6단계 누진세율
＊법인 단일세율
토지 : 3단계 누진세율</td></tr>
<tr><td>납부
기간</td><td>7.16 ~ 7.31</td><td>10.16 ~ 10.31</td><td>주택 :
7.16~7.31(50%)
9.16~9.30(50%)
토지 :
9.16~9.30</td><td>12.1 ~ 12.15</td></tr>
<tr><td>징수
방법</td><td colspan="3">보통징수 (부과징수)</td><td>부과징수
선택적 신고납부 가능</td></tr>
<tr><td>세부담
상한액</td><td colspan="2">해당없음</td><td>직전연도세액
상당액의 150%
(주택 105~130%)</td><td>직전연도 총세액
상당액의 150%
＊3주택 등의 경우 300%</td></tr>
</table>

2. 용어의 정의 (법 제2조)

(1) 시 · 군 · 구

지방자치법 제2조의 규정에 의한 지방자치단체(기초자치단체)인 시 · 군 및 자치구(이하 "시 · 군"이라 한다)를 말한다. 자치구가 아닌 행정구*(특별시와 광역시가 아닌 인구 50만 이상 시에 둘 수 있음)는 포함되지 않는다.

〈 행정구 현황(11개시에 35개 설치) 〉

설치시	수원	성남	부천	안양	안산	고양	용인	천안	청주	전주	포항	창원
35개	4	3	3	2	2	3	4	3	4	2	2	5
명칭	권선 장안 영통 팔달	분당 중원 수정	원미 소사 오정	동안 만안	상록 단원	덕양 일산 서	수지 기흥 처인	서북 동남	흥덕 상당 서원 청원	완산 덕진	남 북	의창 성산 마산합포 마산회원 진해

(2) 시장 · 군수 · 구청장

지방자치단체의 장인 시장 · 군수 및 자치구의 구청장(이하 "시장 · 군구"라 한다)을 말하는 것으로 행정구의 구청장은 포함되지 않는다.

(3) 주택

지방세법 제104조 제3호에 따른 주택을 말하는 것으로 주택에는 지방세법 제13조 제5항 제1호에 따른 별장[12]은 포함하지 않는다.

▣ 주택(지방세법 제104조 제3호)

「주택법」 제2조 제1호에 따른 주택. 이 경우 토지와 건축물의 범위에서 주택은 제외

○ 건축법상 주택은 단독주택과 공동주택으로 구분됨

- 단독주택 : 단독주택, 다가구주택, 다중주택
- 공동주택 : 아파트, 연립주택, 다세대주택, 기숙사

---

12) 별장은 재산세 고율분리과세(4%)되므로 종합부동산세 과세대상에서 제외됨.

(4) 토지

지방세법 제104조 제1호에 따른 토지를 말하는 것으로 종합부동산세 과세대상인 토지에는 주택의 부속토지(주택으로 과세)를 제외한다.

▣ 토지

「공간정보의 구축 및 관리 등에 관한 법률」에 따라 지적공부의 등록대상이 되는 토지와 그 밖에 사용되고 있는 사실상의 토지

(5) 주택분 재산세

지방세법 제105조(과세대상) 및 제107조(납세의무자)에 따라 주택에 대하여 부과하는 재산세를 말한다.

(6) 토지분 재산세

지방세법 제105조(과세대상) 및 제107조(납세의무자)에 따라 토지에 대하여 부과하는 재산세를 말한다.

(7) 세대

주택 또는 토지의 소유자 및 그 배우자가 그들과 동일한 주소 또는 거소에서 생계를 같이하는 가족과 함께 구성하는 1세대를 말한다.

(8) 공시가격

부동산 가격공시에 따른 법률에 따라 가격이 공시되는 주택 및 토지에 대하여 동법에 따라 공시된 가액을 말한다.

○ 공시되지 아니한 주택 및 토지의 공시가격

- 공동주택 : 지역별 · 단지별 · 면적별 · 층별 특성 및 거래가격 등을 참작하여 행정안전부장관이 정하는 기준에 따라 시장 · 군수가 산정
- 단독주택 : 시장 · 군수가 같은 법의 규정에 의하여 국토교통부장관이 제공한 주택가격비준표를 사용하여 산정
- 토지 : 시장 · 군수가 같은 법의 규정에 의하여 국토교통부장관이 제공한 토지가격비준표를 사용하여 산정

〈 2022년 주택 및 토지 가격공시 현황 〉

구 분	주택			토지	
	공동주택	단독주택			
	APT, 연립 다세대	표준주택	개별주택	표준지가	개별지가
대상	1,454만호	24만호	390만호	54만 필지	3,459만 필지
공시권자	국토교통부장관	국토교통부장관	시장 · 군수	국토교통부장관	시장 · 군수
공시기준일	매년 1월 1일				
공시일자	4.29	1.23	4.29	2.13	5.31
과세기준일	매년 6월 1일				
재산세 납부기간	7.16~7.31 : 1/2 납부 9.16~9.30 : 1/2 납부			9.16~9.30	
종합 부동산세 납부기간	매년 12.1~12.15				

3. 과세대상

(1) 과세대상 재산

종합부동산세는 지방세법상 재산세 과세대상 재산(토지, 건축물, 주택, 선박, 항공기) 중 주택(주거용 건축물과 그 부속토지를 말함)과 토지(종합합산과세대상 토지와 별도합산과세대상 토지를 말함)를 과세대상으로 한다.

(2) 과세대상에서 제외되는 재산

지방세법상 재산세 과세대상 중 일반 건축물, 분리과세대상 토지, 선박, 항공기 등은 가액을 불문하고 종합부동산세 과세대상에서 제외된다.

또한 상시 주거용으로 사용하지 않고 휴양, 피서 또는 위락의 용도로 사용되는 별장은 주택법상 주택의 범위에는 해당하지만 지방세법상 재산세를 부과함에 있어 고율의 단일세율(4%)를 부과하기 때문에 종합부동산세법상 주택의 범위에 해당하지 않아 종합부동산세 과세대상에서 제외되며 종합부동산세 과세대상 여부를 다음의 표와 같이 구

분할 수 있다.

(3) 재산세 및 종합부동산세 과세대상 구분

<table>
<tr><th colspan="2">구 분</th><th>재산세 과세대상</th><th>재산세율
(표준세율)</th><th>종부새 과세 여부</th></tr>
<tr><td colspan="2">주택</td><td>① 주택(부속토지 포함)
② 별장</td><td>0.1~0.4%
4%</td><td>○
X</td></tr>
<tr><td rowspan="3">토지</td><td>분리과세토지</td><td>① 저율분리과세 : 전, 답, 과수원, 목장용지, 임야 중 분리과세기준에 적합한 토지, 사권제한이 극심한 토지
② 고율분리과세 : 골프장, 고급오락장용 부속토지
③ 기타분리과세 : 그린벨트 지정이전 취득 완료된 입지 기준면적 이내의 공장용지, 공익법인의 고유목적사업용 토지 등</td><td>0.07%
4%
0.2%</td><td>X</td></tr>
<tr><td>별도합산토지</td><td>① 상가 등 건축물의 부속토지로 기준면적이내 토지
② 시지역(산업단지 · 공업지역 제외)에 위치한 공장의 기준 면적 이내의 공장용지
③ 별도합산과세하여야 할 상당한 이유가 있는 토지</td><td>0.2~0.4%</td><td>○</td></tr>
<tr><td>종합합산토지</td><td>① 나대지
② 분리과세 대상 토지 주 기준초과 토지
③ 별도합산 대상 토지 중 기준초과 토지
④ 분리과세, 별도합산과세 대상이 아닌 모든 토지</td><td>0.2~0.5%</td><td>○</td></tr>
<tr><td colspan="2">건축물</td><td>① 골프장(체육시설업의 등록이 되지 아니한 경우 제외), 고급오락장
② 도시의 주거지역내 공장용 건축물
③ 위 외의 건축물</td><td>4%
0.5%
0.25%</td><td rowspan="3">X</td></tr>
<tr><td colspan="2">선박</td><td>① 비업무용 자가용 고급선박
② 비업무용 자가용 고급선박 외의 선박</td><td>5%
0.3%</td></tr>
<tr><td colspan="2">항공기</td><td></td><td>0.3%</td></tr>
</table>

(4) 재산세 현황부과의 원칙

○ 재산세의 과세대상 물건이 공부상 등재현황과 사실상의 현황이 다른 경우에는 사실상의 현황에 의하여 재산세를 부과한다(지방세법 시행령 제119조).

○ 공부상 등재현황은 과세물건의 공시가격, 면적, 용도 등을 말하며, 납세의무자의 판단은 이에 해당되지 않고, 지방세법 제107조[납세의무자]의 규정에 따라야 함에 주의하여야 한다. 종합부동산세는 재산세의 규정이 준용되므로 이 원칙이 적용된다.

(5) 해석사례

▷주택신축 판매 목적으로 주택을 매입하여 멸실한 경우 종합부동산세 과세 해당 여부 (종부세과-10, '12.11.23)

종합부동산세 과세대상은 과세기준일 현재 지방세법상 "주택분 재산세"와 "토지분 재산세" 과세대상에 따라 구분하는 것이며, 과세기준일(매년 6.1) 현재 주택분 재산세의 납세의무자로서 국내에 있는 재산세 과세대상인 주택의 공시가격을 합산한 금액이 6억원을 초과하는 자는 종합부동산세를 납부할 의무가 있는 것임.

4. 과세기준일 (법 제3조)

(1) 재산세의 과세기준일 준용

종합부동산세의 과세기준일은 지방세법 제114조에 따른 재산세의 과세기준일로 규정하고 있으며, 지방세법에서 과세기준일을 매년 6월 1일로 규저하고 있으므로 종합부동산세의 과세기준일도 매년 6월 1일이 된다.

(2) 종합부동산세의 납세의무자

1) 종합부동산세의 과세기준일은 매년 6월 1일이므로 과세대상 부동산인 주택과 토지(분리과세 대상 제외)를 6월 1일 현재 보유하고 있는 재산세 납세의무자인 개인 또는 법인으로서 과세대상별로 구분하여 공제액(구. 과세기준금액)을 초과하여 보유하고 있는 경우에는 종합부동산세를 납부할 의무가 있다.

▌종합부동산세 납세의무 판단기준

1. 과세기준일 (6월 1일) 현재 재산세 과세대상물건의 소유권이 양도 양수된 때에는 양수인을 해당연도의 납세의무자로 본다(지방세 해석운용 182-1)
2. 양도 및 취득시기 : 잔금청산일과 등기접수일 중 빠른 날
   사례 1) 잔금청산일은 '22.5.31이고 등기접수일은 '22.6.2인 경우 양도 및 취득시기는 잔금청산일인 '22.5.31이며
   사례 2) 잔금청산일은 '22.6.2이고 등기접수일은 '22.5.31인 경우 양도 및 취득시기는 등기접수일인 '22.5.31임.

2) 개인 또는 법인이 보유하고 있는 과세대상물건을 과세기준일(6월 1일) 현재 양도하는 경우 당해 부동산에 대하여는 재산세 및 종합부동산세의 납세의무가 없으며, 후취득자(양수인)에게 납세의무가 있다.

3) 신탁재산에 대해서는 재산세 납세의무자 변경(20.12.29. 「지방세법」 개정)으로 위탁자(종전 수탁자)에게 납세의무가 있다.

(3) 해석사례

▷과세기준일 이후 등기한 상속주택에 대한 종합부동산세 납세의무자 (서면인터넷방문상담5팀-178, '07.1.15.)

과세기준일 이전 상속 개시되고 상속등기하지 아니한 상속재산의 종합부동산세법 규정에 의한 "재산세 납세의무자"는 「지방세법」 제107조 제2항 제2호 및 지방세법시행규칙 제53조(상속지분이 가장 높은 자, 연장자를 순차적으로 적용)에 의함.
→「지방세법 시행규칙」(제77조)의 개정에 따라 '08.1.1.부터 호주승계인은 삭제

▷상속등기 미이행 재산은 주된 상속자(지방세 해석운용 183-7)

상속이 개시된 재산으로서 상속등기가 되지 아니한 때에는 상속자가 지분에 따라신고하면 신고된 지분에 따른 납세의무가 성립하고, 신고가 없으면 「지방세법 시행규칙」 제53조에 따른 주된 상속자에게 납세의무가 있다.

5. 납세지 (법 제4조)

(1) 개인 또는 법인으로 보지 아니하는 단체

「소득세법」 제6조의 규정을 준용한다.

1) 거주자의 납세지

- 거주자에 대한 종합부동산세의 납세지는 그 주소지로 하며, 주소지가 없는 경우에는 그 거소지로 한다.
- 거주자로 보는 법인격 없는 단체에 대한 종합부동산세의 납세지는 동 단체의 대표자 또는 관리인의 주소지로 한다.
  다만, 「소득세법」 제9조에 의하여 당해 단체의 업무를 주관하는 장소 등을 납세지로 지정받은 경우에는 그 지정받은 장소를 납세지로 한다.

2) 비거주자의 납세지

- 비거주자에 대한 종합부동산세의 납세지는 「소득세법」 제120조에 규정하는 국내사업장(국내사업장이 2 이상 있는 경우에는 주된 국내사업장)의 소재지로 한다.
- 국내사업장이 없는 경우에는 국내원천소득이 발생하는 장소를 종합부동산세의 납세지로 한다.
- 국내사업장이 없고 국내원천소득이 발생하지 아니하는 경우에는 주택 또는 토지의 소재지(주택 또는 토지가 둘 이상인 경우에는 공시가격이 가장 높은 주택 또는 토지의 소재지)로 한다.

3) 납세지가 불분명한 경우

- 주소지가 2 이상인 때에는 주민등록법에 의하여 등록된 곳, 거소지가 2 이상인 때에는 생활관계가 보다 밀접한 곳
- 국내에 2 이상의 사업장이 있는 비거주자의 경우 그 주된 사업장을 판단하기 곤란한 때에는 당해 비거주자가 납세지로 신고한 장소
- 국내사업장이 없는 비거주자에게 국내의 2 이상의 장소에서 국내원천소득이 발생하는 경우에는 해당 비거주자가 납세지로 신고한 장소

○ 비거주자가 납세지를 신고하지 않은 경우에는 소득상황 및 세무관리의 적정성 등을 참작하여 국세청장 또는 관할 지방국세청장이 지정하는 장소

(2) 법인 또는 법인으로 보는 단체

「법인세법」 제9조 제1항 내지 제3항의 규정을 준용한다.

1) 내국법인

○ 내국법인의 종합부동산세 납세지는 당해 법인의 등기부상의 본점 또는 주사무소의 소재지(국내에 본점 또는 주사무소가 소재하지 아니하는 경우에는 사업의 실질적 관리 장소의 소재지)

○ 법인으로 보는 단체의 경우에는 당해 단체의 사업장 소재지

- 주된 소득이 부동산임대소득인 단체: 그 부동산 소재지
- 2 이상의 사업장 또는 부동산 보유 단체 : 주된 사업장 또는 주된 부동산 소재지
- 사업장이 없는 단체 : 당해 단체의 정관 등에 기재된 주사무소 소재지(정관 등에 주사무소에 관한 규정이 없는 단체는 그 대표자 또는 관리인의 주소지를 말함)

2) 외국법인

○ 외국법인의 종합부동산세 납세지는 국내사업장의 소재지

- 2 이상의 국내사업장이 있는 외국법인인 경우에는 주된 사업장의 소재지

○ 국내사업장이 없는 외국법인으로서 「법인세법」 제93조 제3호 또는 제7호의 규정에 따른 소득이 있는 경우에는 그 자산의 소재지

- 2 이상의 자산이 있는 외국법인인 경우에는 국내원천소득이 발생하는 장소 중 당해 외국법인이 납세지로 신고하는 장소

○ 국내사업장이 없고 국내원천소득이 발생하지 아니하는 경우에는 주택 또는 토지의 소재지(주택 또는 토지가 둘 이상인 경우에는 공시가격이 가장 높은 주택 또는 토지의 소재지)

6. 과세구분 및 세액 (법 제5조)

(1) 과세구분

종합부동산세 과세대상은 입법목적에 따라 납세의무자별로 주택과 토지(종합합산과세대상과 별도합산과세대상으로 구분)로 구분하여 판정한다.

(2) 종합부동산세액 산출 체계

종합부동산세액은 공정시장가액비율을 적용하여 과세표준을 산정하고, 이에 세율을 곱하여 계산한 산출세액에서 재산세와 이중과세를 방지하기 위하여 종합부동산세 과세표준 금액에 대하여 해당 물건의 재산세로 부과된 재산세액을 공제하고, 담세력을 반영한 연령별 · 보유기간별 따른 세액공제 및 세부담의 일시적 급등을 방지하기 위한 세부담상한제에 따른 세부담 상한초과세액을 공제하여 산출한다.

과세표준 = 공시가격의 합계액 – 공제액) × 공정시장가액비율

산출세액 = 과세표준 × 세율 − 공제할 재산세액

납부세액 = 산출세액 − (세액공제 + 세부담 상한초과세액)

(3) 종합부동산세액

종합부동산세액 = 주택에 대한 종합부동산세액 + 토지에 대한 종합부동산세액*

*토지에 대한 종합부동산세액 = 종합합산토지분 세액 + 별도합산토지분 세액

7. 공정시장가액비율 (시행령 제24조)

(1) 도입배경

2006년 이후 급격한 세부담을 방지하기 위해 매년 단계적으로 인상되던 과세표준적용비율은 부동산가격 변동에 대응하여 세부담을 적정 수준으로 조정하는 데 어려움이

있어, 2009년부터 과세표준 적용비율을 폐지하고 공정시장가액비율 제도를 도입하여 부동산가격의 급등 · 급락시에도 적정한 수준의 세부담이 유지 될 수 있도록 하였다.

(2) 적용요령

공정시장가액비율은 부동산 시장의 동향과 재정 여건 등을 고려하여 60%~100%까지의 범위에서 대통령령으로 정하며, 과세유형별로 공제액을 초과하는 공시가격 합계액에 공정시장가액비율(주택분 60%, 토지분 100%)*을 곱한 금액을 과세표준으로 한다.

*2019년부터 매년 5%p 상향하였으나 2022년 시행령 개정으로 주택분에 한해 60% 적용

종합부동산세 과세표준 = (과세대상 유형별 공시가격 합계액 – 각 유형별 공제액) × 공정시장가액비율 (60%, 100%)

8. 재산세액 공제제도

(1) 제도의 의의

동일재산에 대해 재산세와 종합부동산세가 이중으로 과세되는 현상을 방지하기 위하여 종합부동산세 과세표준 금액에 부과된 재산세 상당액을 납부할 종합부동산세액에서 공제하여 세액을 산출함으로써 이중과세를 방지하기 위한 제도이다.

(2) 이중과세 조정방식

종합부동산세는 공제액(구. 과세기준금액)을 초과하여 부동산을 보유하고 있는 자에게 부과되는 세금으로 과세표준액 산정시 공시가격 합계액(1세대 1주택은 5억원을 공제한 금액)에서 공제액(주택 6억원, 종합합산토지 5억원, 별도합산토지 80억원)을 공제한 금액에 공정시장가액비율(주택분 60%, 토지분 100%)을 곱하여 산정하므로, 과세표준에서 제외되는 공제액[(공시가격 합계액 - 6억원 공제액 등) × (1 - 공정시장가액비율)]에 대하여는 종합부동산세가 부과되지 않으므로 이중과세의 문제가 발생되지 아니한다.

그러나 공제액을 초과하는 공시가격 중 공정시장가액비율을 곱하여 산정한 종합부동산세 과세표준 금액에 대하여는 종합부동산세가 부과되므로 종합부동산세 과세표준 금액에 부과된 재산세를 종합부동산세에서 공제함으로써 이중과세 문제를 조정하고 있다.

▌공제할 재산세액

과세유형별 (주택, 종합, 별도) 재산세로 부과된 세액의 합계액	×	(공시가격 합계 과세유형별 기준금액*) 종부세 공정시장가액비율 × 재산세 공정시장가액비율 × 재산세율 / 과세유형별(주택, 종합, 별도) 재산세 표준세율을 적용하여 계산한 재산세 상당액

*과세유형별 기준금액 : 주택 6억원(1세대 1주택 11억원, 법인 적용 제외),
종합합산토지 5억원,별도합산토지 80억원

▌계산사례

사례1) "甲"씨의 2022. 6. 1일 현재 주택보유현황 및 2022년 주택분 재산세 납부내역은 다음과 같다. 공제할 재산세액은?

> ○ 단독주택 A : 1,530,000원(공시가격 9억원)
> ○ 단독주택 B : 405,000원 (공시가격 6억원, 재산세 부과시 감면된 주택이며 50% 세액감면 적용 후의 세액)

1. 실제 부과된 각 주택별 재산세 합계액 : 1,935,000원(= 1,530,000+405,000)
2. 종합부동산세 주택분 과세표준 금액에 대한 재산세 표준세율로 계산한 재산세 상당액: 864,000원 = 종부세 과세표준 3.6억원* × 재산세 공정시장가액비율 60% × 0.4%

   *공시가격 합계액 12억(= 9억 + 3억) 6억 × 종부세 공정시장가액 비율 60%
3. 종합부동산세 주택분 전체 공시가격 합계액에 대해 재산세 표준세율로 계산한 재산세 상당액 : 2,250,000원 (= 공시가격합계액 12억원 × 재산세 공정시장가액비율 60% × 0.4%-630,000)
4. 공제할 재산세액 : 74,040원(= 1,935,000원 × 864,000원 / 2,250,000원)

   ☞ 주택분 종부세 과세표준은 공시가격 합계액에서 공제액을 차감하고 종부세 공정시장가액비율을 적용하여 산정하며, 종부세가 과세되지 않은 공제액 6억원(11억원)에 재산세액을 산정함에 있어 이미 재산세 최고세율 및 누진공제액이 적용되었으므로 해당 공제액 초과분인 주택분 종부세 과세표준에 대한 재산세액을 산정함에 있어서는 재산세 최고세율만 적용하고 누진공제액을 다시 적용하지 아니함

9. 비과세 · 감면 등 (법 제6조)

(1) 재산세의 감면규정 준용

「종합부동산세법」에서 종합부동산세 비과세 및 감면 등에 관하여 직접 규정하고 있는 사항은 없으나 아래의 규정은 종합부동산세를 부과함에 있어 이를 준용한다.

① 「지방세특례제한법」 및 「조세특례제한법」에 의한 재산세의 비과세 · 과세면제 또는 경감

② 「지방세특례제한법」 제4조에 따른 시 · 군의 감면조례에 의한 재산세의 감면

(2) 준용방법

① 재산세 경감방법

○ 주택분 재산세 : 세액 경감

○ 토지분 재산세 : 과세표준 경감

② 종합부동산세법에서 정하는 재산세의 감면규정 준용방법

○ 종합부동산세법에서는 재산세 감면규정을 준용함에 있어서 그 감면대상인 주택 또는 토지의 공시가격에서 재산세 감면비율(비과세 또는 과세면제의 경우에는 100분의 100)을 곱한 금액을 공제한 '감면후 공시가격'으로 적용한다.

(3) 재산세 감면규정 등의 적용 배제

① 적용배제 목적

재산세 감면규정 또는 분리과세 규정에 따라 종합부동산세를 경감하는 것이 종합부동산세를 부과하는 취지에 비추어 적합하지 않은 경우 감면규정 등을 적용배제하여 종합부동산세의 과세실효성을 확보하는데 목적이 있다.

▌계산사례

사례1) 주택의 공시가격이 10억원인 경우 종합부동산세법에서 정하는 당해 주택의 공시 가격은? (당해 주택에 대한 재산세 부과 시 경감비율 25% 적용함)

해설) 재산세 부과 시 25% 경감률이 적용되었으므로 「종합부동산세법」에 의한 공시가격은 당초 주택의 공시가격에서 경감률에 해당하는 공시가격을 차감한 후의 금액이 「종합부동산세법」상 공시가격임.

ㅇ 「종합부동산세법」상 공시가격 = 공시가격 – (공시가격 × 경감률)
= 10억원 – (10억원 × 25%) = 7.5억원

사례2) 주택의 공시가격이 12억원인 경우 종합부동산세법에서 정하는 당해 주택의 공시가격은? (당해 주택에 대한 재산세 부과 시 탄력세율 적용하여 표준세율에 25% 감한 세율 적용함)

해설) 탄력세율은 「지방세법」 제111조제3항에 따라 시장 · 군수가 조례가 정하는 바에 의하여 재산세 표준세율의 100분의 50의 범위에서 가감한 세율로 재산세 부과 시 탄력세율을 적용하는 경우 「지방세특례제한법」 제4조에 의한 재산세 감면사항에 해당하지 않는 것임. 따라서 당해 주택의 공시가격이 「종합부동산세법」에 의한 공시가격이 되는 것임.

ㅇ 「종합부동산세법」상 공시가격 : 12억원(= 당해 주택의 공시가격)

② 적용배제 대상

시 · 군 감면조례에서 정한 재산세의 감면규정 또는 분리과세 규정이 전국 공통으로 적용되지 아니하고 당해 감면 규정 등이 전국적인 과세형평을 저해하는 것으로 인정되는 것으로서 행정안전부장관이 기획재정부장관과 협의하여 고시하는 경우와 종합부동산세법 시행령」 제3조 제1항 제8호에 따라 합산배제되지 않는 임대주택에 적용되는 경우에는 적용 배제한다.

☆ 조정대상지역 감면배제 적용특례 ☆

ㅇ 재산세가 감면되는 주택 · 토지에 대해서는 종부세도 감면되나 다음의 경우 감면 배제

① 1세대가 국내에 1주택 이상을 보유한 상태에서 조정대상지역 내 주택을 취득하

고 장기일반 민간임대주택으로 등록한 경우

② 법인이 조정대상지역 공고일이 지난 후 또는 기존 조정대상지역에서 '20.6.17. 이 지난 후 매입임대주택 중 장기일반 민간임대주택 등록 등을 신청한 경우

▣ **종부세법 시행령 제2조【시 · 군의 감면조례의 적용배제 등】**

법 제6조제4항에서 "대통령령이 정하는 경우"란 다음 각 호의 어느 하나에 해당하는 경우를 말한다. 〈개정 2020.8.7.〉

2. 「지방세특례제한법」 또는 「조세특례제한법」에 따른 재산세의 비과세, 과세면제 또는 경감에 관한 규정이 제3조제1항제8호 각 목 외의 부분 단서 및 같은 호 나목에 따라 종합부동산세가 합산배제되지 않는 임대주택에 적용되는 경우

⇒ (제3조제1항제8호 각 목 외의 부분 단서) 다만, 1세대가 국내에 1주택 이상을 보유한 상태에서 새로이 취득한 조정대상지역에 있는 장기일반 민간임대주택은 제외한다.

⇒ 법인 또는 법인으로 보는 단체가 조정대상지역의 공고가 있은 날이 지난 후에 사업자등록등을 신청한 조정대상지역에 있는 장기일반 민간임대주택은 제외한다.

▌해석사례

1. 상기 감면 배제 요건 충족 시 공시가격 10억, 재산세 감면률 50%일 때 종합부동산세 적용 공시가격?

→ (종전) 종합부동산세 공시가격 5억

(현행) 종합부동산세 공시가격 10억

○ (적용시점 판단) 합산배제 적용 제외 규정 준용

- 종부령 §3①8호 각 목 외의 부분 단서에 따라 종합부동산세가 합산배제 되지 않는 임대주택에 적용되는 경우에 감면배제를 적용한다고 규정(종부령 §2)
- 6.1일 기준으로 종부령 §3①8호에 따라 합산배제 적용 배제시 감면 배제 기준도 동일하게 적용

☆ 조정대상지역 합산배제 적용 특례(감면배제 요건 동일) ☆

① (개인) 1세대가 국내에 1주택 이상(합산배제 비과세 제외)을 보유한 상태에서 조정대상지역 내 주택을 새로 취득(상속, 재건축 · 재개발 등의 사유로 임대기간 합산

하는 경우는 제외)하고 장기일반 민간임대주택으로 등록한 경우 합산배제 미적용

- (예외조항) 조정대상지역의 공고가 있는 날 이전에 주택을 취득하거나 주택을 취득하기 위하여 매매계약을 체결하고 계약금을 지급한 사실이 확인되는 경우 합산배제 적용

○ (적용시점 판단) '18년 9월13일 이전 이후 취득을 구분하여 적용

- '18.9.13.까지 조정대상지역 주택을 취득하기 위하여 매매계약을 체결하고 계약금을 지급한 사실이 증빙서류에 의하여 확인되는 경우에는 합산배제 적용
- '18.9.14. 이후 조정대상지역 공고일을 판단하여 공고일 후에 장기일반 민간임대주택을 취득(계약포함)한 경우 합산배제 제외

② (법인) 법인이 조정대상지역 공고일이 지난 후 또는 기존 조정대상지역에서 '20.6.17.이 지난 후 매입임대주택 중 장기일반 민간임대주택 등록 등을 신청한 경우 임대할 주택을 추가하기 위한 등록사항의 변경신고를 포함하며, 제7항제7호(도정법에 따른 재개발 · 재건축 사업 또는 빈집 및 소규모주택 정비법에 따른 소규모주택정비사업 등)에 따라 임대기간이 합산되는 경우는 멸실된 주택에 대한 신청을 말함

▌조정대상지역 내 합산배제 적용 특례(감면배제 요건 동일)

○ 조정대상지역 내 장기일반민간 임대주택(영 제3조①8)

- 1세대가 국내에 1주택 이상을 보유한 상태에서 조정대상지역 내 주택을 취득(상속, 재건축 · 재개발 등의 사유로 임대기간 합산하는 경우는 제외)하고 장기일반 민간임대주택으로등록한 경우 합산배제 적용 제외
- 단, 조정대상지역의 공고가 있은 날 이전에 주택(주택을 취득할 수 있는 권리를 포함한다)을 취득하거나 주택을 취득하기 위하여 매매계약을 체결하고 계약금을 지급한 사실이 증빙서류에 의하여 확인되는 경우는 제외
- 법인 또는 법인으로 보는 단체가 조정대상지역의 공고가 있은 날(이미 공고가 된 지역의경우 '20.6.17.)이 지난 후에 사업자등록을 신청(임대주택 추가를 위한 변경 신고 포함, 재개발 · 재건축사업 등으로 임대기간 합산되는 경우는 멸실된 주택에 대한 신청을 말함)한조정대상지역에 있는 장기일반민간임대주택은 합산배제 적용 제외

○ 조정대상지역 적용시점 판단(6.1. 기준으로 판단)

- '18.9.14. 이후 조정대상지역 공고일을 판단하여 공고일 후에 장기일반민간임대주택을 취득(계약포함)한 경우 합산배제 제외
- '18.9.13.까지 조정대상지역 주택을 취득하기 위하여 매매계약을 체결하고 계약금을 지급한 사실이 증빙서류에 의하여 확인되는 경우에는 합산배제 적용

○ 사례별 판단

① '18.9.13. 이전에 조정대상지역 공고가 있는 경우(서울, 세종 등)

합산배제 가능	합산배제 불가
취득 계약(~'18.9.31.까지)	취득계약 ('18.9.14~)

▲ '18.9.13(조정대상지역 공고)

② '18.12.31. 이전에 조정대상지역 공고가 있는 경우(기흥, 수지 등)

합산배제 가능	합산배제 불가
취득 계약(~'18.12.31.까지)	취득계약 ('19.1.1~)

▲ '18.12.31(조정대상지역 공고)

③ 6.1. 전 조정대상지역 해지 시

합산배제 전체 가능 (6.1. 기준으로 판단)

▼ 취득 계약(~'18.9.1.까지)

▲ '18.9.13.(조정대상지역 공고) ▲ '19.4.1.(조정대상지역 해제)

④ 6.1. 이후(6.1.포함) 조정대상지역 해지 시

합산배제 가능	합산배제 불가
취득 계약	취득계약 ('18.9.14~)

▲ '18.9.13(조정대상지역 공고) ▲ '19.7.1(조정대상지역 해제)

제2절 지역주택사업의 종합부동산세

1. 토지의 종합부동산세

1) 각 단계별 종합부동산세

지역주택조합이 분양승인을 받기위해서는 사업구역내의 토지를 100%확보하여야 한다. 토지의 취득 시 조합원이 신탁한 자금으로 조합원 공동명의로 취득 후 바로 조합명의로 신탁한다.[13] 주택의 완공 시 토지신탁 해제 후 조합원분양분은 각 조합원에게 이전하며 일반인분양분은 조합명의로 이전한다.

토지분 종합부동산세는 매년 6월 1일 현재 토지분재산세의 납세의무자로서 기준시가 80억원 초과되는 별도합산과세대상 토지와 기준시가 5억원을 초과하는 종합합산과세대상 토지에 대하여 부과된다. 각 기간별 종합부동산세부과 내역을 보면 다음과 같다.

〈 종합부동산세의 납세의무자 〉

구 분		납세의무자	
		조합원	주택조합(주택법)
원 칙		사실상 소유자	
신탁외 자산		토지 등 소유자	
신탁자산	신탁등기일 ~ 신탁해지일	×	○
완공 이후	조합원 분양분	○	×
	일반인 분양 예정 분	×	○

1) 납세의무자 아닌 경우(×) / 납세의무자인 경우(○)
2) 표에서 신탁자산은 조합원이 조합에 납부한 금전으로 매수하여 조합에서 소유하고 있는 신탁된 토지를 말한다.

13) 조합원이 신탁한 자금으로 조합원공동명의로 토지를 취득하지 않고 조합명의로 직접 취득하는 경우도 있다.

① 토지취득시점 ~ 사업계획승인 후 주택건설사업에 공여되는 시점까지

(가) 조합원명의 토지

토지의 현황에 따라 재산세가 별도합산 또는 종합합산되는 토지에 대하여 조합원에게 종합부동산세가 부과된다.

(나) 조합명의의 토지

토지의 구입 시 조합원명의로 하지 않고 조합명의로 직접 하는 경우가 있다. 이 경우의 종합부동산세 납세의무자는 형식상 소유주에 불구하고 사실상 소유주에게 부과된다. 즉, 신탁등에 의해 형식상 조합명의로 된 경우에도 사실상 소유주가 조합원인 경우에는 조합원이 조합부동산세의 납세의무자이다(2012.12.31 이전까지만 적용). 2013.1.1 이후에는 조합원이 납부한 금전으로 매수하여 소유하고 있는 신탁재산(토지)의 경우에는 해당 지역주택조합 · 직장주택조합을 재산세 및 종부세의 납세의무자로 전환되었다.

② 주택건설사업에 공여되는 시점 ~ 완공시점

재산세가 분리과세(제106조 제1항 제3호 사목, 지방령 제102조 제1항 제2호)되어 토지에 대한 종합부동산세가 과세되지 않는다.

○ 지역주택조합명의 토지의 종합부동산세 납세의무자(서울행법 2011구합11174. 2012.1.13)

☞ 법개정으로 본 판례는 2012.12.31이전 납세의무 성립 분 까지만 적용 할 수 있다. 따라서 2013.1.1 이후에는 조합원이 납부한 금전으로 매수하여 소유하고 있는 신탁재산(토지)의 경우에는 해당 지역주택조합 · 직장주택조합을 재산세 및 종부세의 납세의무자로 전환함

종합부동산세법(2005.12.31 법률 제7836호로 개정되기 전의 것) 제7조 제1항에 '과세기준일 현재 주택분 재산세의 납세의무자로서 국내에 있는 재산세 과세대상인 주택의 공시가격을 합산한 금액이 4억 5천만 원을 초과하는 자는 종합부동산세를 납부할 의무가 있다'고 규정하고, 지방세법 제183조 제1항에 '재산세 과세기준일 현재 재산을 사실상 소유하고 있는 자는 재

산세를 납부할 의무가 있다'고 규정하고 있는바, 여기에서 '재산을 사실상 소유하고 있는 자'라 함은 공부상 소유자로 등재된 여부를 불문하고 당해 재산에 대한 실질적인 소유권을 가진 자를 말한다(대법 2010.10.14 선고 2010두10501 판결 등 참조). 위 법리에 비추어 이 사건에 관하여 보건대, ① 원고로서는 조합원들로부터 받은 분담금과 부동산 및 분담금으로 취득한 부동산을 기초로 토지에 주택을 신축한 다음 조합원들에게 주택을 귀속시킨 후 개별 조합원들로부터 받은 돈이나 부동산 가액 등을 고려하여 정산해야 할 것인 점, ② 이 사건 사업을 통해 궁극적으로 주택의 소유권이 조합원들에게 귀속되는 것이라면, 조합원들이 원고에게 재산을 신탁한 것으로 해석함이 타당한 점, ③ 이 사건 6개 조합의 조합원들이 각 조합에 돈이나 부동산을 신탁하였고, 이 사건 6개 조합은 조합원들로부터 신탁받은돈(분담금)으로 이 사건 부동산 등을 취득하여 모든 부동산에 대하여 000제일지역주택조합 명의로 소유권 이전등기를 한 점, ④ 000제일지역주택조합과 그 실질이 동일한 원고 조합이 이 사건 부동산에 관한 소유권이전등기를 마친 후 2010.11.19 신탁등기를 마친 점 등 원고 조합의 사업 내용과 설립 목적, 원고 조합이 이 사건 부동산을 취득하게 된 경위 등을 종합하면, 이 사건 부동산의 실질적인 소유권은 원고의 조합원들에게 있다고 보아야 하므로, 이 사 건 부동산에 대한 종합부동산세 역사 원고의 조합원들이 납부의무자가 되어야 한다.

○ 부동산의 실질적인 소유권은 조합원들에게 있으므로 종합부동산세 납부의무자는 조합원들임(서울고법 2012누4670, 2012.11.2)

신축되는 주택의 소유권이 궁극적으로 조합원들에게 귀속되는 것이라면 조합원들이 출자한 돈과 부동산은 사실상 조합에 신탁된 것으로 볼 수 있고 신탁된 돈으로 취득한 부동산 역시 조합에 신탁된 재산으로 볼 수 있는 점 등에 비추어 부동산의 실질적인 소유권은 조합원들에게 있다고 봄이 상당함

2) 주택건설사업자가 취득한 토지에 대한 과세특례

다음 각 호의 어느 하나에 해당하는 사업자(이하 이 조에서 "주택건설사업자"라 한다)가 주택을 건설하기 위하여 취득한 토지(토지를 취득한 후 해당 연도 종합부동산세 과세기준일 전까지 주택건설사업자의 지위를 얻은 자의 토지를 포함한다) 중 취득일부터 5년 이내에 「주택법」에 따른 사업계획의 승인을 받을 토지는 「종합부동산세법」 제13조 제1항에 따른 과

세표준 합산의 대상이 되는 토지의 범위에 포함되지 아니하는 것으로 본다.(2013.01.01 개정) (조특법 제104조의 19)

① 주택법에 따라 주택건설사업자 등록을 한 주택건설사업자

② 「주택법」 제11조에 따른 주택조합 및 고용자인 사업주체

③ 도시 및 주거환경정비법 제24조부터 제28조까지 및 빈집 및 소규모주택 정비에 관한 특례법 제17조부터 제19조까지의 규정에 따른 사업시행자(2017.02.08 개정)

④ 법인세법 제51조의2제1항제9호에 따른 법인(유동화전문회사 등)

해당 특례를 적용받으려는 자는 해당 연도 9월 16일부터 9월 30일까지 납세지 관할 세무서장에세 토지의 보유현황을 신고하여야 한다. 주택건설사업자가 취득한 날부터 5년 이내에 주택법에 따른 주택건설을 위하여 같은 법에 따른 사업계획의 승인을 받지 못한 경우에는 종합부동산세액과 이자상당가산액을 추징한다.

2. 조합소유 주택의 종합부동산세

주택(그 부수토지 포함. 이하 같다.)은 완공 시 조합원분양분은 조합원명의로 직접 소유권보존등기를 하나 일반인 분양분은 조합명의로 보존등기를 한다. 따라서 일반인분양분에 대한 주택에 대하여는 완공 후 분양시점까지 지역주택조합이 종합부동산세의 납세의무자가 된다. 다만, 주택법 제16조에 따른 사업계획승인을 얻은 자가 건축하여 소유하는 미분양 주택으로서 2005년 1월 1일 이후에 주택분 재산세의 납세의무가 최초로 성립하는 날부터 5년이 경과하지 아니한 주택은 종합부동산세부과대상 주택에서 배제한다. 따라서 지역주택조합이 주택을 완성하여 미분양상태에서 최초 도래하는 6월 1일부터 5년간은 종합부동산세가 부과되지 않는다.

○ 주택신축판매업 등록하지 않은 미분양주택의 합산배제 여부(종부-2, 2011.1.27)

종합부동산세법 시행령 제4조 제1항 제3호 및 동법 시행규칙 제4조에 따른 미분양주택은 과세기준일 현재 주택신축판매업(또는 일반건축공사업)으로 사업자등록을 한 자가 건축하여 소유하는 미분양주택으로서 2005년 1월 1일 이후에 주택분 재산세의 납세의무가 최초로 성립하는 날부터 5년이 경과하지 아니한 주택을 말함. 따라서 과세기준일 현

재 주택신축판매업(또는 일반건축공사업)으로 사업자등록 하지 아니한 경우에는 미분양 주택으로 합산배제 할 수 없는 것임

○ **주택신축판매업 사업자등록되지 않은 경우 종부세 배제 여부(서면5팀-291, 2007.1.23/ 서면5팀-571, 2008.3.19)**

과세기준일 현재 일반건축공사업 또는 주택신축판매업으로 사업자등록이 되어 있지 않은 경우에는 종합부동산세법 제8조 제2항 제2호 및 동법 시행령 제4조 제1항 제3호 규정에 의한 합산배제 기타주택에 해당하지 않는 것임.

3. 조합소유 상가 부수토지의 종합부동산세

미분양으로 지역주택조합에서 보유하고 있는 상가의 부수토지는 일반적으로 별도 합산과세대상이다. 별도합산과세대상 토지가 과세기준일 현재 기준시가 80억원이하인 경우에는 종합부동산세가 과세되지 않으나 80억원을 초과하는 경우에는 종합부동산세 과세대상이 된다.

별도합산과세대상 토지 세액 = 과세기준일 현재 공시가격 × 공정시장가격 비율(80%) × 세율

과세 표준	세율
200억원 이하	5/1,000
200억원 초과 ~ 400억원 이하	1억원 + (과세표준 − 200억원)× 6/1,000
400억원 초과	2억2천만원 + (과세표준 − 400억원)× 7/1,000

제9장 부동산관련 부담금

제1절 농지전용부담금(농지법)

1. 개 요

(1) 목 적

1) 농지전용 허가를 받는 자 등에게 농지의 보전 · 관리 및 조성을 위한 부담금(농지법 제38조 제1항)
2) 한정된 자원인 농지를 보전하고 관리 · 조성하고, 영농규모의 적정화, 농지의 집단화, 농지의 조성 및 농지의 효율적 관리와 해외농업개발에 필요한 재원을 확보하기 위한 부담금으로 보통 농지를 대지로 변경할 경우에 부과됨
3) 1981년 농지의보전및이용에관한법률이 개정되면서 (대체)농지조성비로, 그 후 1995년 농지의보전및이용에관한법률이 폐지되고 농지법이 1994년 제정 및 1996년부터 시행되면서 농지조성비로 계속 사용되었으나, 2006년 농지법 개정과 더불어 농지조성비 제도가 농지보전부담금 제도로 개편되었음. 현재까지 혼용되어 사용 중인 농지조성비나 농지전용부담금은 2002년 폐지되고 농지보전부담금으로 일원화되었음

(2) 사용 용도

▣ **한국농어촌공사 및 농지관리기금법 제34조 제1항**

1) 제18조에 따른 농지매매사업 등에 필요한 자금의 융자
2) 제19조에 따른 농지의 장기임대차사업에 필요한 자금의 융자 및 장려금의 지급
3) 제22조에 따른 농지의 교환 또는 분리 · 합병사업과 농어촌정비법에 따른 농업생산기반정비사업 시행자가 시행 · 알선하는 농지의 교환 또는 분리 · 합병 및 집단환지사업의 청산금 융자 및 필요한 경비의 지출
4) 제24조 제1항에 따른 농지의 재개발사업에 필요한 자금의 융자 및 투자
5) 제24조의2에 따른 농지의 매입사업에 필요한 자금의 융자

6) 다음 각 목의 농지 및 농업기반시설의 관리, 보수 및 보강에 필요한 자금의 보조 및 투자

① 제24조의2 제2항에 따라 공사가 농업생산기반정비사업 시행자로부터 인수하여 임대한 간척농지

② 위에 따른 간척농지의 농업생산에 이용되는 방조제, 양수장, 배수장 등 대통령령으로 정하는 농업기반시설

7) 제24조의3에 따른 경영회생 지원을 위한 농지매입사업에 필요한 자금의 융자

8) 제24조의5에 따른 농지를 담보로 한 농어인의 노후생활안전 지원사업에 필요한 자금의 보조 및 융자

9) 농어촌정비법에 따른 한계농지 등의 정비사업의 보조 · 융자 및 투자

10) 대단위 농업개발사업(농어촌정비법 제2조 제5호 가목부터 다목까지 및 마목의 사업을 종합적으로 수행하는 것을 말한다)에 필요한 자금의 보조 및 투자

11) 농지법 제38조에 따른 농지보전부담금의 환급 및 같은 법 제52조에 따른 포상금의 지급

12) 해외농업개발 사업에 필요한 자금의 보조 · 융자 및 투자

13) 기금운용관리에 필요한 경비의 지출

14) 그밖에 기금설치 목적 달성을 위하여 대통령령으로 정하는 사업에 필요한 자금의 지출

▣ 한국농어촌공사 및 농지관리기금법 제34조 제3항

1) 다른 기금으로 예탁

2) 자본시장과 금융투자업에 관한 법률 제4조에 따른 증권의 매입

3) 금융기관의 예치

2. 부과 대상

(1) 농지전용 허가를 받은자

1) 농지전용 허가

① 농지를 전용하려는 자는 농림축산식품부장관의 허가를 받아야 한다.

② 농지전용허가서를 농지가 속해 있는 시 · 군 · 구청에 제출하면 면적에 따라 10~30일 소요, 전용허가를 받은 사람이 농어촌공사에 납부

2) 농지전용 허가 예외

① 다른 법률에 따라 농지전용 허가가 의제되는 협의를 거쳐 농지를 전용하는 경우

② 도시지역 또는 계획관리지역에 있는 농지로서 협의를 거쳤거나 협의 대상 제외인 경우

③ 농지전용신고를 하고 농지를 전용하는 경우

④ 산지전용허가를 받지 아니하거나 산지전용신고를 하지 아니하고 불법으로 개간한 농지를 복구하는 경우

⑤ 하천관리청의 허가를 받고 농지의 형질을 변경하거나 공작물을 설치하기 위하여 농지를 전용하는 경우

나. 농지전용 협의를 거친 지역예정지 또는 시설예정지에 있는 농지를 전용하려는 자(다음의 해당하면 농림축산식품부장관과 농지전용협의를 거쳐야 한다.)

1) 도시지역에 주거지역, 상업지역 또는 공업지역을 지정하거나 도시군계획시설을 결정할 때 해당 지역 예정지에 농지가 포함되어 있는 경우

2) 계획관리지역에 지구단위계획을 지정할 때에 해당 구역 예정지에 농지가 포함되어 있는 경우

3) 도시지역의 녹지지역 및 개발제한구역의 농지에 대하여 개발행위를 허가하거나 토지의 형질변경 허가를 하는 경우

다. 다른 법률에 따라 농지전용허가가 의제되는 협의를 거친 농지를 전용하려는 자

3. 부담금 산정기준 및 부담률

(1) 농지보전부담금

전용하는 농지의 면적	×	개별공시지가의 30% (단, 5만원/㎡를 한도로 함)

1) 개별공시지가

농지보전부담금 부과기준일 현재 가장 최근에 공시된 전용하는 농지의 개발공시지가

2) 부담률

개별공시지가의 30%(단, 5만원/㎡를 한도로 함)

① 개별공시지가의 30%(단, 5만원/㎡를 한도로 함)

② 농지보전부담금은 개별 공시지가에 관계없이 농지조성 원가 기준으로 1㎡당 1만 300~2만1,900원을 물리던 대체농지 조성비 제도를 2006년부터 대체하여 토지 가격(지가)에 따른 차등을 두게 되었고, 농지를 전용하는 사업자의 부담이 급격하게 늘어나지 않도록 1㎡당 부담금에 대한 상한액을 5만원으로 두게 됨

4. 납부 시기

(1) 농지전용 허가를 받는 경우: 허가를 신청한 날

*농지전용부담금 사전납부제 시행으로 부담금을 미리 납부하지 않으면 농지전용허가 및 신고가 불가능

(2) 농지전용협의를 거친 지역 예정지 또는 시설 예정지 안의 농지를 전용하는 경우 다음 각 목의 어느 하나에 해당하는 날

1) 도시군계획시설 사업의 실시계획인가 또는 각 호 외의 부분 단서에 따라 허가를 신청한 날

2) 건축허가를 신청한 날, 건축신고를 한 날, 그 밖에 다른 법률에 따라 해당 농지의 형질변경을 수반하는 인가 · 허가 · 사업승인 · 실시계획승인 등을 신청한 날 또는 신고를 한 날

3) 개발행위허가나 실시계획인가를 받지 않고 토지의 형질변경이 허용되는 경우에는 토지의 형질변경을 신청한 날

(3) 다른 법률에 따른 인가 · 허가 · 실시계획승인 · 조성계획승인 등을 신청한 날 또는 신고를 한 날

(4) 제1호에 해당하지 않는 경우에는 다른 법률에 따른 사업시행자 · 사업시행기간 또는 사업대상 토지 등이 포함된 사업시행계획에 대한 농지전용허가가 의제되는 협의를 요청한 날

5. 면제(감면) 대상

(1) 감면 대상(농지법 제38조 제6항)

1) 국가 또는 지자체가 공용목적이나 공공용 목적으로 농지를 전용하는 경우
2) 대통령령으로 정하는 중요 산업 시설을 설치하기 위하여 농지를 전용하는 경우
3) 농지법 제35조(농지전용신고) 제1항 각호에 따른 시설이나 그 밖에 대통령령으로 정하는 시설을 설치하기 위하여 농지를 전용하는 경우

(2) 감면 비율

농업진흥지역 여부, 농지전용 주체의 유형과 전용 목적에 따라 100% 감면과 50% 감면으로 다음과 같이 구분(농지법 시행령 제52조 별표2)

1) 농업진흥지역 안과 밖에서 100% 감면되는 시설
2) 농업진흥지역 안은 50%, 밖은 100% 감면되는 시설
3) 농업진흥지역 안과 밖에서 모두 50% 감면 시설
4) 농업진흥지역 밖에서 100% 감면되는 시설
5) 농업진흥지역 밖에서 50% 감면되는 시설

6. 환급 규정(농지법 제38조 제5항, 동법 시행령 제51조)

(1) 농림축산식품부장관은 허가를 받지 못하거나 취소, 사업계획의 변경 및 농지전용 면적의 축소 변경 등의 사유로 되돌려주어야 할 금액이 있는 경우에는 대

통령령이 정하는 바에 따라 환급해야 함

(2) 환급 절차 및 환급가산금 등

1) 농지법 제38조 제5항 및 동법시행령 제51조에 의한 과오납 환급 청구

2) 과오납금의 반환 결정이 이루어지는 경우, 납부한 날의 다음 날부터 환급금을 결정하는 날까지의 기간에 국고금관리법 시행령 제18조 및 국세기본법 시행령 제43조이 3 제2항에 따른 국세환급가산금의 이자율(연 1.2%)을 곱하여 계산한 환부가산금(환부이자)로 결정하고 이를 함께 통지해야 함

제2절 대체산림자원조성비(산지관리법)

1. 개 요

(1) 목 적

1) 산지전용 또는 산지일시사용에 따라 훼손된 산지를 대체할 수 있는 산림자원을 조성하기 위해 산림청이 산지훼손 원인자에게 부과(산지관리법 제19조)

2) 산지란 지목이 임야인 토지. 조림, 숲가꾸기, 입목의 벌채 · 굴채, 임산물의 채취, 대통령령으로 정하는 임산물의 지배, 산지 일시사용 용도 외로 사용하거나 이를 위하여 산지의 형질을 변경하는 것

(2) 사용 용도

▣ 농어촌구조개번특별회계법 제4조의2 제2항

1) 임업진흥사업에 대한 투자 · 보조 · 출연 · 융자
2) 다른 회계 및 기금으로부터의 원리금 상환
3) 임업진흥사업 중 국가균형발전특별법 제34조 제2항에 따른 사업에 대한 국가균형발전특별회계의 지역자율계정 전출금
4) 그 밖에 임업진흥사업계정의 운용 · 관리에 필요한 경비

2. 부과 대상

(1) 납부의무자

개발 등을 목적으로 산지전용허가 또는 산지일시사용허가를 받으려는 자

(2) 부과 대상

1) 산지전용허가 또는 사지일시사용허가를 받으려는 자

2) 다른 법률의 규정에 의하여 산지전용허가 또는 산지일시사용허가가 의제되거나 배제되는 행정처분을 받으려는 자

3. 부담금 산정기준 및 부담률

(1) 대체산림자원조성비

산지전용허가 · 산지일시사용허가 면적 × (단위 면적당 금액 × 해당 산지 개별공시지가의 1%)

(2) 단위 면적당 금액

조림비(잣나무)+육림비(식재후10년까지)+공익적 가치평가액을 고려하여 산림청이 고시하는 기준 금액

1) 준보전산지: 6,790원/㎡
2) 보전산지: 8,820원/㎡
3) 산지전용, 일시사용제한지역: 13,580원/㎡

(3) 개별공시지가의 일부 반영 비율

개별공시지가의 1%(단, 6,790원/㎡를 한도로 함)

* 2015년 이전에는 산지별 가격 차이가 있음에도 동일한 금액을 납부하도록 하였으나, 2016년부터 산지 전용 허가를 받을 때 부담하는 대체산림자원조성비 부담금에 산지가격이 반영되어 개별공시지가 일부와 산림의 공익가치 평가액을 부담금에 반영하도록 함

4. 납부 시기

산지전용허가가 결정된 날 납부

5. 면제(감면) 대상

감면기간을 정하여 대체산림자원조성비를 감면(중앙산지관리위원회 심의를 거쳐야 함)하며, 다음 각 호에 해당하는 경우에 감면할 수 있음

1) 국가나 지자체가 공용 또는 공공용의 목적으로 산지전용 또는 산지일시사용을 하는 경우
2) 대통령령으로 정하는 중요산업시설을 설치하기 위해 산지전용 또는 산지일시사

용을 하는 경우

3) 광물의 채굴 또는 그 밖에 대통령령으로 정하는 시설을 설치하거나 대통령령으로 정하는 용도로 사용하기 위하여 산지전용 또는 산지일시사용을 하는 경우

6. 환급 규정(산지관리법 제19조의 2, 동법 시행령 제25조의 2)

(1) 산림청장등은 대체산림자원조성비로 납부된 금액 중 산지관리법 제19조의 2에 따라 산지전용허가, 산지일시사용허가를 받지 못하거나 취소된 경우, 그 기간 동안 목적사업을 완료하지 않고 기간 만료 등의 사유로 되돌려주어야 할 금액이 있는 경우에는 지체 없이 그 금액을 대체산림자원조성비환급금으로 결정하고 대체산림자원조성비를 납부한 자 등에게 이를 통지해야 함. 법 제44조 제1항 제3호 또는 제5호에 따라 산지의 복구를 명한 경우에는 산지의 복구 여부를 확인한 후에 통지해야 함

(2) 환급 절차 및 환급가산금 등

1) 환급절차 및 통지는 국고금관리법 시행령 제17조에 따라 과오납금의 반환 신청을 준용함

2) 과오납금의 반환 결정이 이루어지는 경우, 납부한 날의 다음 날부터 환급금을 결정하는 날까지의 기간에 국고금관리법 시행령 제18조 및 국세기본법 시행령 제43조의3 제2항에 따른 국세환급가산금의 이자율(연 1.2%)을 곱하여 계산한 환부가산금(환부이자)로 결정하고 이를 함께 통지해야 함

제3절 산림복구예치비(산지관리법)

1. 개 요

(1) 목 적

1) 산지관리법 제37조 제1항 각 호에 해당하는 허가 등에 따라 미리 토사유출의 방지조치, 산사태 또는 인근 지역의 피해 등 재해의 바지나 산지경관 유지에 필요한 조치 또는 복구에 필요한 비용을 산림청장 등에게 예치 부과(산지관리법 제38조)
2) 산지를 전용하여 개발행위허가를 받아 개발하는 과정에서 허가기간 중에 산지의 형질변경 준공이 이루어지지 않는 경우 개발행위 허가가 취소되고 원상복구를 해야 하므로, 허가권자는 원상복구라는 행정절차를 취하지 않는 경우를 대비하여 원상복구를 위한 예치금 납입하도록 함

2. 예치 대상

(1) 다음 각 호의 어느 하나에 해당하는 허가 등에 따라 산지전용, 산지일시사용, 토석채취 또는 복구를 하고 있는 산지(산지전용 · 산지일시사용을 하려는 면적이 660제곱미터 미만 등 일부의 경우 예치 의무 배제)
   1) 산지전용허가
   2) 산지전용신고
   3) 산지일시사용허가 및 산지일시사용신고
   4) 토석채취 허가 또는 제25조 제2항에 따른 토사채취신고
   5) 채석 단지에서의 채석 신고
   6) 토석의 매각 계약 또는 무상양여 처분
   7) 산지복구 명령
   8) 다른 법률에 따라 제1호부터 제5호까지의 허가 또는 신고가 의제되거나 배제되는 행정처분

(2) 산지전용, 산지일시사용 또는 토석채취의 기간이 1년 이상인 경우에는 복구비를 그 해 고시한 것으로 재산정하여 차액을 추가 예치할 의무가 있음

3. 예치금 산정기준 및 예치율

(1) 산림복구예치비

산지전용 등을 하려는 산지의 면적	×	단위 면적당 복구비

(2) 단위 면적(1만㎡)당 복구비

〈 산림청이 고시하는 기준 금액 〉

경사도	산지전용(일시사용)허가 신고지 (광물의 채굴자는 제외)	토석채취(매각)지 및 광물채굴자
10도 미만	72,261천원	191,772천원
10도 이상~20도 미만	212,605천원	369,115천원
20도 이상~30도 미만	280,139천원	481,365천원
30도 이상	365,429천원	589,014천원

4. 납부 시기

(1) 산지 전용시 산지복구비를 예치하여야 착공이 가능하므로 사전 예치 필요

(2) 납부 방법 : 현금 또는 보증보험사의 이행보증보험증권으로 대체

* 정상적으로 형질변경의 준공후, 현금 예치시에는 현금과 이자를 반환하고, 보증보험증권으로 대체시에는 납입한 보험료의 반환은 없음

(3) 분할 예치

현금으로 예치시에만 가능(다음의 요건을 모두 충족)

1) 현금으로 예치

2) 산지전용 등의 허가 신청서 등에 적힌 내용이 다음 각 목의 모두에 해당할 것

① 산지전용등의 기간이 3년 이상

② 산지전용등을 연차적으로 수행할 것

③ 산지전용하려는 산지면적이 10만㎡ 이상

5. 예치 의무 배제 대상

(1) 산지전용 · 산지일시사용을 하려는 면적이 660제곱미터 미만인 경우(다만, 복구비 예치 의무를 면제받을 목적으로 해당 산지를 분필하여 그 면적이 660제곱미터 미만으로 된 경우는 제외)

(2) 국가, 지방자치단체, 공기업 · 준정부기관, 지방공사 또는 지방공단이 시행하는 법령에 따른 시설 또는 산업단지(「체육시설의 설치 · 이용에 관한 법률」 제10조 제1항 제1호에 따른 골프장은 제외한다)의 설치사업인 경우

(3) 민간사업자가 시행하여 국가 또는 지방자치단체에 기부채납 또는 무상귀속하게 되는 제2호 각 목의 어느 하나에 해당하는 시설의 설치사업인 경우

(4) 임도, 작업로, 임산물 운반로, 산책로 · 탐방로 · 등산로 등 숲길, 방화선(防火線) 또는 산림보호시설을 설치하기 위하여 산지일시사용신고를 하는 경우

(5) 산지의 형질변경, 입목의 벌채 또는 굴취를 수반하지 아니하는 다음 각 목의 용도로 산지를 일시사용하려는 경우

1) 가축의 방목

2) 매자운화재 보호 및 조사에 관한 법률에 따른 매장문화재 지표조사

3) 임업및산촌진흥촉진에 관한 법률 시행령 제8조 제1항에 따른 임산물 소득원의 지원 대상 품목의 재배

4) 물건의 적치

(6) 입목의 벌채를 수반하는 경우로서 「임업 및 산촌 진흥촉진에 관한 법률 시행령」 제8조 제1항에 따른 임산물 소득원의 지원 대상 품목 중 수실류(樹實類) 또는 약용류의 재배(밤 · 감 · 잣 등 교목류(큰키나무류)의 재배에 한정한다)

(7) 제37조 제2항 제2호에 따라 토석채취허가를 받으려는 경우

6. 복구비의 반환(산지관리법 제43조)

(1) 산지관리법 제39조 제3항에 따른 복구의무면제가 확정되었을 때

(2) 산지관리법 제42조에 따른 복구준공검사가 완료되었을 때

(3) 산지관리법 제44조 제1항에 따른 시설물 철거 명령이나 산지복구의 명령(같은 항 제3호부터 제5호까지의 경우에만 해당)을 이행하거나 같은 조 제2항에 따른 대집행이 완료되었을 때

(4) 산지전용허가 등의 처분을 받은 자가 목적사업을 시작하지 아니한 채 산지전용허가 등의 효력이 소멸되었을 때

제4절 상수도원인자부담금(수도법)

1. 개 요

(1) 목 적

1) 수도사업자가 수도시설의 유지 등을 위해 수도공사 및 손괴에 원인을 제공한 자에게 원인자 부담원칙에 따라 비용을 부담하도록 하고 있음(수도법 제71조 제1항)

2) 수도사업자는 수도공사를 하는 데에 비용 발생의 원인을 제공한 자 또는 수도시설을 손괴하는 사업이나 행위를 한 자에게 그 수도공사, 수도시설의 유지나 손괴 예방을 위하여 필요한 비용의 전부 또는 일부를 부담하게 하는 것

(부담금은 수도의 신설 · 증설 · 이설 · 개축 · 개수 등 공사에 드는 비용으로만 사용, 수도사업자는 원인자부담금을 부담하게 하려면 산정기준과 납부방법 등을 부담할 자와 미리 협의)

(2) 사용 용도

▣ 수도법 제71조 제3항

수도의 신설, 증설, 이설, 개축 및 개수 등 공사에 드는 비용으로만 사용

▣ 수도법 제769조

수도사업의 수입금을 수도사업에 관한 비용 등으로 사용

2. 부과 대상

(1) 납부의무자

1) 수도사업자의 수도공사에 비용 발생 원인을 제공한 자

(주택단지 등 수돗물을 많이 쓰는 시설을 설치하여 수도시설의 신 · 증설 등의 원인을 제공한 자도 포함)

2) 수도시설을 손괴하는 사업이나 행위를 하는 자

3. 부담금 산정기준 및 부담률

(1) 각 일반수도사업자(지자체)의 관련 조례로 정하도록 수도법 시행령(제65조)에 규정
(예시: 서울시 수도시설이설 등 원인자부담금징수조례 제4조 별표)

1) 대규모 주택단지 및 산업시설 등 수돗물을 많이 사용하는 시설을 건설하는 사업시행자에게 수돗물을 공급하는 경우 취 · 정수장, 배수지 및 송 · 배수시설 등 수도시설에 소요된 건설비를 부담시키는 경우

가정용		비가정용	
연면적(㎡)	원인자부담금(천원)	연면적(㎡)	원인자부담금(천원)
		151 이하	1,312
		152 ~ 431	2,247
		432 ~ 915	4,388
		916 ~ 1,575	8,185
85 이하	864	1,576 ~ 2,593	10,456
86 ~ 150	2,180	2,594 ~ 5,556	23,314
151 ~ 300	3,688	5,557 ~ 10,986	38,142
301 ~ 400	5,120	10,987 ~ 16,125	48,698
401 ~ 500	6,749	16,126 ~ 34,376	84,597
501 이상	14,611	34,377 ~ 61,842	167,814
		61,843 ~ 99,763	219,750
		99,764 ~ 212,640	462,767
		212,641 ~ 382,752	1,044,423
		382,753 이상	1,350,830

※ 주 수도계량기가 설치되는 단독주택(단독, 다중, 다가구주택) 및 공동주택은 세대별 면적으로 산정하여 합산하되, 세대별 면적은 85㎡ 초과할 경우에도 85㎡ 이하 구간으로 적용 한다.
※ 공원은 물사용량을 종합 고려하여 수요가와 협의 후 결정한다.
※ 부과시기는 지구 계획 승인 후 사업시행자에 부과하되, 추후 계획변경에 따라 차액을 정산한다.

2) 대규모 주택단지 및 산업시설 이외의 시설로써 급수구역내 위치하는 건축물 등에 수돗물을 공급하는 경우 기존에 소요된 수도시설의 건설비를 수돗물을 사용할 자에게 부담시키는 경우

① 신설

가정용		비가정용	
연면적(㎡)	원인자부담금(천원)	연면적(㎡)	원인자부담금(천원)
		151 이하	327
		152 ~ 431	916
		432 ~ 915	1,473
		916 ~ 1,575	2,618
85 이하	327	1,576 ~ 2,593	4,418
86 ~ 150	916	2,594 ~ 5,556	6,774
151 ~ 300	1,473	5,557 ~ 10,986	12,369
301 ~ 400	2,618	10,987 ~ 16,125	16,427
401 ~ 500	4,418	16,126 ~ 34,376	28,011
501 이상	6,774	34,377 ~ 61,842	45,059
		61,843 ~ 99,763	61,028
		99,764 ~ 212,640	86,682
		212,641 ~ 382,752	116,918
		382,753 이상	140,994

② 개조

신 · 구 원인자부담금 차액 징수

※ 주 수도계량기가 설치되는 단독주택(단독, 다중, 다가구주택) 및 공동주택은 세대별 면적으로 산정하여 합산하되, 세대별 면적은 85㎡ 초과할 경우에도 85㎡ 이하 구간으로 적용 한다.

※ 공원은 물사용량을 종합 고려하여 수요가와 협의 후 결정한다.

(2) 납부금액은 다음 각 호의 비용을 합산하여 금액을 산정함.

1) 수도시설의 신설, 증설비용

2) 시설물의 원상복구에 드는 공사비

3) 수도시설의 세척 등으로 인하여 사용할 수 없게 된 수돗물의 요금에 상당하는 금액

4) 단수로 인한 급수차 사용경비

5) 도로복구비의 도로결빙 방지비용

6) 복구작업에 동원된 차량 및 직원의 경비

7) 그 밖에 홍보에 든 경비 등

4. 납부 시기

수도사업자는 비용을 산출하여 금액, 납부기한 및 납부장소를 납입고지서에 적어 부담자에게 고지해야 함

제5절 하수도원인자부담금(하수도법)

1. 개 요

(1) 목 적

1) 공공하수도에 영향을 미친 원인행위자에게 필요한 비용을 부담하도록 하여 당해 공공하수도 시설 설치 또는 개축을 위한 재원 확보(하수도법 제61조)
2) 하수와 분뇨를 적정하게 처리하여, 하수의 범람으로 인한 침수 피해를 예방하고 지역사회의 지속가능한 발전과 공중위생의 향상에 기여하며 공공수역의 물환경을 보전함을 목적으로 함

(2) 사용 용도

▣ **하수도법 제61조 제4항**

공공하수도의 신설, 증설, 이설, 개축 및 개수 등 공사에 드는 비용

2. 부과 대상

(1) 개별건축물 등에 대한 원인자부담금

1) 신축 · 증축 · 용도 변경 등 각각의 행정행위로 인한 오수발생량이 10㎥/일 이상인 경우 전체 오수발생량
2) 수회에 걸쳐 이루어지는 신축 · 증축 · 용도변경 등의 행정행위로 오수발생량[14]이 10㎥/일 이상인 경우 10㎥/일을 초과하는 양

(2) 공공하수도를 이설, 보수, 개수하게 하는 원인을 제공한 공공하수도 외의 상수도관, 가스관, 통신관, 전주 및 도로, 철도 등의 설치공사(타공사). 타공사에 대한

14) 건축물 등의 오수발생량은 해당 건축물 전체를 기준으로 산정하는 것을 원칙으로 하며, 불가피한 경우 건축물 소유자별로 산정할 수 있음

원인자부담금은 당해 공사에 소요되는 비용의 전부를 타공사 시행자가 부담

(3) 공공하수도의 신설, 증설 등을 수반하는 개발행위로서 다음 각호의 어느 하나에 해당하는 행위(타행위)

1) 도시개발사업의 수행
2) 산업단지 조성사업의 수행
3) 공항건설사업의 수행
4) 관광지, 관광단지의 개발사업의 수행
5) 그 밖에 하수처리구역에 포함되지 아니한 지역의 개발행위자가 하수처리구역으로 포함되어 줄 것을 요청하여 공공하수도의 신설, 증설 등이 필요한 행위

* 타행위에 대한 원인자부담금은 타행위에 의해 발생되는 하수량을 처리할 수 있는 공공하수처리시설 설치비용과 당해 지역에서 발생하는 하수를 공공하수도록 연결시키기 위한 하수관거 설치비용의 전액을 사업시행자에게 부과

3. 부담금 산정기준 및 부담률

(1) 하도원인자부담금 = 오수발생량×부과단가

공공하수도관리청(지자체)이 건축물 등을 신축 · 증축 또는 용도변경하여 1일 10㎥이상의 오수를 증가시키는 경우, 타공사 또는 타행위로 인하여 필요하게 된 공공하수도에 관한 공사에 소요되는 비용을 전부 또는 일부 부담시킬 수 있음.

(2) 부과단가는 지자체 조례별로 상이

〈예시: 서울시 수하수도사용조례 제29조 별표6〉

$$\text{㎥당 원인자부담금} = \frac{\text{공공하수처리시설 총 사업비(원)}^{15)}}{\text{공공하수처리시설 시설용량(㎥/일)}} = \alpha$$

$$\alpha = \left(1 + \frac{\text{공공하수처리시설공공하수도 설치 준공 이후 연평균 생산자물가 상승률}}{100}\right)^n$$

n : 공공하수도 설치 준공 이후의 경과연수

4. 납부 시기

(1) 신축, 증축, 재축 및 용도변경 등에 의한 인허가시 계산액 통보

(2) 준공신청시(임시 사용 승인 포함) 최종금액 부과

(3) 준공시 납부(용도변경 등의 경우는 인허가 또는 승인시)

15) 공공하수처리시설[차집관거 포함]총사업비는 부지매입비, 설계비, 감리비, 시공비 등 총 소요된 금액으로 한다. 공공하수처리시설 총사업비는 처리구역별로 산정한다.

제6절 학교용지부담금(학교용지확보등에관한특례법)

1. 개 요

(1) 목 적

1) 학교 용지 확보를 위한 재원마련: 시 · 도가 학교용지를 확보하는데 소요되는 경비(시 · 도의 일반회계과 학교용지부담금 특별회계에서 학교용지매입비의 1/2을 부담하여야 함)의 재원 마련(학교용지확보등에 관한 특례법 제4조 제4항)

2) 대규모 택지개발에 따른 인구 급증으로 교육 여건이 악화됨에 따라 안정적인 학교용지 확보 및 교육환경 개선을 위해 각 지자체별 조례에 따라 부과

(2) 사용 용도

▣ 학교용지확보 등에 관한 특례법 제6조 제1항

학교 용지를 확보하기 위하여 시 · 도가 부담하는 경비를 마련하기 위한 재원으로 사용

2. 부과 대상

(1) 납부의무자

100세대 규모 이상의 주택건설용 토지를 조성, 개발하거나 공동주택(도시형생활주택 포함) 건설하는 사업자

3. 부담금 산정기준 및 부담률

(1) 공동주택 : 세대별 공동주택 분양가격×0.8%

(2) 단독주택 건축을 위한 토지: 단독주택 분양가격×0.14%

4. 납부 시기

(1) 분양을 한 때에는 분양공급계약자 및 분양공급계약내역 등의 분양자료를 시도지사에게 제출

1) 최초 분양 : 분양공급계약 체결일로부터 30일 이내
2) 추가 분양 : 매 분기 종료 후 7일 이내

(2) 시도지사가 고지한 날로부터 30일 이내에 납부

5. 면제(감면) 대상

(1) 학교용지를 기부채납하는 경우
(2) 취학인구가 지속적인 감소(3년 동안)로 학교 신설할 필요가 없는 경우
(3) 취학수요의 발생이 없는 특수용도로 개발사업을 하는 경우
(4) 이주용 택지나 이주용 주택을 분양하는 경우
(5) 임대주택을 분양하는 경우
(6) 도시개발사업, 주거환경개선사업 지구내 가구수의 증가가 없을 경우
(7) 리모델링 주택조합 구성원에게 분양하는 경우
(8) 노인복지주택을 공급하는 경우

제7절 광역교통시설부담금(대도시권광역교통관리에관한특별법)

1. 개 요

(1) 목 적

1) 광역교통시설의 재원확충을 통한 교통난 완화, 공공과 민간부분간 비용 부담의 형평성 확보를 통한 난개발 완화, 개발사업의 효과성과 주민의 주거만족도 제고 (대도시권 광역교통관리에 관한 특별법 제11조~제11조의 7)
2) 대도시권의 교통문제를 광역적인 차원에서 효율적으로 해결하기 위하여 대도시권에서 일정 규모 이상의 개발사업을 시행하는 자에게 부과하는 부담금

(2) 사용 용도

▣ 대도시권광역교통관리에 관한 특별법 제11조의 6

1) 광역교통시설의 건설 및 개량
2) 광역교통 개선대책의 이행을 위한 교통시설로서 국가교통위원회에서 구간 또는 위치를 지정한 교통시설의 건설 또는 개량
3) 도로법에 의한 특별시도 · 광역시도, 지방도 및 시군구도 중 시 · 도지사가 광역교통에 영향을 미친다고 인정한 도로로서 국가교통위원회에서 구간 또는 위치를 지정한 도로의 건설 또는 개량

2. 부과 대상

(1) 납부의무자

사업시행자

(2) 부과 지역

권역별	범 위
수도권	서울특별시, 인천광역시 및 경기도
부산 · 울산권	부산광역시, 울산광역시, 경상북도 경주시 및 경상남도 양산시 · 김해시 · 창원시
대구권	대구광역시, 경상북도 구미시 · 경산시 · 영천시군위군 · 청도군 · 고령군 · 성주군 · 칠곡군 및 경상남도 창녕군
광주권	광주광역시 및 전라남도 나주시 · 담양군 · 화순군 · 함평군 · 장성군
대전권	대전광역시, 세종특별자치시, 충청남도 공주시 · 논산시 · 계룡시 · 금산군 및 충청북도 청주시 · 보은군 · 옥천군

(3) 부과 대상

광역교통 시행계획이 수립 · 고시된 대도시권에서 아래 사업을 시행하는 경우

1) 택지개발사업

2) 도시개발사업

3) 대지조성사업(아파트 지구개발사업)

4) 주택건설사업

5) 재개발 · 재건축사업

6) 주상복합건축사업

3. 부담금 산정기준 및 부담률

(1) 택지조성사업

[1㎡당 표준개발비×부과율×개발면적×(용적률/200)] - 공제액

1) 공공시설, 학교, 임대주택건설 용지 등은 개발면적에서 제외

2) 부과율: 수도권 30%, 지방 15%(지방조례로 50% 범위내 가감 가능)

(2) 주택건설사업

(1㎡당 표준건축비×부과율×건축연면적) - 공제액

1) 광역교통시설설치비용 공제

2) 부과율: 수도권 4%, 지방 2%(지방조례로 50% 범위내 가감 가능)

3) 광역교통시설부담금 부과를 위한 표준 개발비: 299,350원/㎡

(택지개발사업, 도시개발사업에 따른 표준 건축비는 공공건설 임대주택의 분양전환가격을 산정하는 기준으로 국토교통부장관이 고시하는 표준 건축비)

4. 납부 시기

(1) 사업의 승인 또는 인가 등을 받은 날로부터 60일 이내 부과하며

(2) 부과일로부터 1년 내 납부

(3) 납부기한 내에 사용승인을 받을 경우 그 신청일 이전까지 납부

5. 면제(감면) 대상

(1) 면제 대상

1) 택지개발사업, 도시개발사업, 대지조성사업, 종전의 규정에 따르도록 한 아파트지구개발 사업에 해당하여 부담금 부과 대상으로 결정된 사업의 지구, 구역 또는 사업지역에서 시행되는 택지개발사업, 도시개발사업, 대지조성사업, 종전의 규정에 따르도록 한 아파트지구개발사업, 건축허가를 받아 주택 외의 시설과 20세대 이상의 주택을 동일 건축물로 건축하는 사업, 그 밖의 대통령령으로 정한 사업(5호 재개발사업 및 재건축사업은 여기서 제외)

2) 주거환경개선사업

3) 주택건설사업, 건추거가를 받아 주택 외의 시설과 20세대 이상의 주택을 동일 건축물로 건축하는 사업 중 4년 이상 임대하기 위하여 민간임대주택 또는 공공임대주택을 건설하는 사업

4) 이주대책의 실시에 따른 주택지의 조성 및 주택의 건설

5) 택지개발사업 중 사회기반시설을 신설, 증설 또는 개량하는 사업을 시행하는 자가 부대사업으로 시행하는 사업

6) 신행정수도 후속대책을 위한 연기, 공주지역 행정중심복합도시 건설을 위한 특별법에 따라 지정된 예정지역에서 시행되는 주택의 건설사업

(2) 감면 대상

1) 다음 각 호에 해당하는 경우 부담금의 50%를 경감

① 국가나 지자체가 시행하는 사업

② 재개발사업

③ 재건축사업

2) 도시지역에서 시행되는 택지개발사업, 도시개발사업, 대지조성사업 및 종전의 규정에 따르도록 한 아파트지구개발사업의 경우 부담금의 75%를 경감

제10장 개발부담금(개발이익환수법)

1. 개 요

(1) 목 적

토지에서 발생하는 개발이익을 환수하여 이를 적정하게 배분하여 토지에 대한 투기를 방지하고 토지의 효율적인 이용을 촉진하여 국민경제의 건전한 발전에 기여함(개발이익환수에 관한 법률 제1조)

(2) 사용 용도

1) 기초 생활권 생활기반의 확충, 지역사회기반시설의 확충 및 개선, 지역의 문화, 예술, 체육 및 관광자원의 개발 및 확충, 지역의 물류 · 유통기반 확충 등 산업기반 조성, 지역의 특성 있는 향토자원의 개발 및 활용 등에 관한 사업 등의 보조 등

2) 개발부담금이 귀속되는 해당 시 · 군 · 구의 토지 관리와 지역 균형개발사업을 효율적으로 추진하기 위하여 사용

2. 부과 대상

(1) 납부의무자

사업시행자(다만, 개발사업을 위탁이나 도급을 한 자, 타인 소유 토지를 임차하여 개발사업을 시행한 경우에는 그 토지의 소유자, 개발사업을 완료하기 전에 사업시행자 등의 지위를 승계한 자)

(2) 부과 대상 사업

1) 택지개발사업

2) 산업단지개발사업

3) 관광단지조성사업

4) 도시개발사업, 지역개발사업 및 도시환경정비사업

5) 교통시설 및 물류시설 용지 조성사업

6) 체육시설 부지조성사업(골프장, 경륜장, 경정장)
7) 지목 변경이 수반되는 사업
8) 제1호부터 제6호까지의 사업과 유사한 사업

(3) 부과 대상 면적

1) 특별시/광역시: 660㎡ 이상
2) 특별시/광역시외 도시지역: 990㎡ 이상
3) 비도시지역: 1,650㎡ 이상

3. 부담금 산정기준 및 부담률

(1) 개발부담금

개발이익×25%(계획입지사업의 경우 20%)

(2) 개발이익

1) 개발이익 = 종료시점 지가 - (개시시점 지가+정상지가상승분+개발비용)
2) 종료시점 지가: 준공일 기준으로 산정한 개별공시지가
3) 개시시점 지가: 매입(취득)한 경우에는 감정평가하여 평균한 가액, 개발사업의 경우 인허가일 기준으로 한 개별공시지가
4) 개발비용: 각호의 금액을 합하여 산출
① 순 공사비, 조사비, 설계비 및 일반관리비
② 납부의무자가 기부채납을 하였을 경우 그 가액
③ 납부의무자가 부담금을 납부하였을 경우 그 금액
④ 해당 토지개량비, 각종 세금/공과금, 보상비 및 대통령령으로 정하는 금액
5) 정상지가상승분: 해당사업 각 연도의 정상지가상승분의 합계
(해당연도 1/1일 지가)×(해당연도 정상지가 변동율)

(3) 부담률

1) '14.1월 대규모 계획입지사업(택지개발, 도시개발, 산업단지, 관광단지, 물류시설 등)에 대한 사업시행자 부담을 완화하기 위해 부담률을 25%에서 20%로 경감한 바 있으며, 반면 무계획적인 개별입지사업(건축 및 개발행위 등)에 대해여는 행행의 25%의 부담률을 유지
2) 다만, '16.12월 소규모 개발사업(지목변경을 수반한 건축물 건축, 공장용지사업 등)은 감면혜택이 없어 영세한 개발사업자에게 부담이 가중되고 있어 개발부담금 부과대상 기준면적을 한시적('17.1.1일~'19.12.31일)으로 상향한 바 있음.

* 660㎡ → 1,000㎡(특별시 · 광역시 도시지역)
990㎡ → 1,500㎡(특별시 · 광역시 이외 도시지역)
1,650㎡ → 2,500㎡(1비도시지역)

4. 납부 시기

(1) 부 과

1) 시장, 군수, 구청장은 개발사업의 준공인가 등을 받은 날부터 5개월 이내 개발부담금 부과
2) 다만, 부과 대상 토지의 전부 또는 일부가 다음 각 호에 해당하면 해당하게 된 날을 부과 종료시점으로 한다.

① 관계 법령에 따라 부과 대상 토지의 일부가 준공된 날부터 5개월 이내 개발부담금 부과
② 납부 의무자가 개발사업의 목적 용도로 사용을 시작하거나 타인에게 분양하는 등 처분하는 날부터 5개월 이내 개발부담금 부과

(2) 고지 및 납부

1) 준공 후 시장, 군수, 구청장이 부과 여부 통지서를 발송
2) 납부의무자는 개발비용 산출명세서 등 자료를 제출
3) 시장, 군수, 구청장은 개발부담금 예정 통지서를 발송하며, 납부의무자는 발송일로부터 30일 이내에 개발부담금 고지 전 심사청구가 가능

4) 시장, 군수, 구청장은 개발부담금 납부고지서를 발부하며, 해당 기간 내에 납부

5. 면제(감면) 대상

(1) 면제 대상

1) 국가, 지자체가 공공의 목적으로 시행하는 개발사업
2) 산업단지개발사업, 관광단지 조성사업, 물류단지개발사업(단, 수도권의 개발사업은 제외)
3) 중소기업 창업지원법에 따른 공장용지 조성사업
4) 이외 면제대상에 관한 특례법 참조

(2) 감면 대상(50% 감면)

1) 공공 목적이 아닌 지자체의 개발사업
2) 공공기관, 공기업이 시행하는 사업으로서 대통령령으로 정하는 사업
3) 중소기업이 시행하는 공장용지 조성사업, 관광단지 조성사업과 교통/물류시설 용지 조성사업
4) 주택도시기금으로부터 자금을 지원받아 국민주택 건설을 위한 택지개발사업
5) 공여구역 주변지역, 반환공여구역 또는 반환공여구역 주변지역에서 시행하는 개발사업
6) 접경지역 중 비무장지대, 해상의 북방한계선 또는 민간인 통제선과 잇닿는 읍 · 면 · 동지역에서 시행하는 개발사업

* 지역에 대한 민간투자의 활성화 등을 위하여 지방의회의 승인을 받아 관할구역에서 시행되는 개발사업에 대한 개발부담금을 지자체에 귀속되는 귀속분의 범위 내에서 경감 가능

부록 1

주택법, 주택법 시행령, 주택법 시행규칙

「주택법」 제2장. 주택의 건설 등

제2절. 주택조합 (제11조 ~ 제14조의4)

제11조(주택조합의 설립 등)

① 많은 수의 구성원이 주택을 마련하거나 리모델링하기 위하여 주택조합을 설립하려는 경우(제5항에 따른 직장주택조합의 경우는 제외한다)에는 관할 특별자치시장, 특별자치도지사, 시장, 군수 또는 구청장(구청장은 자치구의 구청장을 말하며, 이하 "시장 · 군수 · 구청장"이라 한다)의 인가를 받아야 한다. 인가받은 내용을 변경하거나 주택조합을 해산하려는 경우에도 또한 같다.

② 제1항에 따라 주택을 마련하기 위하여 주택조합설립인가를 받으려는 자는 다음 각 호의 요건을 모두 갖추어야 한다. 다만, 제1항 후단의 경우에는 그러하지 아니하다. 〈개정 2020. 1. 23.〉

1. 해당 주택건설대지의 80퍼센트 이상에 해당하는 토지의 사용권원을 확보할 것
2. 해당 주택건설대지의 15퍼센트 이상에 해당하는 토지의 소유권을 확보할 것

③ 제1항에 따라 주택을 리모델링하기 위하여 주택조합을 설립하려는 경우에는 다음 각 호의 구분에 따른 구분소유자(「집합건물의 소유 및 관리에 관한 법률」 제2조제2호에 따른 구분소유자를 말한다. 이하 같다)와 의결권(「집합건물의 소유 및 관리에 관한 법률」 제37조에 따른 의결권을 말한다. 이하 같다)의 결의를 증명하는 서류를 첨부하여 관할 시장 · 군수 · 구청장의 인가를 받아야 한다.

1. 주택단지 전체를 리모델링하고자 하는 경우에는 주택단지 전체의 구분소유자와 의결권의 각 3분의 2 이상의 결의 및 각 동의 구분소유자와 의결권의 각 과반수의 결의
2. 동을 리모델링하고자 하는 경우에는 그 동의 구분소유자 및 의결권의 각 3분의 2 이상의 결의

④ 제5조제2항에 따라 주택조합과 등록사업자가 공동으로 사업을 시행하면서 시공할 경우 등록사업자는 시공자로서의 책임뿐만 아니라 자신의 귀책사유로 사업 추진이 불가능하게 되거나 지연됨으로 인하여 조합원에게 입힌 손해를 배상할 책임이 있다.

⑤ 국민주택을 공급받기 위하여 직장주택조합을 설립하려는 자는 관할 시장 · 군수 · 구청장에게 신고하여야 한다. 신고한 내용을 변경하거나 직장주택조합을 해산하려는 경우에도 또한 같다.

⑥ 주택조합(리모델링주택조합은 제외한다)은 그 구성원을 위하여 건설하는 주택을 그 조합원에게 우선 공급할 수 있으며, 제5항에 따른 직장주택조합에 대하여는 사업주체가 국민주택을 그 직장주택조합원에게 우선 공급할 수 있다.

⑦ 제1항에 따라 인가를 받는 주택조합의 설립방법 · 설립절차, 주택조합 구성원의 자격기준 · 제명 · 탈퇴 및 주택조합의 운영 · 관리 등에 필요한 사항과 제5항에 따른 직장주택조합의 설립요건 및 신고절차 등에 필요한 사항은 대통령령으로 정한다. 〈개정 2016. 12. 2.〉

⑧ 제7항에도 불구하고 조합원은 조합규약으로 정하는 바에 따라 조합에 탈퇴 의사를 알리고 탈퇴할 수 있다. 〈개정 2016. 12. 2.〉

⑨ 탈퇴한 조합원(제명된 조합원을 포함한다)은 조합규약으로 정하는 바에 따라 부담한 비용의 환급을 청구할 수 있다. 〈개정 2016. 12. 2.〉

제11조의2(주택조합업무의 대행 등)

① 주택조합(리모델링주택조합은 제외한다. 이하 이 조에서 같다) 및 주택조합의 발기인은 조합원 모집 등 제2항에 따른 주택조합의 업무를 제5조제2항에 따른 공동사업주체인 등록사업자 또는 다음 각 호의 어느 하나에 해당하는 자로서 대통령령으로 정하는 자본금을 보유한 자 외의 자에게 대행하게 할 수 없다. 〈개정 2017. 2. 8., 2020. 1. 23.〉

1. 등록사업자
2. 「공인중개사법」 제9조에 따른 중개업자
3. 「도시 및 주거환경정비법」 제102조에 따른 정비사업전문관리업자
4. 「부동산개발업의 관리 및 육성에 관한 법률」 제4조에 따른 등록사업자
5. 「자본시장과 금융투자업에 관한 법률」에 따른 신탁업자
6. 그 밖에 다른 법률에 따라 등록한 자로서 대통령령으로 정하는 자

② 제1항에 따라 업무대행자에게 대행시킬 수 있는 주택조합의 업무는 다음 각 호와

같다. 〈개정 2020. 1. 23.〉

1. 조합원 모집, 토지 확보, 조합설립인가 신청 등 조합설립을 위한 업무의 대행
2. 사업성 검토 및 사업계획서 작성업무의 대행
3. 설계자 및 시공자 선정에 관한 업무의 지원
4. 제15조에 따른 사업계획승인 신청 등 사업계획승인을 위한 업무의 대행
5. 계약금 등 자금의 보관 및 그와 관련된 업무의 대행
6. 그 밖에 총회의 운영업무 지원 등 국토교통부령으로 정하는 사항

③ 주택조합 및 주택조합의 발기인은 제2항제5호에 따른 업무 중 계약금 등 자금의 보관 업무는 제1항제5호에 따른 신탁업자에게 대행하도록 하여야 한다. 〈신설 2020. 1. 23.〉

④ 제1항에 따른 업무대행자는 국토교통부령으로 정하는 바에 따라 사업연도별로 분기마다 해당 업무의 실적보고서를 작성하여 주택조합 또는 주택조합의 발기인에게 제출하여야 한다. 〈신설 2020. 1. 23.〉

⑤ 제1항부터 제4항까지의 규정에 따라 주택조합의 업무를 대행하는 자는 신의에 따라 성실하게 업무를 수행하여야 하고, 자신의 귀책사유로 주택조합(발기인을 포함한다) 또는 조합원(주택조합 가입 신청자를 포함한다)에게 손해를 입힌 경우에는 그 손해를 배상할 책임이 있다. 〈개정 2020. 1. 23.〉

⑥ 국토교통부장관은 주택조합의 원활한 사업추진 및 조합원의 권리 보호를 위하여 공정거래위원회 위원장과 협의를 거쳐 표준업무대행계약서를 작성 · 보급할 수 있다. 〈개정 2020. 1. 23.〉

[본조신설 2016. 12. 2.]

제11조의3(조합원 모집 신고 및 공개모집)

① 제11조제1항에 따라 지역주택조합 또는 직장주택조합의 설립인가를 받기 위하여 조합원을 모집하려는 자는 해당 주택건설대지의 50퍼센트 이상에 해당하는 토지의 사용권원을 확보하여 관할 시장 · 군수 · 구청장에게 신고하고, 공개모집의 방법으로 조합원을 모집하여야 한다. 조합 설립인가를 받기 전에 신고한 내용을 변경하는 경우에도 또한 같다. 〈개정 2020. 1. 23.〉

② 제1항에도 불구하고 공개모집 이후 조합원의 사망 · 자격상실 · 탈퇴 등으로 인한 결원을 충원하거나 미달된 조합원을 재모집하는 경우에는 신고하지 아니하고 선착순의 방법으로 조합원을 모집할 수 있다.

③ 제1항에 따른 모집 시기, 모집 방법 및 모집 절차 등 조합원 모집의 신고, 공개모집 및 조합 가입 신청자에 대한 정보 공개 등에 필요한 사항은 국토교통부령으로 정한다.

④ 제1항에 따라 신고를 받은 시장 · 군수 · 구청장은 신고내용이 이 법에 적합한 경우에는 신고를 수리하고 그 사실을 신고인에게 통보하여야 한다.

⑤ 시장 · 군수 · 구청장은 다음 각 호의 어느 하나에 해당하는 경우에는 조합원 모집 신고를 수리할 수 없다.

1. 이미 신고된 사업대지와 전부 또는 일부가 중복되는 경우
2. 이미 수립되었거나 수립 예정인 도시 · 군계획, 이미 수립된 토지이용계획 또는 이 법이나 관계 법령에 따른 건축기준 및 건축제한 등에 따라 해당 주택건설대지에 조합주택을 건설할 수 없는 경우
3. 제11조의2제1항에 따라 조합업무를 대행할 수 있는 자가 아닌 자와 업무대행계약을 체결한 경우 등 신고내용이 법령에 위반되는 경우
4. 신고한 내용이 사실과 다른 경우

⑥ 제1항에 따라 조합원을 모집하려는 주택조합의 발기인은 대통령령으로 정하는 자격기준을 갖추어야 한다. 〈신설 2020. 1. 23.〉

⑦ 제6항에 따른 주택조합의 발기인은 조합원 모집 신고를 하는 날 주택조합에 가입한 것으로 본다. 이 경우 주택조합의 발기인은 그 주택조합의 가입 신청자와 동일한 권리와 의무가 있다. 〈신설 2020. 1. 23.〉

⑧ 제1항에 따라 조합원을 모집하는 자(제11조의2제1항에 따라 조합원 모집 업무를 대행하는 자를 포함한다. 이하 "모집주체"라 한다)와 주택조합 가입 신청자는 다음 각 호의 사항이 포함된 주택조합 가입에 관한 계약서를 작성하여야 한다. 〈신설 2020. 1. 23.〉

1. 주택조합의 사업개요
2. 조합원의 자격기준
3. 분담금 등 각종 비용의 납부예정금액, 납부시기 및 납부방법

4. 주택건설대지의 사용권원 및 소유권을 확보한 면적 및 비율
5. 조합원 탈퇴 및 환급의 방법, 시기 및 절차
6. 그 밖에 주택조합의 설립 및 운영에 관한 중요 사항으로서 대통령령으로 정하는 사항

제11조의4(설명의무)

① 모집주체는 제11조의3제8항 각 호의 사항을 주택조합 가입 신청자가 이해할 수 있도록 설명하여야 한다.

② 모집주체는 제1항에 따라 설명한 내용을 주택조합 가입 신청자가 이해하였음을 국토교통부령으로 정하는 바에 따라 서면으로 확인을 받아 주택조합 가입 신청자에게 교부하여야 하며, 그 사본을 5년간 보관하여야 한다.

[본조신설 2020. 1. 23.]

[종전 제11조의4는 제11조의6으로 이동 〈2020. 1. 23.〉]

제11조의5(조합원 모집 광고 등에 관한 준수사항)

① 모집주체가 주택조합의 조합원을 모집하기 위하여 광고를 하는 경우에는 다음 각 호의 내용이 포함되어야 한다.

1. "지역주택조합 또는 직장주택조합의 조합원 모집을 위한 광고"라는 문구
2. 조합원의 자격기준에 관한 내용
3. 주택건설대지의 사용권원 및 소유권을 확보한 비율
4. 그 밖에 조합원 보호를 위하여 대통령령으로 정하는 내용

② 모집주체가 조합원 가입을 권유하거나 모집 광고를 하는 경우에는 다음 각 호의 행위를 하여서는 아니 된다.

1. 조합주택의 공급방식, 조합원의 자격기준 등을 충분히 설명하지 않거나 누락하여 제한 없이 조합에 가입하거나 주택을 공급받을 수 있는 것으로 오해하게 하는 행위
2. 제5조제4항에 따른 협약이나 제15조제1항에 따른 사업계획승인을 통하여 확정될 수 있는 사항을 사전에 확정된 것처럼 오해하게 하는 행위

3. 사업추진 과정에서 조합원이 부담해야 할 비용이 추가로 발생할 수 있음에도 주택 공급가격이 확정된 것으로 오해하게 하는 행위
4. 주택건설대지의 사용권원 및 소유권을 확보한 비율을 사실과 다르거나 불명확하게 제공하는 행위
5. 조합사업의 내용을 사실과 다르게 설명하거나 그 내용의 중요한 사실을 은폐 또는 축소하는 행위
6. 그 밖에 조합원 보호를 위하여 대통령령으로 정하는 행위

③ 모집주체가 조합원 모집 광고를 하는 방법 및 절차, 그 밖에 필요한 사항은 대통령령으로 정한다.

[본조신설 2020. 1. 23.]

제11조의6(조합 가입 철회 및 가입비 등의 반환)

① 모집주체는 주택조합의 가입을 신청한 자가 주택조합 가입을 신청하는 때에 납부하여야 하는 일체의 금전(이하 "가입비등"이라 한다)을 대통령령으로 정하는 기관(이하 "예치기관"이라 한다)에 예치하도록 하여야 한다. 〈개정 2020. 1. 23.〉

② 주택조합의 가입을 신청한 자는 가입비등을 예치한 날부터 30일 이내에 주택조합 가입에 관한 청약을 철회할 수 있다.

③ 청약 철회를 서면으로 하는 경우에는 청약 철회의 의사를 표시한 서면을 발송한 날에 그 효력이 발생한다.

④ 모집주체는 주택조합의 가입을 신청한 자가 청약 철회를 한 경우 청약 철회 의사가 도달한 날부터 7일 이내에 예치기관의 장에게 가입비등의 반환을 요청하여야 한다.

⑤ 예치기관의 장은 제4항에 따른 가입비등의 반환 요청을 받은 경우 요청일부터 10일 이내에 그 가입비등을 예치한 자에게 반환하여야 한다.

⑥ 모집주체는 주택조합의 가입을 신청한 자에게 청약 철회를 이유로 위약금 또는 손해배상을 청구할 수 없다.

⑦ 제2항에 따른 기간 이내에는 제11조제8항 및 제9항을 적용하지 않는다.

⑧ 제1항에 따라 예치된 가입비등의 관리, 지급 및 반환과 제2항에 따른 청약 철회의 절차 및 방법 등에 관한 사항은 대통령령으로 정한다.

[본조신설 2019. 12. 10.]
[제11조의4에서 이동 〈2020. 1. 23.〉]

제12조(실적보고 및 관련 자료의 공개)

① 주택조합의 발기인 또는 임원은 다음 각 호의 사항이 포함된 해당 주택조합의 실적보고서를 국토교통부령으로 정하는 바에 따라 사업연도별로 분기마다 작성하여야 한다. 〈신설 2020. 1. 23.〉

1. 조합원(주택조합 가입 신청자를 포함한다. 이하 이 조에서 같다) 모집 현황
2. 해당 주택건설대지의 사용권원 및 소유권 확보 현황
3. 그 밖에 조합원이 주택조합의 사업 추진현황을 파악하기 위하여 필요한 사항으로서 국토교통부령으로 정하는 사항

② 주택조합의 발기인 또는 임원은 주택조합사업의 시행에 관한 다음 각 호의 서류 및 관련 자료가 작성되거나 변경된 후 15일 이내에 이를 조합원이 알 수 있도록 인터넷과 그 밖의 방법을 병행하여 공개하여야 한다. 〈개정 2020. 1. 23.〉

1. 조합규약
2. 공동사업주체의 선정 및 주택조합이 공동사업주체인 등록사업자와 체결한 협약서
3. 설계자 등 용역업체 선정 계약서
4. 조합총회 및 이사회, 대의원회 등의 의사록
5. 사업시행계획서
6. 해당 주택조합사업의 시행에 관한 공문서
7. 회계감사보고서
8. 분기별 사업실적보고서
9. 제11조의2제4항에 따라 업무대행자가 제출한 실적보고서
10. 그 밖에 주택조합사업 시행에 관하여 대통령령으로 정하는 서류 및 관련 자료

③ 제2항에 따른 서류 및 다음 각 호를 포함하여 주택조합사업의 시행에 관한 서류와 관련 자료를 조합원이 열람 · 복사 요청을 한 경우 주택조합의 발기인 또는 임원은 15일 이내에 그 요청에 따라야 한다. 이 경우 복사에 필요한 비용은 실비의 범위에서 청구인이 부담한다. 〈개정 2020. 1. 23.〉

1. 조합원 명부
2. 주택건설대지의 사용권원 및 소유권 확보 비율 등 토지 확보 관련 자료
3. 그 밖에 대통령령으로 정하는 서류 및 관련 자료

④ 주택조합의 발기인 또는 임원은 원활한 사업추진과 조합원의 권리 보호를 위하여 연간 자금운용 계획 및 자금 집행 실적 등 국토교통부령으로 정하는 서류 및 자료를 국토교통부령으로 정하는 바에 따라 매년 정기적으로 시장 · 군수 · 구청장에게 제출하여야 한다. 〈신설 2019. 12. 10., 2020. 1. 23.〉

⑤ 제2항 및 제3항에 따라 공개 및 열람 · 복사 등을 하는 경우에는 「개인정보 보호법」에 의하여야 하며, 그 밖의 공개 절차 등 필요한 사항은 국토교통부령으로 정한다. 〈개정 2019. 12. 10., 2020. 1. 23.〉

[제목개정 2020. 1. 23.]

제13조(조합임원의 결격사유 등)

① 다음 각 호의 어느 하나에 해당하는 사람은 주택조합의 발기인 또는 임원이 될 수 없다. 〈개정 2020. 1. 23., 2020. 6. 9.〉

1. 미성년자 · 피성년후견인 또는 피한정후견인
2. 파산선고를 받은 사람으로서 복권되지 아니한 사람
3. 금고 이상의 실형을 선고받고 그 집행이 종료(종료된 것으로 보는 경우를 포함한다)되거나 집행이 면제된 날부터 2년이 지나지 아니한 사람
4. 금고 이상의 형의 집행유예를 선고받고 그 유예기간 중에 있는 사람
5. 금고 이상의 형의 선고유예를 받고 그 선고유예기간 중에 있는 사람
6. 법원의 판결 또는 다른 법률에 따라 자격이 상실 또는 정지된 사람
7. 해당 주택조합의 공동사업주체인 등록사업자 또는 업무대행사의 임직원

② 주택조합의 발기인이나 임원이 다음 각 호의 어느 하나에 해당하는 경우 해당 발기인은 그 지위를 상실하고 해당 임원은 당연히 퇴직한다. 〈개정 2020. 1. 23.〉

1. 주택조합의 발기인이 제11조의3제6항에 따른 자격기준을 갖추지 아니하게 되거나 주택조합의 임원이 제11조제7항에 따른 조합원 자격을 갖추지 아니하게 되는 경우

2. 주택조합의 발기인 또는 임원이 제1항 각 호의 결격사유에 해당하게 되는 경우

③ 제2항에 따라 지위가 상실된 발기인 또는 퇴직된 임원이 지위 상실이나 퇴직 전에 관여한 행위는 그 효력을 상실하지 아니한다. 〈개정 2020. 1. 23.〉

④ 주택조합의 임원은 다른 주택조합의 임원, 직원 또는 발기인을 겸할 수 없다. 〈신설 2020. 1. 23.〉

[제목개정 2020. 1. 23.]

제14조(주택조합에 대한 감독 등)

① 국토교통부장관 또는 시장 · 군수 · 구청장은 주택공급에 관한 질서를 유지하기 위하여 특히 필요하다고 인정되는 경우에는 국가가 관리하고 있는 행정전산망 등을 이용하여 주택조합 구성원의 자격 등에 관하여 필요한 사항을 확인할 수 있다.

② 시장 · 군수 · 구청장은 주택조합 또는 주택조합의 구성원이 다음 각 호의 어느 하나에 해당하는 경우에는 주택조합의 설립인가를 취소할 수 있다.

1. 거짓이나 그 밖의 부정한 방법으로 설립인가를 받은 경우
2. 제94조에 따른 명령이나 처분을 위반한 경우

③ 삭제 〈2020. 1. 23.〉

④ 시장 · 군수 · 구청장은 모집주체가 이 법을 위반한 경우 시정요구 등 필요한 조치를 명할 수 있다. 〈신설 2019. 12. 10.〉

제14조의2(주택조합의 해산 등)

① 주택조합은 제11조제1항에 따른 주택조합의 설립인가를 받은 날부터 3년이 되는 날까지 사업계획승인을 받지 못하는 경우 대통령령으로 정하는 바에 따라 총회의 의결을 거쳐 해산 여부를 결정하여야 한다.

② 주택조합의 발기인은 제11조의3제1항에 따른 조합원 모집 신고가 수리된 날부터 2년이 되는 날까지 주택조합 설립인가를 받지 못하는 경우 대통령령으로 정하는 바에 따라 주택조합 가입 신청자 전원으로 구성되는 총회 의결을 거쳐 주택조합 사업의 종결 여부를 결정하도록 하여야 한다.

③ 제1항 또는 제2항에 따라 총회를 소집하려는 주택조합의 임원 또는 발기인은 총회

가 개최되기 7일 전까지 회의 목적, 안건, 일시 및 장소를 정하여 조합원 또는 주택조합 가입 신청자에게 통지하여야 한다.

④ 제1항에 따라 해산을 결의하거나 제2항에 따라 사업의 종결을 결의하는 경우 대통령령으로 정하는 바에 따라 청산인을 선임하여야 한다.

⑤ 주택조합의 발기인은 제2항에 따른 총회의 결과(사업의 종결을 결의한 경우에는 청산계획을 포함한다)를 관할 시장 · 군수 · 구청장에게 국토교통부령으로 정하는 바에 따라 통지하여야 한다.

[본조신설 2020. 1. 23.]

[종전 제14조의2는 제14조의4로 이동 〈2020. 1. 23.〉]

제14조의3(회계감사)

① 주택조합은 대통령령으로 정하는 바에 따라 회계감사를 받아야 하며, 그 감사결과를 관할 시장 · 군수 · 구청장에게 보고하여야 한다.

② 주택조합의 임원 또는 발기인은 계약금등(해당 주택조합사업에 관한 모든 수입에 따른 금전을 말한다)의 징수 · 보관 · 예치 · 집행 등 모든 거래 행위에 관하여 장부를 월별로 작성하여 그 증빙서류와 함께 제11조에 따른 주택조합 해산인가를 받는 날까지 보관하여야 한다. 이 경우 주택조합의 임원 또는 발기인은 「전자문서 및 전자거래 기본법」 제2조제2호에 따른 정보처리시스템을 통하여 장부 및 증빙서류를 작성하거나 보관할 수 있다.

[본조신설 2020. 1. 23.]

제14조의4(주택조합사업의 시공보증)

① 주택조합이 공동사업주체인 시공자를 선정한 경우 그 시공자는 공사의 시공보증(시공자가 공사의 계약상 의무를 이행하지 못하거나 의무이행을 하지 아니할 경우 보증기관에서 시공자를 대신하여 계약이행의무를 부담하거나 총 공사금액의 50퍼센트 이하에서 대통령령으로 정하는 비율 이상의 범위에서 주택조합이 정하는 금액을 납부할 것을 보증하는 것을 말한다)을 위하여 국토교통부령으로 정하는 기관의 시공보증서를 조합에 제출하여야 한다.

② 제15조에 따른 사업계획승인권자는 제16조제2항에 따른 착공신고를 받는 경우에는 제1항에 따른 시공보증서 제출 여부를 확인하여야 한다.

[본조신설 2016. 12. 2.]

[제14조의2에서 이동 〈2020. 1. 23.〉

「주택법 시행령」 제2장. 주택의 건설 등
제2절. 주택조합 (제20조 ~ 제26조의2)

제20조(주택조합의 설립인가 등)

① 법 제11조제1항에 따라 주택조합의 설립 · 변경 또는 해산의 인가를 받으려는 자는 신청서에 다음 각 호의 구분에 따른 서류를 첨부하여 주택건설대지(리모델링주택조합의 경우에는 해당 주택의 소재지를 말한다. 이하 같다)를 관할하는 시장 · 군수 · 구청장에게 제출해야 한다. 〈개정 2019. 10. 22., 2020. 7. 24.〉

1. 설립인가신청: 다음 각 목의 구분에 따른 서류

가. 지역주택조합 또는 직장주택조합의 경우

1) 창립총회 회의록

2) 조합장선출동의서

3) 조합원 전원이 자필로 연명(連名)한 조합규약

4) 조합원 명부

5) 사업계획서

6) 해당 주택건설대지의 80퍼센트 이상에 해당하는 토지의 사용권원을 확보하였음을 증명하는 서류

7) 해당 주택건설대지의 15퍼센트 이상에 해당하는 토지의 소유권을 확보하였음을 증명하는 서류

8) 그 밖에 국토교통부령으로 정하는 서류

나. 리모델링주택조합의 경우

1) 가목1)부터 5)까지의 서류

2) 법 제11조제3항 각 호의 결의를 증명하는 서류. 이 경우 결의서에는 별표 4 제1호나목1)부터 3)까지의 사항이 기재되어야 한다.

3) 「건축법」 제5조에 따라 건축기준의 완화 적용이 결정된 경우에는 그 증명서류

4) 해당 주택이 법 제49조에 따른 사용검사일(주택단지 안의 공동주택 전부에 대하여 같은 조에 따라 임시 사용승인을 받은 경우에는 그 임시 사

용승인일을 말한다) 또는 「건축법」 제22조에 따른 사용승인일부터 다음의 구분에 따른 기간이 지났음을 증명하는 서류

가) 대수선인 리모델링: 10년

나) 증축인 리모델링: 법 제2조제25호나목에 따른 기간

2. 변경인가신청: 변경의 내용을 증명하는 서류
3. 해산인가신청: 조합해산의 결의를 위한 총회의 의결정족수에 해당하는 조합원의 동의를 받은 정산서

② 제1항제1호가목3)의 조합규약에는 다음 각 호의 사항이 포함되어야 한다. 〈개정 2017. 6. 2., 2020. 7. 24.〉

1. 조합의 명칭 및 사무소의 소재지
2. 조합원의 자격에 관한 사항
3. 주택건설대지의 위치 및 면적
4. 조합원의 제명 · 탈퇴 및 교체에 관한 사항
5. 조합임원의 수, 업무범위(권리 · 의무를 포함한다), 보수, 선임방법, 변경 및 해임에 관한 사항
6. 조합원의 비용부담 시기 · 절차 및 조합의 회계

6의2. 조합원의 제명 · 탈퇴에 따른 환급금의 산정방식, 지급시기 및 절차에 관한 사항

7. 사업의 시행시기 및 시행방법
8. 총회의 소집절차 · 소집시기 및 조합원의 총회소집요구에 관한 사항
9. 총회의 의결을 필요로 하는 사항과 그 의결정족수 및 의결절차
10. 사업이 종결되었을 때의 청산절차, 청산금의 징수 · 지급방법 및 지급절차
11. 조합비의 사용 명세와 총회 의결사항의 공개 및 조합원에 대한 통지방법
12. 조합규약의 변경 절차
13. 그 밖에 조합의 사업추진 및 조합 운영을 위하여 필요한 사항

③ 제2항제9호에도 불구하고 국토교통부령으로 정하는 사항은 반드시 총회의 의결을 거쳐야 한다.

④ 총회의 의결을 하는 경우에는 조합원의 100분의 10 이상이 직접 출석하여야 한다. 다만, 창립총회 또는 제3항에 따라 국토교통부령으로 정하는 사항을 의결하는 총회

의 경우에는 조합원의 100분의 20 이상이 직접 출석하여야 한다. 〈신설 2017. 6. 2.〉

⑤ 제4항에도 불구하고 총회의 소집시기에 해당 주택건설대지가 위치한 특별자치시 · 특별자치도 · 시 · 군 · 구(자치구를 말하며, 이하 "시 · 군 · 구"라 한다)에 「감염병의 예방 및 관리에 관한 법률」 제49조제1항제2호에 따라 여러 사람의 집합을 제한하거나 금지하는 조치가 내려진 경우에는 전자적 방법으로 총회를 개최해야 한다. 이 경우 조합원의 의결권 행사는 「전자서명법」 제2조제2호 및 제6호의 전자서명 및 인증서(서명자의 실제 이름을 확인할 수 있는 것으로 한정한다)를 통해 본인 확인을 거쳐 전자적 방법으로 해야 한다. 〈신설 2021. 2. 19.〉

⑥ 주택조합은 제5항에 따라 전자적 방법으로 총회를 개최하려는 경우 다음 각 호의 사항을 조합원에게 사전에 통지해야 한다. 〈신설 2021. 2. 19.〉

1. 총회의 의결사항
2. 전자투표를 하는 방법
3. 전자투표 기간
4. 그 밖에 전자투표 실시에 필요한 기술적인 사항

⑦ 주택조합(리모델링주택조합은 제외한다)은 법 제11조에 따른 주택조합 설립인가를 받는 날부터 법 제49조에 따른 사용검사를 받는 날까지 계속하여 다음 각 호의 요건을 모두 충족해야 한다. 〈개정 2019. 10. 22., 2021. 2. 19.〉

1. 주택건설 예정 세대수(설립인가 당시의 사업계획서상 주택건설 예정 세대수를 말하되, 법 제20조에 따라 임대주택으로 건설 · 공급하는 세대수는 제외한다. 이하 같다)의 50퍼센트 이상의 조합원으로 구성할 것. 다만, 법 제15조에 따른 사업계획승인 등의 과정에서 세대수가 변경된 경우에는 변경된 세대수를 기준으로 한다.
2. 조합원은 20명 이상일 것

⑧ 리모델링주택조합 설립에 동의한 자로부터 건축물을 취득한 자는 리모델링주택조합 설립에 동의한 것으로 본다. 〈개정 2017. 6. 2., 2021. 2. 19.〉

⑨ 시장 · 군수 · 구청장은 해당 주택건설대지에 대한 다음 각 호의 사항을 종합적으로 검토하여 주택조합의 설립인가 여부를 결정하여야 한다. 이 경우 그 주택건설대지가 이미 인가를 받은 다른 주택조합의 주택건설대지와 중복되지 아니하도록 하여야

한다. 〈개정 2017. 6. 2., 2021. 2. 19.〉

1. 법 또는 관계 법령에 따른 건축기준 및 건축제한 등을 고려하여 해당 주택건설대지에 주택건설이 가능한지 여부
2. 「국토의 계획 및 이용에 관한 법률」에 따라 수립되었거나 해당 주택건설사업기간에 수립될 예정인 도시 · 군계획(같은 법 제2조제2호에 따른 도시 · 군계획을 말한다)에 부합하는지 여부
3. 이미 수립되어 있는 토지이용계획
4. 주택건설대지 중 토지 사용에 관한 권원을 확보하지 못한 토지가 있는 경우 해당 토지의 위치가 사업계획서상의 사업시행에 지장을 줄 우려가 있는지 여부

⑩ 시장 · 군수 · 구청장은 법 제11조제1항에 따라 주택조합의 설립인가를 한 경우 다음 각 호의 사항을 해당 지방자치단체의 인터넷 홈페이지에 공고해야 한다. 이 경우 공고한 내용이 법 제11조제1항에 따른 변경인가에 따라 변경된 경우에도 또한 같다. 〈신설 2020. 7. 24., 2021. 2. 19.〉

1. 조합의 명칭 및 사무소의 소재지
2. 조합설립 인가일
3. 주택건설대지의 위치
4. 조합원 수
5. 토지의 사용권원 또는 소유권을 확보한 면적과 비율

⑪ 주택조합의 설립 · 변경 또는 해산 인가에 필요한 세부적인 사항은 국토교통부령으로 정한다. 〈개정 2017. 6. 2., 2020. 7. 24., 2021. 2. 19.〉

제21조(조합원의 자격)

① 법 제11조에 따른 주택조합의 조합원이 될 수 있는 사람은 다음 각 호의 구분에 따른 사람으로 한다. 다만, 조합원의 사망으로 그 지위를 상속받는 자는 다음 각 호의 요건에도 불구하고 조합원이 될 수 있다. 〈개정 2019. 10. 22.〉

1. 지역주택조합 조합원: 다음 각 목의 요건을 모두 갖춘 사람
   가. 조합설립인가 신청일(해당 주택건설대지가 법 제63조에 따른 투기과열지구 안에 있는 경우에는 조합설립인가 신청일 1년 전의 날을 말한다. 이하 같다)

부터 해당 조합주택의 입주 가능일까지 주택을 소유(주택의 유형, 입주자 선정방법 등을 고려하여 국토교통부령으로 정하는 지위에 있는 경우를 포함한다. 이하 이 호에서 같다)하는지에 대하여 다음의 어느 하나에 해당할 것

1) 국토교통부령으로 정하는 기준에 따라 세대주를 포함한 세대원[세대주와 동일한 세대별 주민등록표에 등재되어 있지 아니한 세대주의 배우자 및 그 배우자와 동일한 세대를 이루고 있는 사람을 포함한다. 이하 2)에서 같다] 전원이 주택을 소유하고 있지 아니한 세대의 세대주일 것

2) 국토교통부령으로 정하는 기준에 따라 세대주를 포함한 세대원 중 1명에 한정하여 주거전용면적 85제곱미터 이하의 주택 1채를 소유한 세대의 세대주일 것

나. 조합설립인가 신청일 현재 법 제2조제11호가목의 구분에 따른 지역에 6개월 이상 계속하여 거주하여 온 사람일 것

다. 본인 또는 본인과 같은 세대별 주민등록표에 등재되어 있지 않은 배우자가 같은 또는 다른 지역주택조합의 조합원이거나 직장주택조합의 조합원이 아닐 것

2. 직장주택조합 조합원: 다음 각 목의 요건을 모두 갖춘 사람

가. 제1호가목에 해당하는 사람일 것. 다만, 국민주택을 공급받기 위한 직장주택조합의 경우에는 제1호가목1)에 해당하는 세대주로 한정한다.

나. 조합설립인가 신청일 현재 동일한 특별시 · 광역시 · 특별자치시 · 특별자치도 · 시 또는 군(광역시의 관할구역에 있는 군은 제외한다) 안에 소재하는 동일한 국가기관 · 지방자치단체 · 법인에 근무하는 사람일 것

다. 본인 또는 본인과 같은 세대별 주민등록표에 등재되어 있지 않은 배우자가 같은 또는 다른 직장주택조합의 조합원이거나 지역주택조합의 조합원이 아닐 것

3. 리모델링주택조합 조합원: 다음 각 목의 어느 하나에 해당하는 사람. 이 경우 해당 공동주택, 복리시설 또는 다목에 따른 공동주택 외의 시설의 소유권이 여러 명의 공유(共有)에 속할 때에는 그 여러 명을 대표하는 1명을 조합원으로 본다.

가. 법 제15조에 따른 사업계획승인을 받아 건설한 공동주택의 소유자

나. 복리시설을 함께 리모델링하는 경우에는 해당 복리시설의 소유자

다. 「건축법」 제11조에 따른 건축허가를 받아 분양을 목적으로 건설한 공동주택의 소유자(해당 건축물에 공동주택 외의 시설이 있는 경우에는 해당 시설의 소유자를 포함한다)

② 주택조합의 조합원이 근무 · 질병치료 · 유학 · 결혼 등 부득이한 사유로 세대주 자격을 일시적으로 상실한 경우로서 시장 · 군수 · 구청장이 인정하는 경우에는 제1항에 따른 조합원 자격이 있는 것으로 본다.

③ 제1항에 따른 조합원 자격의 확인 절차는 국토교통부령으로 정한다.

제22조(지역 · 직장주택조합 조합원의 교체 · 신규가입 등)

① 지역주택조합 또는 직장주택조합은 설립인가를 받은 후에는 해당 조합원을 교체하거나 신규로 가입하게 할 수 없다. 다만, 다음 각 호의 어느 하나에 해당하는 경우에는 예외로 한다. 〈개정 2019. 10. 22.〉

1. 조합원 수가 주택건설 예정 세대수를 초과하지 아니하는 범위에서 시장 · 군수 · 구청장으로부터 국토교통부령으로 정하는 바에 따라 조합원 추가모집의 승인을 받은 경우

2. 다음 각 목의 어느 하나에 해당하는 사유로 결원이 발생한 범위에서 충원하는 경우

가. 조합원의 사망

나. 법 제15조에 따른 사업계획승인 이후[지역주택조합 또는 직장주택조합이 제16조제2항제2호 단서에 따라 해당 주택건설대지 전부의 소유권을 확보하지 아니하고 법 제15조에 따른 사업계획승인을 받은 경우에는 해당 주택건설대지 전부의 소유권(해당 주택건설대지가 저당권등의 목적으로 되어 있는 경우에는 그 저당권등의 말소를 포함한다)을 확보한 이후를 말한다]에 입주자로 선정된 지위(해당 주택에 입주할 수 있는 권리 · 자격 또는 지위 등을 말한다)가 양도 · 증여 또는 판결 등으로 변경된 경우. 다만, 법 제64조제1항제1호에 따라 전매가 금지되는 경우는 제외한다.

다. 조합원의 탈퇴 등으로 조합원 수가 주택건설 예정 세대수의 50퍼센트 미만이 되는 경우

라. 조합원이 무자격자로 판명되어 자격을 상실하는 경우

마. 법 제15조에 따른 사업계획승인 등의 과정에서 주택건설 예정 세대수가 변경되어 조합원 수가 변경된 세대수의 50퍼센트 미만이 되는 경우

② 제1항 각 호에 따라 조합원으로 추가모집되거나 충원되는 자가 제21조제1항제1호 및 제2호에 따른 조합원 자격 요건을 갖추었는지를 판단할 때에는 해당 조합설립인가 신청일을 기준으로 한다.

③ 제1항 각 호에 따른 조합원 추가모집의 승인과 조합원 추가모집에 따른 주택조합의 변경인가 신청은 법 제15조에 따른 사업계획승인신청일까지 하여야 한다.

제23조(주택조합의 사업계획승인 신청 등)

① 주택조합은 설립인가를 받은 날부터 2년 이내에 법 제15조에 따른 사업계획승인(제27조제1항제2호에 따른 사업계획승인 대상이 아닌 리모델링인 경우에는 법 제66조제2항에 따른 허가를 말한다)을 신청하여야 한다.

② 주택조합은 등록사업자가 소유하는 공공택지를 주택건설대지로 사용해서는 아니 된다. 다만, 경매 또는 공매를 통하여 취득한 공공택지는 예외로 한다.

제24조(직장주택조합의 설립신고)

① 법 제11조제5항에 따라 국민주택을 공급받기 위한 직장주택조합을 설립하려는 자는 신고서에 다음 각 호의 서류를 첨부하여 관할 시장 · 군수 · 구청장에게 제출하여야 한다. 이 경우 시장 · 군수 · 구청장은 「전자정부법」 제36조제1항에 따른 행정정보의 공동이용을 통하여 주민등록표 등본을 확인하여야 하며, 신고인이 확인에 동의하지 아니하면 직접 제출하도록 하여야 한다.

1. 조합원 명부
2. 조합원이 될 사람이 해당 직장에 근무하는 사람임을 증명할 수 있는 서류(그 직장의 장이 확인한 서류여야 한다)
3. 무주택자임을 증명하는 서류

② 제1항에서 정한 사항 외에 국민주택을 공급받기 위한 직장주택조합의 신고절차 및 주택의 공급방법 등은 국토교통부령으로 정한다.

제24조의2(주택조합 업무대행자의 요건)

법 제11조의2제1항 각 호 외의 부분에서 “대통령령으로 정하는 자본금을 보유한 자”란 다음 각 호의 어느 하나에 해당하는 자를 말한다.

1. 법인인 경우: 5억원 이상의 자본금을 보유한 자
2. 개인인 경우: 10억원 이상의 자산평가액을 보유한 사람

[본조신설 2020. 7. 24.]

제24조의3(주택조합 발기인의 자격기준 등)

① 법 제11조의3제6항에서 “대통령령으로 정하는 자격기준”이란 다음 각 호의 구분에 따른 요건을 말한다.

1. 지역주택조합 발기인인 경우: 다음 각 목의 요건을 모두 갖출 것
   가. 조합원 모집 신고를 하는 날부터 해당 조합설립인가일까지 주택을 소유(주택의 유형, 입주자 선정방법 등을 고려하여 국토교통부령으로 정하는 지위에 있는 경우를 포함한다)하는지에 대하여 제21조제1항제1호가목1) 또는 2)에 해당할 것
   나. 조합원 모집 신고를 하는 날의 1년 전부터 해당 조합설립인가일까지 계속하여 법 제2조제11호가목의 구분에 따른 지역에 거주할 것
2. 직장주택조합 발기인인 경우: 다음 각 목의 요건을 모두 갖출 것
   가. 제1호가목에 해당할 것
   나. 조합원 모집 신고를 하는 날 현재 제21조제1항제2호나목에 해당할 것

② 법 제11조의3제8항제6호에서 “대통령령으로 정하는 사항”이란 다음 각 호의 사항을 말한다.

1. 주택조합 발기인과 임원의 성명, 주소, 연락처 및 보수에 관한 사항
2. 법 제11조의2제1항에 따라 업무대행자가 선정된 경우 업무대행자의 성명, 주소, 연락처(법인의 경우에는 법인명, 대표자의 성명, 법인의 주소 및 법인등록번호를 말한다) 및 대행 수수료에 관한 사항
3. 사업비 명세 및 자금조달계획에 관한 사항
4. 사업비가 증액될 경우 조합원이 추가 분담금을 납부할 수 있다는 사항

5. 법 제11조의6에 따른 청약 철회 및 가입비등(법 제11조의6제1항에 따른 가입비등을 말한다. 이하 같다)의 예치 · 반환 등에 관한 사항

[본조신설 2020. 7. 24.]

제24조의4(조합원 모집 광고 등에 관한 준수사항)

① 법 제11조의5제1항제4호에서 "대통령령으로 정하는 내용"이란 다음 각 호의 사항을 말한다.

1. 조합의 명칭 및 사무소의 소재지
2. 조합원 모집 신고 수리일

② 법 제11조의5제2항제6호에서 "대통령령으로 정하는 행위"란 시공자가 선정되지 않았음에도 선정된 것으로 오해하게 하는 행위를 말한다.

③ 모집주체(법 제11조의3제8항 각 호 외의 부분에 따른 모집주체를 말한다. 이하 같다)는 조합원 모집 광고를 할 때 다음 각 호의 요건을 모두 갖춘 크기로 법 제11조의5제1항 각 호의 내용을 표기하여 일반인이 쉽게 인식할 수 있도록 해야 한다.

1. 9포인트 이상일 것
2. 제목이 아닌 다른 내용보다 20퍼센트 이상 클 것

④ 모집주체는 해당 주택조합의 인터넷 홈페이지가 있는 경우 조합원 모집 광고를 시작한 날부터 7일 이내에 광고한 매체 및 기간을 표시하여 그 인터넷 홈페이지에 해당 광고를 게재해야 한다.

[본조신설 2020. 7. 24.]

제24조의5(가입비등의 예치)

① 법 제11조의6제1항에서 "대통령령으로 정하는 기관"이란 다음 각 호의 기관을 말한다.

1. 「은행법」 제2조제1항제2호에 따른 은행
2. 「우체국예금 · 보험에 관한 법률」에 따른 체신관서
3. 「보험업법」 제2조제6호에 따른 보험회사
4. 「자본시장과 금융투자업에 관한 법률」 제8조제7항에 따른 신탁업자

② 모집주체는 제1항 각 호의 어느 하나에 해당하는 기관과 가입비등의 예치에 관한

계약을 체결해야 한다.

③ 주택조합의 가입을 신청한 자는 주택조합 가입 계약을 체결하면 제2항에 따라 예치에 관한 계약을 체결한 기관(이하 “예치기관”이라 한다)에 국토교통부령으로 정하는 가입비등 예치신청서를 제출해야 한다.

④ 예치기관은 제3항에 따른 신청서를 제출받은 경우 가입비등을 예치기관의 명의로 예치해야 하고, 이를 다른 금융자산과 분리하여 관리해야 한다.

⑤ 예치기관의 장은 제4항에 따라 가입비등을 예치한 경우에는 모집주체와 주택조합 가입 신청자에게 국토교통부령으로 정하는 증서를 내주어야 한다.

[본조신설 2020. 7. 24.]

제24조의6(주택조합 가입에 관한 청약의 철회)

① 주택조합 가입 신청자는 법 제11조의6제2항에 따라 주택조합 가입에 관한 청약을 철회하는 경우 국토교통부령으로 정하는 청약 철회 요청서를 모집주체에게 제출해야 한다.

② 모집주체는 제1항에 따른 요청서를 제출받은 경우 이를 즉시 접수하고 접수일자가 적힌 접수증을 해당 주택조합 가입 신청자에게 발급해야 한다.

[본조신설 2020. 7. 24.]

제24조의7(가입비등의 지급 및 반환)

① 모집주체는 법 제11조의6제4항에 따라 가입비등의 반환을 요청하는 경우 국토교통부령으로 정하는 요청서를 예치기관의 장에게 제출해야 한다.

② 모집주체는 가입비등을 예치한 날부터 30일이 지난 경우 예치기관의 장에게 가입비등의 지급을 요청할 수 있다. 이 경우 모집주체는 국토교통부령으로 정하는 요청서를 예치기관의 장에게 제출해야 한다.

③ 예치기관의 장은 제2항에 따라 요청서를 받은 경우 요청일부터 10일 이내에 가입비등을 법 제11조의2제3항에 따라 계약금 등 자금의 보관 업무를 대행하는 신탁업자에게 지급해야 한다.

④ 법 제11조의2제3항에 따라 계약금 등 자금의 보관 업무를 대행하는 신탁업자는 제3

항에 따라 지급받은 가입비등을 신탁업자의 명의로 예치해야 하고, 이를 다른 금융자산과 분리하여 관리해야 한다.

⑤ 예치기관의 장은 정보통신망을 이용하여 가입비등의 예치 · 지급 및 반환 등에 필요한 업무를 수행할 수 있다. 이 경우 예치기관의 장은 「전자서명법」 제2조제2호 및 제6호에 따른 전자서명 및 인증서(서명자의 실제 이름을 확인할 수 있는 것을 말한다)로 신청인의 본인 여부를 확인해야 한다.

[본조신설 2020. 7. 24.]

제25조(자료의 공개)

법 제12조제2항제10호에서 "대통령령으로 정하는 서류 및 관련 자료"란 다음 각 호의 서류 및 자료를 말한다. 〈개정 2020. 7. 24.〉

1. 연간 자금운용 계획서
2. 월별 자금 입출금 명세서
3. 월별 공사진행 상황에 관한 서류
4. 주택조합이 사업주체가 되어 법 제54조제1항에 따라 공급하는 주택의 분양신청에 관한 서류 및 관련 자료
5. 전체 조합원별 분담금 납부내역
6. 조합원별 추가 분담금 산출내역

제25조의2(주택조합의 해산 등)

① 주택조합 또는 주택조합의 발기인은 법 제14조의2제1항 또는 제2항에 따라 주택조합의 해산 또는 주택조합 사업의 종결 여부를 결정하려는 경우에는 다음 각 호의 구분에 따른 날부터 3개월 이내에 총회를 개최해야 한다.

1. 법 제11조제1항에 따른 주택조합 설립인가를 받은 날부터 3년이 되는 날까지 사업계획승인을 받지 못하는 경우: 해당 설립인가를 받은 날부터 3년이 되는 날
2. 법 제11조의3제1항에 따른 조합원 모집 신고가 수리된 날부터 2년이 되는 날까지 주택조합 설립인가를 받지 못하는 경우: 해당 조합원 모집 신고가 수리된 날부터 2년이 되는 날

② 법 제14조의2제2항에 따라 개최하는 총회에서 주택조합 사업의 종결 여부를 결정하는 경우 다음 각 호의 사항을 포함해야 한다.

1. 사업의 종결 시 회계보고에 관한 사항
2. 청산 절차, 청산금의 징수 · 지급방법 및 지급절차 등 청산 계획에 관한 사항

③ 법 제14조의2제2항에 따라 개최하는 총회는 다음의 요건을 모두 충족해야 한다. 〈개정 2021. 2. 19.〉

1. 주택조합 가입 신청자의 3분의 2 이상의 찬성으로 의결할 것
2. 주택조합 가입 신청자의 100분의 20 이상이 직접 출석할 것. 다만, 제20조제5항 전단에 해당하는 경우는 제외한다.
3. 제2호 단서의 경우에는 제20조제5항 후단 및 같은 조 제6항에 따를 것. 이 경우 "조합원"은 "주택조합 가입 신청자"로 본다.

④ 주택조합의 해산 또는 사업의 종결을 결의한 경우에는 법 제14조의2제4항에 따라 주택조합의 임원 또는 발기인이 청산인이 된다. 다만, 조합규약 또는 총회의 결의로 달리 정한 경우에는 그에 따른다.

[본조신설 2020. 7. 24.]

제26조(주택조합의 회계감사)

① 법 제14조의3제1항에 따라 주택조합은 다음 각 호의 어느 하나에 해당하는 날부터 30일 이내에 「주식회사 등의 외부감사에 관한 법률」 제2조제7호에 따른 감사인의 회계감사를 받아야 한다. 〈개정 2018. 10. 30., 2020. 7. 24.〉

1. 법 제11조에 따른 주택조합 설립인가를 받은 날부터 3개월이 지난 날
2. 법 제15조에 따른 사업계획승인(제27조제1항제2호에 따른 사업계획승인 대상이 아닌 리모델링인 경우에는 법 제66조제2항에 따른 허가를 말한다)을 받은 날부터 3개월이 지난 날
3. 법 제49조에 따른 사용검사 또는 임시 사용승인을 신청한 날

② 제1항에 따른 회계감사에 대해서는 「주식회사 등의 외부감사에 관한 법률」 제16조에 따른 회계감사기준을 적용한다. 〈개정 2018. 10. 30.〉

③ 제1항에 따른 회계감사를 한 자는 회계감사 종료일부터 15일 이내에 회계감사 결과

를 관할 시장 · 군수 · 구청장과 해당 주택조합에 각각 통보하여야 한다.

④ 시장 · 군수 · 구청장은 제3항에 따라 통보받은 회계감사 결과의 내용을 검토하여 위법 또는 부당한 사항이 있다고 인정되는 경우에는 그 내용을 해당 주택조합에 통보하고 시정을 요구할 수 있다.

제26조의2(시공보증)

법 제14조의4제1항에서 "대통령령으로 정하는 비율 이상"이란 총 공사금액의 30퍼센트 이상을 말한다. 〈개정 2020. 7. 24.〉

[본조신설 2017. 6. 2.]

「주택법 시행규칙」 제2장. 주택의 건설 등
제2절. 주택조합 (제7조 ~ 제11조의3)

제7조(주택조합의 설립인가신청 등)

① 영 제20조제1항 각 호 외의 부분에 따른 신청서는 별지 제9호서식에 따른다.

② 영 제20조제1항제1호가목5)에 따른 사업계획서에는 다음 각 호의 사항을 적어야 한다.

1. 조합주택건설예정세대수
2. 조합주택건설예정지의 지번 · 지목 · 등기명의자
3. 도시 · 군관리계획(「국토의 계획 및 이용에 관한 법률」 제2조제4호에 따른 도시 · 군관리계획을 말한다. 이하 같다)상의 용도
4. 대지 및 주변 현황

③ 영 제20조제1항제1호가목8)에서 "국토교통부령으로 정하는 서류"란 다음 각 호의 서류를 말한다. 〈개정 2020. 7. 24.〉

1. 고용자가 확인한 근무확인서(직장주택조합의 경우만 해당한다)
2. 조합원 자격이 있는 자임을 확인하는 서류

④ 법 제11조제1항에 따라 지역 · 직장주택조합의 설립인가신청(조합원의 교체 · 신규가입에 따른 변경인가신청을 포함한다)을 받은 특별자치시장, 특별자치도지사, 시장, 군수 또는 구청장(구청장은 자치구의 구청장을 말하며, 이하 "시장 · 군수 · 구청장"이라 한다)은 「전자정부법」 제36조제1항에 따른 행정정보의 공동이용을 통해 조합원의 주민등록표등본을 확인해야 하며, 신청인이 확인에 동의하지 않는 경우에는 해당 서류를 직접 제출하도록 해야 한다. 〈개정 2019. 10. 29.〉

⑤ 영 제20조제3항에서 "국토교통부령으로 정하는 사항"이란 다음 각 호의 사항을 말한다. 〈개정 2017. 6. 2., 2019. 5. 31., 2020. 7. 24.〉

1. 조합규약(영 제20조제2항 각 호의 사항만 해당한다)의 변경
2. 자금의 차입과 그 방법 · 이자율 및 상환방법
3. 예산으로 정한 사항 외에 조합원에게 부담이 될 계약의 체결

3의2. 법 제11조의2제1항에 따른 업무대행자(이하 "업무대행자"라 한다)의 선정 ·

변경 및 업무대행계약의 체결

4. 시공자의 선정 · 변경 및 공사계약의 체결
5. 조합임원의 선임 및 해임
6. 사업비의 조합원별 분담 명세 확정(리모델링주택조합의 경우 법 제68조제4항에 따른 안전진단 결과에 따라 구조설계의 변경이 필요한 경우 발생할 수 있는 추가 비용의 분담안을 포함한다) 및 변경
7. 사업비의 세부항목별 사용계획이 포함된 예산안
8. 조합해산의 결의 및 해산시의 회계 보고

⑥ 국토교통부장관은 주택조합의 원활한 사업추진 및 조합원의 권리보호를 위하여 표준조합규약 및 표준공사계약서를 작성 · 보급할 수 있다.

⑦ 시장 · 군수 · 구청장은 법 제11조제1항에 따라 주택조합의 설립 또는 변경을 인가하였을 때에는 별지 제10호서식의 주택조합설립인가대장에 적고, 별지 제11호서식의 인가필증을 신청인에게 발급하여야 한다.

⑧ 시장 · 군수 · 구청장은 법 제11조제1항에 따라 주택조합의 해산인가를 하거나 법 제14조제2항에 따라 주택조합의 설립인가를 취소하였을 때에는 주택조합설립인가대장에 그 내용을 적고, 인가필증을 회수하여야 한다.

⑨ 제7항에 따른 주택조합설립인가대장은 전자적 처리가 불가능한 특별한 사유가 없으면 전자적 처리가 가능한 방법으로 작성 · 관리하여야 한다.

제7조의2(업무대행자의 업무범위 등)

① 법 제11조의2제2항제6호에서 "국토교통부령으로 정하는 사항"이란 다음 각 호의 업무를 말한다. 〈개정 2020. 7. 24.〉

1. 총회 일시 · 장소 및 안건의 통지 등 총회 운영업무 지원
2. 조합 임원 선거 관리업무 지원

② 업무대행자는 법 제11조의2제4항에 따라 업무의 실적보고서를 해당 분기의 말일부터 20일 이내에 주택조합 또는 주택조합의 발기인에게 제출해야 한다. 〈신설 2020. 7. 24.〉

[본조신설 2017. 6. 2.]

[제목개정 2020. 7. 24.]

제7조의3(조합원 모집 신고)

① 법 제11조의3제1항에 따라 조합원 모집 신고를 하려는 자는 별지 제11호의2서식의 신고서에 다음 각 호의 서류를 첨부하여 관할 시장 · 군수 · 구청장에게 제출해야 한다. 〈개정 2020. 7. 24.〉

1. 조합 발기인 명단 등 조합원 모집 주체에 관한 자료

1의2. 주택조합 발기인이 영 제24조의3제1항에 따른 자격이 있음을 증명하는 자료

2. 주택건설예정지의 지번 · 지목 · 등기명의자 및 도시 · 군관리계획상의 용도

2의2. 해당 주택건설대지의 50퍼센트 이상에 해당하는 토지의 사용권원을 확보하였음을 증명하는 서류

3. 다음 각 목의 사항이 모두 포함된 조합원 모집공고안

가. 주택 건설 · 공급 계획 등이 포함된 사업의 개요

나. 토지의 사용권원 또는 소유권의 확보 현황(확보면적 및 확보비율 등을 말한다) 및 계획

다. 조합 자금관리의 주체 및 계획

4. 조합가입 신청서 및 계약서의 서식

5. 업무대행자를 선정한 경우에는 다음 각 목의 서류

가. 영 제24조의2에 따른 자본금 또는 자산평가액을 보유하고 있음을 증명하는 서류(자산평가액의 경우에는 자산평가서를 포함한다)

나. 업무대행계약서

② 영 제24조의3제1항제1호가목에서 "국토교통부령으로 정하는 지위"란 「주택공급에 관한 규칙」 제2조제7호에 따른 당첨자(당첨자의 지위를 승계한 자를 포함한다)의 지위를 말한다. 〈신설 2020. 7. 24.〉

③ 시장 · 군수 · 구청장은 제1항에 따른 신고를 수리하려는 경우 국토교통부장관에게 「정보통신망 이용촉진 및 정보보호 등에 관한 법률」에 따라 구성된 주택전산망을 이용한 전산검색을 의뢰하여 영 제24조의3제1항제1호 또는 제2호에 따른 발기인 자격에 해당하는지를 확인해야 한다. 〈신설 2020. 7. 24.〉

④ 시장 · 군수 · 구청장은 제1항에 따른 신고서가 접수된 날부터 15일 이내에 신고의

수리 여부를 결정 · 통지하여야 한다. 〈개정 2020. 7. 24.〉

⑤ 제1항에 따른 신고를 수리하는 경우에는 별지 제11호의3서식의 신고대장에 관련 내용을 적고, 신고인에게 별지 제11호의4서식의 신고필증을 발급하여야 한다. 〈개정 2020. 7. 24.〉

[본조신설 2017. 6. 2.]

제7조의4(조합원 공개모집)

① 법 제11조의3제1항에 따라 조합원을 모집하려는 자는 제7조의3에 따른 조합원 모집 신고가 수리된 이후 다음 각 호의 구분에 따른 방법으로 모집공고를 하여야 한다.

1. 지역주택조합: 법 제2조제11호가목의 구분에 따른 조합원 모집 대상 지역의 주민이 널리 볼 수 있는 일간신문 및 관할 시 · 군 · 자치구의 인터넷 홈페이지에 게시
2. 직장주택조합: 조합원 모집 대상 직장의 인터넷 홈페이지에 게시

② 조합원 모집공고에는 다음 각 호의 사항이 포함되어야 한다. 〈개정 2019. 10. 29., 2020. 7. 24.〉

1. 조합 발기인 등 조합원 모집 주체의 성명 및 주소(법인의 경우에는 법인명, 대표자의 성명, 법인의 주소 및 법인등록번호를 말한다)
2. 법 제11조의2제1항에 따른 업무대행자를 선정한 경우에는 업무대행자의 성명 및 주소(법인의 경우에는 법인명, 대표자의 성명, 법인의 주소 및 법인등록번호를 말한다)
3. 주택건설예정지의 지번 · 지목 및 면적
4. 토지의 사용권원 또는 소유권의 확보 현황(확보면적, 확보비율 등을 말한다) 및 계획
5. 주택건설 예정세대수 및 주택건설 예정기간
6. 조합원 모집세대수 및 모집기간
7. 조합원을 분할하여 모집하는 경우에는 분할 모집시기별 모집세대수 등 조합원 모집에 관한 정보
8. 호당 또는 세대당 주택공급면적 및 대지면적
9. 조합가입 신청자격, 신청시의 구비서류, 신청일시 및 장소

10. 계약금 · 분담금의 납부시기 및 납부방법 등 조합원의 비용부담에 관한 사항
11. 조합 자금관리의 주체 및 계획
12. 조합원 당첨자 발표의 일시 · 장소 및 방법
13. 부적격자의 처리 및 계약 취소에 관한 사항
14. 조합가입 계약일 · 계약장소 등의 계약사항
15. 동 · 호수의 배정 방법 등에 관한 사항

15의2. 동 · 호수는 법 제15조에 따른 사업계획승인일 이후에 배정한다는 사실과 구체적인 배정 시기의 결정 및 통지 방법

16. 조합설립인가 신청일(또는 신청예정일), 사업계획승인 신청예정일, 착공예정일 및 입주예정일
17. 조합원의 권리 · 의무에 관한 사항
18. 그 밖에 추가분담금 등 조합가입 시 유의할 사항으로서 시장 · 군수 · 구청장이 필요하다고 인정하는 사항

③ 조합원을 모집하려는 자는 제2항 각 호의 사항 외에 조합가입 신청자가 알아야 할 사항 그 밖의 필요한 사항을 조합가입 신청장소에 게시한 후 별도의 안내서를 작성하여 조합가입 신청자에게 교부하여야 한다.

[본조신설 2017. 6. 2.]

제7조의5(주택조합 가입 계약 설명 확인서)

모집주체는 법 제11조의4제2항에 따라 별지 제11호의5서식의 조합 가입 계약 설명 확인서에 주택조합 가입 신청자의 확인을 받아 해당 신청자에게 교부해야 한다.

[본조신설 2020. 7. 24.]

제8조(조합원의 자격확인 등)

① 영 제21조제1항제1호가목 1) · 2) 외의 부분에서 “국토교통부령으로 정하는 지위”란 「주택공급에 관한 규칙」 제2조제7호에 따른 당첨자(당첨자의 지위를 승계한 자를 포함한다)의 지위를 말한다.

② 영 제21조제1항제1호가목1) 및 2)에서 “국토교통부령으로 정하는 기준”이란 각각

다음 각 호와 같다.

1. 상속 · 유증 또는 주택소유자와의 혼인으로 주택을 취득하였을 때에는 사업주체로부터 「주택공급에 관한 규칙」 제52조제3항에 따라 부적격자로 통보받은 날부터 3개월 이내에 해당 주택을 처분하면 주택을 소유하지 아니한 것으로 볼 것
2. 제1호 외의 경우에는 「주택공급에 관한 규칙」 제53조를 준용할 것

③ 시장 · 군수 · 구청장은 지역주택조합 또는 직장주택조합에 대하여 다음 각 호의 행위를 하려는 경우에는 국토교통부장관에게 「정보통신망 이용촉진 및 정보보호 등에 관한 법률」에 따라 구성된 주택전산망을 이용한 전산검색을 의뢰하여 영 제21조제1항제1호 및 같은 항 제2호에 따른 조합원 자격에 해당하는지를 확인해야 한다. 〈개정 2019. 10. 29.〉

1. 법 제11조에 따라 주택조합 설립인가(조합원의 교체 · 신규가입에 따른 변경인가를 포함한다)를 하려는 경우
2. 해당 주택조합에 대하여 법 제15조에 따른 사업계획승인을 하려는 경우
3. 해당 조합주택에 대하여 법 제49조에 따른 사용검사 또는 임시 사용승인을 하려는 경우

제9조(지역 · 직장주택조합 조합원의 추가모집 등)

지역주택조합 또는 직장주택조합은 영 제22조제1항제1호에 따라 조합원 추가모집의 승인을 받으려는 경우에는 다음 각 호의 사항이 포함된 추가모집안을 작성하여 시장 · 군수 · 구청장에게 제출하여야 한다.

1. 주택조합의 명칭 · 소재지 및 대표자의 성명
2. 설립인가번호 · 인가일자 및 조합원수
3. 법 제5조제2항에 따라 등록사업자와 공동으로 사업을 시행하는 경우에는 그 등록사업자의 명칭 · 소재지 및 대표자의 성명
4. 조합주택건설 대지의 위치 및 대지면적
5. 조합주택건설 예정세대수 및 건설 예정기간
6. 추가모집 세대수 및 모집기간
7. 호당 또는 세대당 주택공급면적

8. 부대시설 · 복리시설 등을 포함한 사업개요
9. 사업계획승인신청예정일, 착공예정일 및 입주예정일
10. 가입신청자격, 신청시의 구비서류, 신청일시 및 장소
11. 조합원 분담금의 납부시기 및 납부방법 등 조합원의 비용부담에 관한 사항
12. 당첨자의 발표일시 · 장소 및 방법
13. 이중당첨자 또는 부적격당첨자의 처리 및 계약취소에 관한 사항
14. 그 밖에 시장 · 군수 · 구청장이 필요하다고 인정하여 요구하는 사항

제10조(직장주택조합의 설립신고서 등)

① 영 제24조제1항에 따른 설립신고서는 별지 제12호서식에 따른다.

② 시장 · 군수 · 구청장은 제1항에 따른 설립신고서를 접수한 경우에는 그 신고내용을 확인한 후 별지 제13호서식의 직장주택조합설립신고대장에 적고, 별지 제14호서식의 신고필증을 신고인에게 발급하여야 한다.

③ 시장 · 군수 · 구청장은 법 제11조제5항 후단에 따라 직장주택조합 해산신고를 받은 경우에는 직장주택조합설립신고대장에 그 내용을 적고 신고필증을 회수하여야 한다.

④ 제2항에 따른 직장주택조합설립신고대장은 전자적 처리가 불가능한 특별한 사유가 없으면 전자적 처리가 가능한 방법으로 작성 · 관리하여야 한다.

⑤ 영 제24조제2항에 따른 주택의 공급방법은 「주택공급에 관한 규칙」으로 정한다.

제10조의2(가입비등의 예치)

① 영 제24조의5제3항에서 "국토교통부령으로 정하는 가입비등 예치신청서"란 별지 제14호의2서식의 가입비등 예치신청서를 말한다.

② 영 제24조의5제5항에서 "국토교통부령으로 정하는 증서"란 별지 제14호의3서식의 가입비등 예치증서를 말한다.

[본조신설 2020. 7. 24.]

제10조의3(주택조합 가입에 관한 청약의 철회)

① 영 제24조의6제1항에서 "국토교통부령으로 정하는 청약 철회 요청서"란 별지 제14

호의4서식의 청약 철회 요청서를 말한다.

② 영 제24조의6제2항에 따른 접수증은 별지 제14호의4서식과 같다.

[본조신설 2020. 7. 24.]

제10조의4(가입비등의 지급 및 반환)

① 영 제24조의7제1항에서 "국토교통부령으로 정하는 요청서"란 별지 제14호의5서식의 가입비등 반환 요청서를 말하며, 해당 요청서를 제출할 때에는 청약 철회 요청서 사본을 첨부해야 한다.

② 영 제24조의7제2항 후단에서 "국토교통부령으로 정하는 요청서"란 별지 제14호의5서식의 가입비등 지급 요청서를 말하며, 해당 요청서를 제출할 때에는 법 제11조의2제3항에 따른 신탁업자의 업무대행계약서 사본을 첨부해야 한다.

[본조신설 2020. 7. 24.]

제11조(실적보고 및 자료의 공개)

① 법 제12조제1항제3호에서 "국토교통부령으로 정하는 사항"이란 다음 각 호의 사항을 말한다. 〈신설 2020. 7. 24.〉

1. 주택조합사업에 필요한 관련 법령에 따른 신고, 승인 및 인 · 허가 등의 추진 현황
2. 설계자, 시공자 및 업무대행자 등과의 계약체결 현황
3. 수익 및 비용에 관한 사항
4. 주택건설공사의 진행 현황
5. 자금의 차입에 관한 사항

② 주택조합의 발기인 또는 임원은 법 제12조제1항에 따라 주택조합의 실적보고서를 해당 분기의 말일부터 30일 이내에 작성해야 한다. 〈신설 2020. 7. 24.〉

③ 주택조합의 임원 또는 발기인은 법 제12조제2항제5호에 관한 사항을 인터넷으로 공개할 때에는 조합원의 50퍼센트 이상의 동의를 얻어 그 개략적인 내용만 공개할 수 있다. 〈개정 2020. 7. 24.〉

④ 법 제12조제3항에 따른 주택조합 구성원의 열람 · 복사 요청은 사용목적 등을 적은 서면 또는 전자문서로 해야 한다. 〈개정 2020. 7. 24.〉

⑤ 법 제12조제4항에서 "연간 자금운용 계획 및 자금 집행 실적 등 국토교통부령으로 정하는 서류 및 자료"란 다음 각 호의 서류 및 자료를 말한다. 〈신설 2020. 6. 11., 2020. 7. 24.〉

1. 직전 연도의 자금운용 계획 및 자금 집행 실적에 관한 자료
2. 직전 연도의 등록사업자의 선정 및 변경에 관한 서류
3. 직전 연도의 업무대행자의 선정 및 변경에 관한 서류
4. 직전 연도의 조합임원의 선임 및 해임에 관한 서류
5. 직전 연도 12월 31일을 기준으로 토지의 사용권원 및 소유권의 확보 현황에 관한 자료

⑥ 주택조합의 발기인 또는 임원은 제5항 각 호의 서류 및 자료를 법 제12조제4항에 따라 매년 2월말까지 시장 · 군수 · 구청장에게 제출해야 한다. 〈신설 2020. 6. 11., 2020. 7. 24.〉

[제목개정 2020. 7. 24.]

제11조의2(총회 결과의 통지)

주택조합의 발기인은 법 제14조의2제5항에 따라 총회의 결과를 총회 개최일부터 10일 이내에 서면으로 관할 시장 · 군수 · 구청장에게 통지해야 한다.

[본조신설 2020. 7. 24.]

[종전 제11조의2는 제11조의3으로 이동 〈2020. 7. 24.〉]

제11조의3(시공보증)

법 제14조의4제1항에서 "국토교통부령으로 정하는 기관의 시공보증서"란 조합원에게 공급되는 주택에 대한 다음 각 호의 어느 하나의 보증서를 말한다. 〈개정 2020. 7. 24.〉

1. 「건설산업기본법」에 따른 공제조합이 발행한 보증서
2. 「주택도시기금법」에 따른 주택도시보증공사가 발행한 보증서
3. 「은행법」 제2조제1항제2호에 따른 은행, 「한국산업은행법」에 따른 한국산업은행, 「한국수출입은행법」에 따른 한국수출입은행 또는 「중소기업은행법」에 따른 중소

기업은행이 발행한 지급보증서

4.「보험업법」에 따른 보험회사가 발행한 보증보험증권

[본조신설 2017. 6. 2.]

[제11조의2에서 이동 〈2020. 7. 24.〉]

부록 2

지역 · 직장주택조합제도 설명자료

2022. 5.

국토교통부

본 해설서는 2022년 5월 기준으로 작성되었으며, 관련 법령의 개정, 법령 해석 변경 등에 따라 변경될 수 있음을 알려드리며, 참고용으로만 활용하여 주시기 바랍니다.

또한 개별 사실관계의 변동 등으로 인한 유사사례인 경우에 다른 해석이 있을 수 있으며, 본 해설서를 개별사안에 대한 별도의 증거자료로 활용하는 것은 국토교통부 견해와는 관련이 없음을 알려드리니 양해하여 주시기 바랍니다.

제1장 (지역 · 직장)주택조합의 개념 및 종류

1-1. 주택조합의 개념 및 제도 도입 취지

○ (지역 · 직장) 주택조합이라 함은 다수의 구성원(조합원)이 주택을 마련하기 위하여 결성하는 조합을 말함.

○ 즉, 지역주택조합 또는 직장주택조합은 개인이 본인의 주택을 마련하기 위하여 결성하는 조합으로서, 무주택이거나 주거전용면적 85제곱미터이하 1채 소유자인 세대주의 내 집 마련을 위해 일정한 자격요건을 갖춘 조합원에게 청약통장 가입여부와 관계없이 주택을 공급하는 제도임.

- 무주택이거나 주거전용면적 85제곱미터 이하 1채 소유자에는 「주택공급에관한 규칙」 제2조제7호에 따른 당첨자 지위 및 이를 승계한 자도 포함됨.

〈근 거: 「주택법」(이하 "법"이라 함) 제2조제11호, 같은 법 시행령(이하 "영"이라 함) 제21조〉

〈지역 · 직장 주택조합제도의 장 · 단점〉

장 점	단 점
• 주택청약통장이 필요 없음 • 청약 경쟁 순위에 관계없음 • 일반분양주택보다 가격이 저렴함 • 잔여세대 일반분양분 보다 양호한 호수 배정 • 동호인, 동일직장 등 특수용도 가능	• 주택조합 가입요건 구비(지역, 거주기간) • 사업지체 시 추가 부담금 발생 • 조합원간 갈등 상존 • 조합원 지위를 계속 유지 • 사업주체인 조합의 구성원으로서 조합규약에 따라 책임과 의무 부담

○ 지역 · 직장주택조합은 무주택 세대주 또는 무주택 근로자의 주택마련을위한 제도로서 청약통장 가입자들에게 공급하는 일반분양제도에 대한예외적인 제도이므로 조합원 자격을 엄격히 제한하고 있음.

- 주택조합사업은 사인간의 계약에 의해 추진되기 때문에 조합규약, 업무대행계약서, 공사계약서 등 모든 계약 내용을 상세하게 서술하는 것이 필요함.

□ **정비사업과 주택조합사업의 차이점**

○ 주택재건축조합과 주택재개발조합은 「도시 및 주거환경정비법」에 따라 추진하는 사업으로 노후 · 불량건축물이 밀집한 지역에 거주하고 있는 주택소유자들의 주거 환경을 개선하기 위한 정비사업이 주목적이므로 무주택 서민들의 내 집 마련을 위한 지역 · 직장주택조합과는 다름.

1-2. 주택조합의 법적 성격 : 비법인 사단

○ 과거 판례(대법원 2006.10.26. 선고 2004다17924 판결)에 따르면, 구 「주택건설촉진법」(2003. 5. 29. '주택법'으로 전부개정)에 따라 설립된 주택조합의 법적 성격에 관하여 '비법인 사단'으로 규정함.

○ 주택조합이 조합 명칭을 사용하지만, 고유의 목적을 가지고 사단적 성격을 가지는 규약을 만들고 이에 근거하여, 주택조합의 의사결정 기관인 총회와 운영위원회 및 집행기관인 대표자를 두는 등의 조직을 갖추고 있음.

○ 의결이나 업무집행방법이 다수결의 원칙에 따라 행해지며, 조합원의 가입, 탈퇴에 따른 변경에 관계없이 조합 자체가 존속하는 등 단체로서의 중요사항이 확정되어 있는 점에서 명칭에도 불구하고 비법인 사단에 해당함.

1-3. 주택조합의 종류

○ 법 제2조제11호에 따르면 주택조합은 (1) 지역주택조합, (2) 직장주택조합, (3) 리모델링주택조합이 있음.

○ '지역주택조합'은 해당 지역(수도권, 대전 · 충남 · 세종, 충북, 광주 · 전남, 전북, 대구 · 경북, 부산 · 울산 · 경남, 강원, 제주)에 거주하는 주민이 주택을 마련하기 위하여 설립하는 조합이며, '직장주택조합'은 같은 직장의 근로자가 주택을 마련하기 위하여 설립한 조합이며, '리모델링주택조합'은 공동주택의 소유자가 그 주택을 리모델링하기 위하여 설립한 조합

제2장 주택조합 조합원의 자격 등

2-1. 조합원 자격

□ 지역주택조합

○ 조합설립인가 신청일(해당 주택건설대지가 법 제63조에 따른 투기과열지구 안에 있는 경우에는 조합설립인가 신청일 1년 전의 날을 말함)부터해당 조합주택의 입주 가능일까지 주택을 소유(「주택공급에 관한 규칙」 제2조제7호에 따른 당첨자 지위 및 이를 승계한 자도 포함. 이하 같음) 하지 아니한 세대의 세대주로서 다음의 어느 하나에 해당하는 사람으로서 조합설립인가 신청일 현재 법 제2조제11호가목[1]의 구분에 따른 지역에 6개월 이상 계속 거주하여 온 사람일 것

- 규칙 제8조에 따라 세대주를 포함한 세대원(세대주와 동일한 세대별 주민등록표에 등재되어 있지 아니한 세대주의 배우자 및 그 배우자와 동일한 세대를 이루고 있는 사람을 포함) 전원이 주택을 소유하고 있지 아니한 세대의세대주일 것
- 규칙 제8조에 따라 세대주를 포함한 세대원(세대주와 동일한 세대별 주민등록표에 등재되어 있지 아니한 세대주의 배우자 및 그 배우자와 동일한 세대를 이루고 있는 사람을 포함) 중 1명에 한정하여 주거전용면적 85제곱미터이하의 주택 1채를 소유한 세대의 세대주일 것

> ⇨ 지역주택조합의 조합원 자격을 조합설립인가 신청일을 기준으로 해당 지역에 개월 이상 계속 거주한 자로 제한하는 것은 주택조합에 대한 투기를 방지하고 실수요자 위주로 운영하기 위함.

1) 법 제2조제11호가목의 지역이란 "(1) 서울특별시 · 인천광역시 및 경기도 (2) 대전광역시 · 충청남도 및 세종특별자치시 (3) 충청북도 (4) 광주광역시 및 전라남도 (5) 전라북도(6) 대구광역시 및 경상북도 (7) 부산광역시 · 울산광역시 및 경상남도 (8) 강원도 (9) 제주특별자치도"를 말함.

Q. 조합원 자격요건 중 주택소유 요건 완화[주거전용면적 60㎡ 초과 85㎡ 이하 주택 1채 소유 세대주 진입 허용, 주택법 시행령 개정(대통령령 제25880호, '14.12.23 공포 · 시행)]와 관련하여 동 개정령 시행일 이전 주택조합설립인가를 신청한 조합 및 조합에 가입한 조합원들도 동 개정령 시행일 이후 개정내용을 적용받는지 여부?

☞ 동 자격요건 완화 규정은 같은 시행령 시행일 이전 설립인가를 신청한 조합 및 조합에 가입한 조합원들도 시행일 이후에는 개정내용이 적용됨.

Q. 주택조합설립인가신청일 이후 조합원의 거주지 변경에 대한 제한은?

☞ 설립인가신청일 이후에는 거주지역에 대한 별도의 제한이 없으므로 타 지역으로 이전하여도 조합원 자격에 영향이 없음.

Q. 오피스텔 소유 시 조합원 자격에 대한 영향은?

☞ 기숙사, 고시원, 오피스텔은 「주택법」상 주택에 해당되지 아니하므로, 소유하고 있는 수량에 관계없이 조합원 자격에는 영향을 미치지 아니함.

□ **직장주택조합**

○ 조합설립인가 신청일 현재 동일한 특별시 · 광역시 · 시 또는 군에 소재하는 동일한 국가기관 · 지자체 · 법인에 근무하는 무주택이거나 주거전용면적 85제곱미터 이하 1채(당첨자 지위 및 이를 승계한 자를 포함함)소유자인 세대주20인 이상으로서 주택건설예정세대수의 50퍼센트 이상의 조합원으로 구성

○ 다만, 직장주택조합으로서 조합주택의 건설을 시행하지 아니하고 국민주택을 공급받고자 하는 경우에는 무주택 세대주에 한함.

⇨ 직장의 본사와 지사가 동일 시 · 군이 아닌데 본사에서 직장조합을 추진하는 경우 본사 직원과 지사 직원은 함께 조합원이 될 수 없으며, 지사 직원의 주민등록이 본사의 시 · 군에 위치한다 해도 조합원이 될 수 없음.

※ 지역 · 직장조합의 구성원은 조합설립인가 신청일로 부터 해당 조합주택의 입주가능일까지 조합원 자격을 유지하여야 하며,

- 해당 주택건설대지가 투기과열지구 안에 있을 경우, 조합원의 자격기준 시점인 최초로 설립인가를 신청하는 주택조합부터 적용)을 적용함.

※ 주택소유 요건은 세대주를 포함한 세대원*(세대주와 동일한 세대별 주민등록표상에 등재되어 있지 아니한 세대주의 배우자 및 배우자와 동일한 세대를 이루고 있는 세대원을 포함)전원을 대상으로 충족하여야 함.

참고) 조합에 가입하려는 자의 주택소유 여부를 판단할 때 그의 직계존비속에 해당하지 않는 장인 · 장모(또는 시부모), 형제 · 자매가 소유한 주택은 포함되지 않음.

Q. 조합원의 장인 또는 사위가 주택을 소유할 경우 조합원 자격에 영향을 미치는지?

☞ 조합원의 직계존비속이 아닌 장인 또는 사위가 주택을 소유하는 경우 해당조합원의 자격에 영향을 미치지 아니함.

2-2. 조합원 자격 판정기준 〈근거: 영 제21조, 같은 법 시행규칙(이하 "규칙"이라 함) 제8조〉

□ 주택소유 여부에 대한 판정기준

○ 지역 · 직장주택조합의 조합원 자격인 주택소유 여부에 대하여는 시장 · 군수 · 구청장이 「주택공급에 관한 규칙」 제52조에 따른 국토교통부의 주택전산망 검색에 의하되, 구체적인 판정기준은 같은 규칙 제53조에 따르도록 하고 있음.

> 참고) 시장 · 군수 · 구청장은 조합설립인가 시, 사업계획승인 시, 사용검사 또는 임시사용승인 시 반드시 주택전산망 검색을 실시하여 조합원 자격을 확인하도록 하고 있음(규칙 제8조제3항)

○ 주택소유여부 판정 시, 조합설립인가 신청일(투기과열지구 내에서는 조합설립인가 신청일 1년 전의 날)부터 해당 주택의 입주 가능일까지 기간 중에 「주택공급에 관한 규칙」 제2조제7에 따른 당첨자(당첨자의 지위를 승계한 자 포함)의 지위를 갖고 있는 경우(양도한 경우도 포함) 주택을 소유한 것으로 산정(규칙 제8조제1항)

○ 다만, 상속 · 유증 또는 주택소유자와의 혼인으로 인하여 주택을 취득한때에는 사업주체로부터 「주택공급에 관한 규칙」 제52조제1항에 따라 주택전산망 검색 결과 부적격자로 통보받은 날부터 3개월 이내에 해당주택을 처분한 경우에는 주택을 소유하지 아니한 것으로 봄(규칙 제8조제2 항제1호).

○ 무주택자이거나 85제곱미터 이하의 1주택 소유자인 조건을 유지하여야하는 기간 중 이혼한 경우 이혼일 이후부터 전 배우자의 주택 소유 여부는 확인하지 않음.

□ 세대주 자격에 대한 판정기준

○ 세대주 자격은 주택조합설립인가 신청일부터 입주가능일까지 지속적으로 유지하여야 하는 자격요건임.

○ 다만, 조합원이 근무 · 질병치료 · 유학 · 결혼 등 부득이한 사유로 세대주자격을 일시적으로 상실한 경우에는 인가권자인 시장 · 군수 · 구청장이 그 부득이한 사유를

인정하는 경우에 한하여 조합원자격이 있는 것으로 봄(영제21조제2항).

참고) 외국인, 이민자, 외국시민권자 등은 「주민등록법」상 세대주자격을 갖출 수 없으므로 조합원이 될 수 없음.

※ 주택소유 여부에 대한 판정기준 (「주택공급에 관한 규칙」 제53조)

제53조(주택소유 여부 판정기준) 주택소유 여부를 판단할 때 분양권 등을 갖고 있거나 주택 또는 분양권등의 공유지분을 소유하고 있는 경우에는 주택을 소유하고 있는 것으로 보되, 다음 각 호의 어느 하나에 해당하는 경우에는 주택을 소유하지 아니한 것으로 본다. 다만, 공공임대주택의 공급, 제46조, 「공공주택 특별법 시행규칙」 별표 6 제2호라목에 따른 특별공급의 경우 무주택세대구성원에 해당하는지 여부를 판단할 때에는 제6호를 적용하지 아니한다.

1. 상속으로 주택의 공유지분을 취득한 사실이 판명되어 사업주체로부터 제52조제3항에 따라 부적격자로 통보받은 날부터 3개월 이내에 그 지분을 처분한 경우
2. 도시지역이 아닌 지역 또는 면의 행정구역(수도권은 제외한다)에 건축되어 있는 주택으로서 다음 각 목의 어느 하나에 해당하는 주택의 소유자가 해당 주택건설지역에 거주(상속으로 주택을 취득한 경우에는 피상속인이 거주한 것을 상속인이 거주한 것으로 본다)하다가 다른 주택건설지역으로 이주한 경우
   가. 사용승인 후 20년 이상 경과된 단독주택
   나. 85제곱미터 이하의 단독주택
   다. 소유자의 「가족관계의 등록 등에 관한 법률」에 따른 최초 등록기준지에 건축되어 있는 주택으로서 직계존속 또는 배우자로부터 상속 등에 의하여 이전받은 단독주택
3. 개인주택사업자가 분양을 목적으로 주택을 건설하여 이를 분양 완료하였거나 사업주체로부터 제52조제3항에 따른 부적격자로 통보받은 날부터 3개월 이내에 이를 처분한 경우
4. 세무서에 사업자로 등록한 개인사업자가 그 소속 근로자의 숙소로 사용하기 위하여 법 제5조제3항에 따라 주택을 건설하여 소유하고 있거나 사업주체가 정부시책의 일환으로 근로자에게 공급할 목적으로 사업계획 승인을 받아 건설한 주택을 공급받아 소유하고 있는 경우
5. 20제곱미터 이하의 주택을 소유하고 있는 경우. 다만, 2호 또는 2세대 이상의 주택을 소유한 자는 제외한다.
6. 60세 이상의 직계존속(배우자의 직계존속을 포함한다)이 주택을 소유하고 있는 경우
7. 건물등기부 또는 건축물대장등의 공부상 주택으로 등재되어 있으나 주택이 낡아 사람이 살지 아니하는 폐가이거나 주택이 멸실되었거나 주택이 아닌 다른 용도로 사용되고 있는 경우로서 사업주체로부터 제52조제3항에 따른 부적격자로 통보받은 날부터 3개월 이내에 이를 멸실시키거나 실제 사용하고 있는 용도로 공부를 정리한 경우

8. 무허가건물[종전의 「건축법」(법률 제7696호 건축법 일부 개정 법률로 개정되기 전의 것을 말한다) 제8조 및 제9조에 따라 건축허가 또는 건축신고 없이 건축한 건물을 말한다]을 소유하고 있는 경우. 이 경우 소유자는 해당 건물이 건축 당시의 법령에 따른 적법한 건물임을 증명하여야 한다.
9. 소형 · 저가주택 등을 1호 또는 1세대만을 소유한 세대에 속한 사람으로서 제28조에 따라 주택의 공급을 신청하는 경우
10. 제27조제5항 및 제28조제10항 제1호에 따라 입주자를 선정하고 남은 주택을 선착순의 방법으로 공급받아 분양권 등을 소유하고 있는 경우(해당 분양권 등을 매수한 사람은 제외한다)

※ 당첨자 지위의 범위 (「주택공급에 관한 규칙」 제2조제7호)

제2조(정의) 이 규칙에서 사용하는 용어의 뜻은 다음과 같다.

7. “당첨자”란 다음 각 목의 어느 하나에 해당하는 사람을 말한다. 다만, 분양전환되지 아니하는 공공임대주택(「공공주택 특별법」 제2조제1호가목에 따른 공공임대주택을 말한다. 이하 같다)의 입주자로 선정된 자는 제외하며, 법 제65조제2항에 따라 당첨 또는 공급계약이 취소되거나 그 공급신청이 무효로 된 자는 당첨자로 본다.
    가. 제3조 제2항 제1호 및 제5호에 따른 주택에 대하여 해당 사업계획승인일 당시 입주대상자로 확정된 자
    나. 제3조제2항제7호가목에 따른 주택에 대하여 해당 관리처분계획인가일 당시 입주대상자로 확정된 자
    다. 제3조제2항제7호나목 및 제8호에 따른 주택을 공급받은 자
    라. 다음의 지역에서 제19조제5항에 따라 입주자로 선정된 사람 1) 법 제63조제1항에 따른 투기과열지구(이하 “투기과열지구”라 한다) 2) 법 제63조의2제1항 제1호에 따라 지정되는 조정대상지역(이하 “청약과열지역”이라 한다)
    마. 제27조부터 제32조까지, 제35조에서 제49조까지, 「공공주택 특별법 시행규칙」 제19조에 따라 입주자로 선정된 자(제27조제5항 및 제28조제10항 제1호에 따라 선착순의 방법으로 주택을 공급받는 자는 제외한다)
    바. 제26조 또는 제26조의2에 따라 예비입주자로 선정된 자로서 사업주체와 공급계약을 체결한 자(제26조제5항 본문 또는 제26조의2제4항에 따라 최초로 예비입주자를 입주자로 선정하는 경우로서 동 · 호수 배정의 추첨에 참가하여 동 · 호수를 배정받고 공급계약을 체결하지 않은 자를 포함한다)

> 사. 제47조의3에 따라 입주자로 선정된 사람
> 아. 법 제80조에 따라 주택상환사채를 매입한 자(상환 전에 중도 해약하거나 주택분양 전에 현금으로 상환 받은 자는 제외한다)
> 자. 법 제64조제2항 단서 및 제3항에 따라 한국토지주택공사(「한국토지주택공사법」에 따른 한국토지주택공사를 말한다. 이하 같다) 또는 사업주체가 취득한 지위를 양도받은 자
> 차. 「공공주택 특별법 시행령」 제2조제1항제5호에 따른 분양전환공공임대주택(이하 "분양전환공공임대주택"이라 한다)을 공급받은 자
> 카. 분양전환공공임대주택의 입주자가 퇴거하여 사업주체에게 명도된 주택을 공급받은 자
>
> 7의2. "분양권 등"이란 「부동산 거래신고 등에 관한 법률」 제3조제1항 제2호 및 제3호에 해당하는 주택에 관한 다음 각 목의 어느 하나에 해당하는 지위를 말한다.
> 가. 주택을 공급받는 사람으로 선정된 지위
> 나. 주택의 입주자로 선정된 지위
> 다. 매매를 통해 취득하고 있는 가목 또는 나목의 지위

2-3. 조합가입 및 권리와 의무

□ 조합 가입(표준 규약 제9조)

○ 조합원 자격에 해당하는 자로서 조합에 가입하고자 하는 자는 가입신청서 및 사업시행에 필요한 서류를 제출하여야 함.

○ 조합원은 조합이 사업시행에 필요한 서류를 요구할 경우 이를 제출할 의무가 있으며, 조합은 요구서류에 대한 용도와 수량을 명확히 해야 함.

○ 조합원의 자격이나 권한, 입주자로 선정된 지위 등을 양도 · 상속 · 증여 및 판결 등으로 이전받은 자는 조합원의 권리와 의무 및 종전의 조합원이 행하였거나 조합이 종전의 조합원에게 행한 처분, 청산 시 권리 · 의무에 관한 범위 등을 포괄 승계함.

※ 조합원 가입 계약서에 포함되어야 하는 사항 (법 제11조의3제8항)

1. 주택조합의 사업개요
2. 조합원의 자격기준
3. 분담금 등 각종 비용의 납부예정금액, 납부시기 및 납부방법
4. 주택건설대지의 사용권원 및 소유권을 확보한 면적 및 비율
5. 조합원 탈퇴 및 환급의 방법, 시기 및 절차
6. 그 밖에 주택조합의 설립 및 운영에 관한 중요 사항으로서 대통령령으로 정한 다음 사항
   가. 주택조합 발기인과 임원의 성명, 주소, 연락처 및 보수에 관한 사항
   나. 법 제11조의2제1항에 따라 업무대행자가 선정된 경우 업무대행자의 성명, 주소, 연락처(법인의 경우에는 법인명, 대표자의 성명, 법인의 주소 및 법인 등록번호를 말한다) 및 대행 수수료에 관한 사항
   다. 사업비 명세 및 자금조달계획에 관한 사항
   라. 사업비가 증액될 경우 조합원이 추가 분담금을 납부할 수 있다는 사항
   마. 법 제11조의6에 따른 청약 철회 및 가입비등의 예치 · 반환 등에 관한 사항

⇨ 조합원 지위 이전 시 권리관계를 명확히 함으로써 업무의 혼란을 줄이기 위함.

ㅁ 조합원의 권리와 의무(표준 규약 제10조)

○ 조합원은 주택조합이 임의 단체의 성격을 가지고 있는 구성원으로 권리와 의무를 가지고 있음.

○ (조합원의 권리) 조합원에게 (1) 사업계획으로 정한 조합주택의 공급청구권, (2) 총회의 출석권 · 발언권 및 의결권, (3) 임원과 대의원의 선출권 및 피선출권이 있음.

- 피선출권은 조합원에 한하며, 조합원 이외의 자(조합원의 세대원 포함, 권한위임 불가)는 임원 및 대의원으로 선출될 수 없음.

> ⇨ 임원과 대의원의 피선출권을 조합원에게 한하도록 하여, 조합원의 자격시비를 방지하고자 하는 것이며, 조합원 이외의 제3자가 개입하여 사업에 관여하지 못하게 하여 조합의 원활한 사업 추진을 도모하기 위함.

○ (조합원의 의무) 조합원에게 (1) 조합원 부담금(조합운영비, 토지매입비, 건축비 등) 등의 납부 의무, (2) 주택조합에 대한 관계 법령 및 규약, 조합 총회 등의 의결사항에 대한 준수 의무가 있음.

> ⇨ 조합원에게 금전적 부담이 되는 사항을 보다 명확히 규정하기 위한 것으로 주택조합별로 더 구체적으로 명시할 수 있음.

○ 조합원의 의결권은 평등하며, 조합원 권한의 대리행사는 원칙적으로 인정하지 않고 있는데, 다만 조합원이 유고로 권한을 행사할 수 없는 경우 예외

- 성년자를 대리인으로 정하여 위임장을 제출하고 그 권한을 대리로 행사

> ⇨ 재건축 · 재개발 조합과 마찬가지로 조합원의 부재, 유고 등으로 조합원의 권한을 대리로 행사하는 경우에 자격 등에 관한 분쟁이 많은 점을 감안

2-4. 조합원 지위의 양도 · 탈퇴 · 자격상실 · 제명

□ 조합원 지위의 양도(표준 규약 제11조)

○ 조합원이 권리를 양도할 때에는 관계법령에 적합하여야 하며, 관할 시 · 군 · 구청에서 양도계약서에 검인을 받아 조합에서 권리의무승계계약서를 작성

양도 즉시 검인 및 권리의무승계계약서를 작성하지 않아서 발생한 불이익에 대하여 해당 조합원은 조합에 이의를 제기할 수 없음.

○ 조합은 검인받은 양도계약서 사본을 제출받아 권리의무승계계약서에 첨부하여 보관하고 조속히 조합설립인가권자에게 조합원변경인가를 신청

양도자는 변경인가를 받을 때까지 조합원 자격을 유지하여야 하며, 양수자는 변경

인가를 받아야 조합원이 될 수 있음.

○ 양도계약서 및 권리의무승계계약서에는 인감도장으로 날인하여야 하고, 인감증명서를 첨부

- 인감도장 및 인감증명서를 갈음하여 계약서에 서명하고 본인서명사실확인서를 첨부하는 것으로 대체할 수 있음(본인서명사실 확인 등에 관한 법률)

□ 조합원 탈퇴 · 자격상실 · 제명(표준 규약 제12조)

○ 조합원의 개인적 사정에 따라 빈번하게 탈퇴가 이루어진다면 사업추진에지장이 많으므로 원칙적으로 임의탈퇴는 불허

- 다만, 부득이한 사유가 발생하여 조합원이 조합을 탈퇴하고자 할 때에는15 일 이전에 그 뜻을 조합장에게 서면으로 통고하여야 하며, 조합장은 총회 또는 대의원회의 의결로써 탈퇴 여부를 결정해야 함.

○ 관계법령 및 이 규약에서 정하는 조합원 자격에 해당하지 않게 된 자의조합원 자격은 자동 상실

○ 조합원이 (1) 부담금 등을 지정일까지 2회 이상 계속 납부하지 않을 경우, (2) 조합의 목적에 위배되는 행위를 하여 사업추진에 막대한 피해를 초래한 경우 등 조합원으로서의 의무를 이행하지 않아서 조합에 손해를 입힌 경우에는 대의원회 또는 총회의 의결에 따라 조합원을 제명할 수 있음.

- 제명 전에 해당조합원에 대해 소명기회를 부여하되, 소명기회를 부여하였음에도 이에 응하지 아니한 경우에는 소명기회를 부여한 것으로 간주함.

○ 탈퇴, 제명, 조합원자격의 상실 등으로 조합원의 지위를 상실한 자에 대하여는 자격정리에 대한 해당 절차 완료 후 조합원이 납입한 제 납입금에서 소정의 공동부담금을 공제한 잔액을 환급청구일(해당 절차 완료이전 청구한 경우 절차 완료일을 말함)로부터 30일 이내에 지급하되,

- 주택조합 가입에 관한 계약서에 명시된 조합원 탈퇴 및 환급의 방법, 시기 및 절차 등에 따름(법 제11조의3제8항)

2-5. 조합원 모집 · 추가모집 · 교체

□ 조합원 모집

○ 조합원 모집주체는 관할 시장 · 군수 · 구청장에게 신고하고, 공개모집의 방법으로 조합원을 모집하여야 함(법 제11조의3제1항)

○ 공개모집 이후 조합원의 사망 · 자격상실 · 탈퇴 등으로 인한 결원을 충원하거나 미달된 조합원을 재모집하는 경우에는 신고하지 아니하고 선착순의 방법으로 조합원을 모집할 수 있음(법 제11조의3제2항)

□ 조합원 추가모집 · 교체 · 충원

○ 조합은 설립인가를 받은 후에는 해당 조합원을 교체하거나 신규로 가입하게 할 수 없음(영 제22조제1항)

- 다만, 조합원 수가 주택건설예정세대수를 초과하지 아니하는 범위에서 시장 · 군수 · 구청장에게 추가모집안[2]을 제출하여 승인 받은 경우 추가모집 가능(영제22조 제1항 제1호)
- 또한, 다음 중 어느 하나에 해당하는 사유로 결원이 발생한 범위에서 충원가능(영 제22조 제1항 제2호)

2) 조합주택건설 예정세대수 및 건설 예정기간, 추가모집 세대수 및 모집기간, 사업계획승인신청예정일 · 착공예정일 · 입주예정일, 가입신청자격 · 구비서류 · 신청일시 · 장소, 조합원분담금의 납부시기 등

※ 조합원 충원이 가능한 경우 (영 제22조 제1항 제2호)

가. 조합원의 사망
나. 법 제15조에 따른 사업계획승인 이후[지역주택조합 또는 직장주택조합이 해당 주택건설대지 전부의 소유권을 확보하지 아니하고 사업계획승인을 받은 경우에는 해당 주택건설대지 전부의 소유권(저당권 등의 말소 포함)을 확보한 이후를 말함]에 입주자로 선정된 지위(해당 주택에 입주할 수 있는 권리 · 자격 또는 지위 등을 말함)가 양도 · 증여 또는 판결 등으로 변경된 경우. 다만, 법 제64조에 따라 전매가 금지되는 경우는 제외
다. 조합원의 탈퇴 등으로 조합원 수가 주택건설 예정 세대수의 50퍼센트 미만이 되는 경우
라. 조합원이 무자격자로 판명되어 자격을 상실하는 경우
마. 사업계획승인 등의 과정에서 주택건설 예정 세대수가 변경되어 조합원 수가 변경된 세대수의 50퍼센트 미만이 되는 경우

○ 충원 또는 교체되는 조합원의 자격요건 충족여부의 판단은 조합설립인가 신청일을 기준으로 함(영 제22조제2항). 다만, 상속의 경우에는 조합원자격요건을 필요로 하지 아니함(영 제22조제1항단서)

⇨ 충원 또는 교체되는 조합원의 자격기준 시점을 '조합설립인가 신청일'을 기준으로 하는 것은 편법적인 전매행위 등을 방지하여 주택가격 안정 및 실수요자의 내집마련 기회를 확대하고자 하는 것임.

○ 조합원 추가모집에 따른 주택조합의 변경인가 신청은 주택건설사업계획승인 신청일까지 완료하여야 함(영 제22조제3항)

* 주택건설사업계획 승인 이후 조합원 지위 양도 · 양수 발생시 관할 시 · 군 · 구청에서 양도계약서에 검인을 받는 등 관계법령에 따라 조치하여야 함

※ 조합원 추가모집공고 내용(규칙 제9조)

1. 주택조합의 명칭 · 소재지 및 대표자의 성명
2. 설립인가번호 · 인가일자 및 조합원수
3. 법 제5조제2항에 따라 등록사업자와 공동으로 사업을 시행하는 경우에는 그 등록사업자의 명칭 · 소재지 및 대표자의 성명
4. 조합주택건설 대지의 위치 및 대지면적
5. 조합주택건설 예정세대수 및 건설 예정기간
6. 추가모집 세대수 및 모집기간
7. 호당 또는 세대당 주택공급면적
8. 부대시설 · 복리시설 등을 포함한 사업개요
9. 사업계획승인신청예정일, 착공예정일 및 입주예정일
10. 가입신청자격, 신청시의 구비서류, 신청일시 및 장소
11. 조합원 분담금의 납부시기 및 납부방법 등 조합원의 비용부담에 관한 사항
12. 당첨자의 발표일시 · 장소 및 방법
13. 이중당첨자 또는 부적격당첨자의 처리 및 계약취소에 관한 사항
14. 그 밖에 시장 · 군수 · 구청장이 필요하다고 인정하여 요구하는 사항

Q. 조합원 탈퇴 등으로 인하여 조합설립 변경 인가 신청을 하고자 할 경우 주택건설 예정세대수의 50퍼센트 미만으로 조합설립 변경인가가 가능한지?

☞ 주택조합은 주택건설예정세대수의 50퍼센트 이상의 조합원으로 구성하여야하며, 이는 조합설립인가 신청 시부터 사용검사일까지 계속해서 유지되어야하는 것이므로 건설예정세대수의 50퍼센트 미만으로 조합설립 변경인가는 불가함.

제3장 주택조합사업의 시행절차 및 정보공개 및 회계감사

3-1. 주택조합사업의 시행절차 개요

○ 주택조합사업의 시행절차는 최초 무주택자 또는 전용면적 85㎡이하 1주택 이하 소유자 등(발기인)이 지역주택조합사업을 통한 주택 마련을 목적으로 조합설립인가 이전 임의단체인 가칭 주택조합추진위원회부터 구성하여 시작하고 공동주택을 건설하여 준공 후 조합원들의 조합해산을 끝으로 사업을 마무리

주택조합추진위원회(가칭) → 조합규약 작성 → 토지 사용권원 확보 → 조합원 모집 신고 및 공고 → 조합원 모집 → 지구단위계획 수립 → 조합창립총회 → 조합설립인가 → 추가조합원 모집 → 등록사업자와 협약체결 → 사업계획승인 → 조합원 동 · 호 배정 → 등록사업자와 공사계약 → 착공신고 → 일반분양 → 사용검사 및 입주 → 청산 및 조합 해산

3-2. 주택조합사업의 시행방법

○ 주택조합은 많은 수의 구성원이 제15조에 따른 사업계획의 승인을 받아 주택을 마련하기 위하여 결성하는 조합이며

- 이에 따라, 주택조합은 등록사업자(영 제17조제1항에 따른 요건을 충족한 자에 한함), 지방자치단체, 한국토지공사 또는 지방공사와 공동사업주체가 되어 주택건설사업을 시행할 수 있음(법 제5조, 영 제16조제2항)

* 주택법에 따른 주택조합은 직접 등록사업자가 되어 주택건설사업을 시행할 수 없음

참고) 등록사업자는 주택조합과 공동사업주체로서 동반자이며, 주택조합의 업무를 대행할 수 있음.

– 등록사업자 선정은 사업의 안정적 진행조합설립 인가 후 또는 조합창립총회에서 시공사 선정에 대한 총회결의로 정할 수 있음.

참고) 지역 · 직장주택조합사업은 당해 사업을 추진하는 시행의 역할은 해당 조합에서 담당하며, 주택건설에 대한 시공은 공동사업주체로서 참여하는 등록사업자가 그 역할을 담당함. 따라서, 영 제17조에 따른 주택건설공사를 시공할 수 없는 등록사업자는 지역 · 직장주택조합사업을 시행할 수 없음.

○ 주택조합의 공동주택에 대한 인 · 허가 등 각종 행정절차 및 설계 · 시공업체의 선정관리, 주택건설 및 공급 등의 계획수립 등 전문지식이 요구되는 다음의 업무에 대해서는 대행자에게 대행시킬 수 있음(법 제11조의2제2항).

※ 주택조합업무의 대행 업무범위 (법 제11조의2제2항)

1. 조합원 모집, 토지 확보, 조합설립인가 신청 등 조합설립을 위한 업무의 대행
2. 사업성 검토 및 사업계획서 작성업무의 대행
3. 설계자 및 시공자 선정에 관한 업무의 지원
4. 제15조에 따른 사업계획승인 신청 등 사업계획승인을 위한 업무의 대행
5. 계약금 등 자금의 보관 및 그와 관련된 업무의 대행
6. 그 밖에 총회의 운영업무 지원 등 국토교통부령으로 정하는 사항
   가. 총회 일시 · 장소 및 안건의 통지 등 총회 운영업무 지원
   나. 조합 임원 선거 관리업무 지원

○ 다만, 주택조합의 무분별한 자금 운용을 방지하기 위해 계약금 등 자금의 보관 업무는 「자본시장법」에 따른 신탁업자가 대행하여야 함(법 제11조의2제3항).

○ 책임이 없는 무자격 대행업체의 난립으로 사업의 지연 또는 실패로 인한 피해가 발생하는 것을 방지하기 위하여 다음 어느 하나에 해당하는 자로서 5억원 이상의 자본금을 보유한 법인 또는 10억원 이상의 자산평가액을 보유한 개인으로 주택조합업

무의 대행자의 자격을 제한하고 있음(법제11조의2제1항).

- 업무대행자는 신의에 따라 성실하게 업무를 수행하여야 하고, 자신의 귀책사유로 주택조합(발기인을 포함한다) 또는 조합원(주택조합 가입 신청자를 포함한다)에게 손해를 입힌 경우에는 그 손해를 배상할 책임이 있음(법제11조의2 제5항).

※ 주택조합업무 대행 가능한 자 (법 제11조의2제1항)

1. 「주택법」 제4조에 따른 등록사업자
2. 「공인중개사법」 제9조에 따른 중개업자
3. 「도시 및 주거환경정비법」 제102조에 따른 정비사업전문관리업자
4. 「부동산개발업의 관리 및 육성에 관한 법률」 제4조에 따른 등록사업자
5. 「자본시장과 금융투자업에 관한 법률」에 따른 신탁업자

○ 국토교통부장관은 주택조합의 원활한 사업추진 및 조합원의 권리 보호를 위하여 '표준업무대행계약서'를 작성 · 보급할 수 있음.

3-3. 사업 추진에 대한 보고 및 정보 공개

○ 주택조합의 발기인, 조합의 임원이나 공동사업주체인 등록사업자 등에 의해 사업이 주도되어 조합원들은 사업추진에 관한 정확한 정보 확보가 어렵고, 문제가 발생된 이후에나 조합비리 등을 알게 되는 실정이어서, 주택조합사업 추진의 투명성 확보 및 조합원들의 알권리 확대를 위해사업추진 관련 자료를 작성 후 제출 및 공개하도록 의무화함.

○ 업무대행자는 업무 실적보고서를 매 분기의 말일부터 20일 이내에 작성하여 주택조합 또는 주택조합의 발기인에게 제출해야 함(법 제11조의2제4항 및 규칙 제7조의2제2항).

※ 실적보고서를 작성하지 않으면 1년 이하 징역 또는 1천만원 이하 벌금

○ 주택조합의 발기인 또는 임원은 다음 내용이 포함된 실적보고서를 매분기의 말일부터 30일 이내에 작성해야 함(법 제12조제1항 및 규칙 제11 조 제2항).

※ 실적보고서를 작성하지 않거나, 법에서 규정한 내용을 포함하지 않고 작성할 경우 1년 이하 징역 또는 1천만원 이하 벌금

※ 실적보고서 내용 (법 제12조제1항 및 규칙 제11조제1항)

1. 조합원(주택조합 가입 신청자를 포함) 모집 현황
2. 해당 주택건설대지의 사용권원 및 소유권 확보 현황
3. 그 밖에 조합원이 주택조합의 사업 추진현황을 파악하기 위하여 필요한 사항으로서 국토교통부령으로 정하는 사항
   가. 주택조합사업에 필요한 관련 법령에 따른 신고, 승인 및 인·허가 등의 추진 현황
   나. 설계자, 시공자 및 업무대행자 등과의 계약체결 현황
   다. 수익 및 비용에 관한 사항
   라. 주택건설공사의 진행 현황
   마. 자금의 차입에 관한 사항

○ 주택조합의 발기인 또는 임원은 다음의 서류 및 자료를 매년 2월말까지 시장·군수·구청장에게 제출해야 함(법 제12조제4항 및 규칙 제11조제6항).

※ 서류 및 자료를 제출하지 않는 경우, 500만원 이하의 과태료 부과

※ 제출 서류 (법 제12조제4항 및 규칙 제11조제5항)

1. 직전 연도의 자금운용 계획 및 자금 집행 실적에 관한 자료
2. 직전 연도의 등록사업자의 선정 및 변경에 관한 서류
3. 직전 연도의 업무대행자의 선정 및 변경에 관한 서류
4. 직전 연도의 조합임원의 선임 및 해임에 관한 서류
5. 직전 연도 12월 31일을 기준으로 토지의 사용권원 및 소유권의 확보 현황에 관한 자료

○ 조합규약, 각종 협약서 및 계약서, 의사록, 사업시행계획서, 회계감사보고서, 분기

별 사업실적보고서 관련 자료 등이 작성 또는 변경된 후 15일 이내에 조합원이 알 수 있도록 인터넷과 다른 방법을 병행하여 공개하여야 함(법 제12조제2항).

- 공개대상자료는 전부 공개를 원칙으로 하고, 사업시행계획을 인터넷에 공개하는 경우 조합원 50퍼센트 이상 동의로 개략적인 내용만 공개할 수 있음

※ 공개대상 자료 (법 제12조 및 영 제25조)

1. 조합규약
2. 공동사업주체의 선정 및 주택조합이 공동사업주체인 등록사업자와 체결한 협약서
3. 설계자 등 용역업체 선정 계약서
4. 조합총회 및 이사회, 대의원회 등의 의사록
5. 사업시행계획서
6. 해당 주택조합사업의 시행에 관한 공문서
7. 회계감사보고서
8. 분기별 사업실적보고서
9. 제11조의2제4항에 따라 업무대행자가 제출한 실적보고서
10. 그 밖에 주택조합사업 시행에 관하여 대통령령으로 정하는 서류 및 관련 자료
    가. 연간 자금운용 계획서
    나. 월별 자금 입출금 명세서
    다. 월별 공사진행 상황에 관한 서류
    라. 주택조합이 사업주체가 되어 법 제54조제1항에 따라 공급하는 주택의 분양신청에 관한 서류 및 관련 자료
    마. 전체 조합원별 분담금 납부내역
    바. 조합원별 추가 분담금 산출내역

○ 조합원이 조합원 명부(성명, 생년월일, 전화번호, 주소 포함), 주택건설대지의 사용권원 및 소유권 확보, 각종 협약서 및 계약서, 의사록, 사업시행계획서 등에 대해 열람 · 복사 요청하는 경우 발기인 · 조합임원은 15일내 응해야 함(법 제12조제3항).

- 다만, 공개 및 열람 · 복사 등을 하는 경우 「개인정보 보호법」에 의하여야하며, 주민등록번호 등은 공개하지 않도록 함(법 제12조제5항).
- 조합 구성원의 정보공개청구(열람 · 복사) 요청은 사용목적 등을 기재한 서면 또는 전자문서로 하여야 함.

3-4. 주택조합 회계감사

○ 주택조합은 회계감사를 받아야 하고, 그 감사결과를 관할 시장 · 군수 · 구청장에게 보고하며, 이를 인터넷에 게재하는 등 해당 조합원이 열람할 수 있도록 하여야 함(법 제14조의3).

- 주택조합의 회계감사에 대하여는 「주식회사의 외부감사에 관한 법률」 제5조에 따른 감사기준을 적용함.

※ 회계감사를 받지 않는 경우 1년 이하 징역 또는 1천만원 이하 벌금(법 제104조제4호의4)

- 주택조합의 임원 또는 발기인은 계약금 등 해당 주택조합에 관한 모든 수입에 따른 금전의 징수 · 보관 · 예치 · 집행 등 모든 거래 행위에 관하여 장부를 월별로 작성하여 그 증빙서류와 함께 조합의 해산인가를 받는 날까지 보관하여야 함(법 제14조의3제2항).

- 회계장부와 증빙서류는 「전자문서 및 전자거래 기본법」 제2조제2호에 따른 정보처리시스템을 통하여 작성하거나 보관할 수 있음.

※ 장부 및 증빙서류를 작성 또는 보관하지 아니하거나 거짓으로 작성한자는 1년 이하의 징역 또는 1천만원 이하의 벌금에 처함(법 제104조제4호의5)

○ 주택조합은 다음에 해당하는 날부터 30일 이내에 회계감사를 받아야하며, 회계감사를 한 공인회계사는 감사종료일 후 15일 이내에 감사결과를 해당 시장 · 군수 · 구청장과 주택조합에 통보하여야 함(영 제26조).

- 법 제11조에 따른 주택조합 설립인가를 받은 날부터 3개월이 지난 날 법 제15조에 따른 사업계획승인을 받은 날부터 3개월이 지난 날

- 법 제49조에 따른 사용검사 또는 임시사용승인을 신청한 날

○ 회계감사 결과를 통보 받은 시장 · 군수 · 구청장은 감사 내용을 검토하고, 위법 또는 부당한 사항이 있다고 인정할 때에는 그 내용을 해당 조합에 통보하고 시정을 요구할 수 있음(영 제26조제4항)

제4장 주택조합사업 단계별 추진 방법

4-1. 조합의 발기인 구성 및 사업지 선정

○ 조합의 발기인은 다음과 같은 자격기준 등에 적합(영 제24조의3)하여야하고, 결격 사유(법 제13조제1항)가 없어야 하며, 해당 기준을 갖추지 아니하게 되는 경우 당연 퇴직함(법 제13조제2항)

- 지역주택조합 발기인의 경우
  가. 조합원 모집 신고하는 날부터 해당 조합설립인가일까지 다음 어느 하나에 해당할 것(영 제24조의3 제1항 제1호)
    1) 세대주를 포함한 세대원[세대주와 동일한 세대별 주민등록표에 등재되어 있지 아니한 세대주의 배우자 및 그 배우자와 동일한 세대를 이루고 있는 사람을 포함] 전원이 주택을 소유하고 있지 아니한 세대의 세대주일 것
    2) 세대주를 포함한 세대원 중 1명에 한정하여 주거전용면적 85제곱미터 이하의 주택 1채를 소유한 세대의 세대주일 것
  나. 조합원 모집 신고를 하는 날의 1년 전부터 해당 조합설립인가일까지 계속하여 해당 지역에 거주할 것

- 직장주택조합 발기인의 경우
  가. 조합원 모집 신고하는 날부터 해당 조합설립인가일까지 다음 어느 하나에 해당할 것(영 제24조의3제1항제1호)
    1) 세대주를 포함한 세대원[세대주와 동일한 세대별 주민등록표에 등재되어 있지 아니한 세대주의 배우자 및 그 배우자와 동일한 세대를 이루고 있는 사람을 포함] 전원이 주택을 소유하고 있지 아니한 세대의 세대주일 것
    2) 세대주를 포함한 세대원 중 1명에 한정하여 주거전용면적 85제곱미터 이하의 주택 1채를 소유한 세대의 세대주일 것

나. 조합원 모집 신고를 하는 날 현재 동일한 특별시 · 광역시 · 특별자치시 · 특별자치도 · 시 또는 군(광역시의 관할구역에 있는 군은 제외한다) 안에 소재하는 동일한 국가기관 · 지방자치단체 · 법인에 근무하는 사람일 것

※ 발기인(조합임원)의 결격사유 (법 제13조)

1. 미성년자 · 피성년후견인 또는 피한정후견인
2. 파산선고를 받은 사람으로서 복권되지 아니한 사람
3. 금고 이상의 실형을 선고받고 그 집행이 종료(종료된 것으로 보는 경우를 포함한다)되거나 집행이 면제된 날부터 2년이 지나지 아니한 사람
4. 금고 이상의 형의 집행유예를 선고받고 그 유예기간 중에 있는 사람
5. 금고 이상의 형의 선고유예를 받고 그 선고유예기간 중에 있는 사람
6. 법원의 판결 또는 다른 법률에 따라 자격이 상실 또는 정지된 사람
7. 해당 주택조합의 공동사업주체인 등록사업자 또는 업무대행사의 임직원

※ 지위가 상실된 발기인 또는 퇴직된 임원이 지위 상실이나 퇴직 전에 관여한 행위는 그 효력을 상실하지 아니하며, 주택조합의 임원은 다른 주택조합의 임원, 직원 또는 발기인을 겸할 수 없음

○ 조합의 발기인은 주택을 건설하고자 하는 사업지를 확정하고 주택조합사업 개요, 조합규약 등을 작성하고 사업에 착수할 수 있음

- 발기인(조합)은 등록사업자가 소유하는 공공택지를 주택건설대지로 사용해서는 아니 됨. 다만, 경매 또는 공매를 통하여 취득한 공공택지는 예외로 함(영 제23조)

○ 조합의 발기인은 업무대행자 선정 및 계약을 통해 사업계획 및 조합규약 등을 작성하는데 활용할 수 있음(법 제11조의2)

⇨ 조합의 발기인을 구성하는 인원에 대해 따로 규정하고 있지 않으며 원활한 조합설립업무를 추진하기 위한 역할 분담 등을 고려하여 해당 조합에 적절한 인원으로 구성할 수 있음

○ 조합의 발기인은 자금 관리의 안전성, 투명성 등을 확보하기 위해 조합규약에 명시되는 "○○지역(직장)주택조합"을 명의로 사업자등록번호(부가가치세법 제8조), 등

록번호(부동산등기법 제49조)를 부여받음

> Q. 설립인가 된 지역주택조합이 해당 주택건설사업대지를 부동산신탁회사에 담보신탁한 후에 사업계획승인을 신청하는 경우, 위탁자인 해당 지역주택조합이 주택건설사업대지의 소유권을 확보한 것으로 볼 수 있는지?
>
> ☞ 이 경우 위탁자인 지역주택조합은 「주택법」 제16조제4항에 따른 주택건설사업계획의 승인 요건으로서 해당 주택건설대지의 소유권을 확보한 것으로 볼 수 없음.
> (법제처 법령해석, 안건번호 13-0284, '13.8.21.)

4-2. 조합규약 및 주택조합사업 개요의 작성

□ 조합규약의 의의[3)]

○ 조합규약은 조합에 의한 주택사업을 추진하기 위해 조합의 운영, 결의방법, 조합원의 권리 · 의무 등의 근본 원칙을 규정하거나 또는 그것을 기재한 서면을 말하는 것으로 조합 총회의 결의에 따라 정해야 하고, 조합설립인가를 받기 위해서는 반드시 작성하여 시장 · 군수 등에게 제출하여야 함.

○ 조합규약은 조합내부의 근본규범으로 구체적인 조항이 법령의 강행규정에 위배되거나 선량한 풍속 기타 사회질서에 위반되지 않게 유효하여 조합원을 구속하고 조합원들 사이의 계약이 아닌 자치법규라는 법적 성질을 지님.

○ 설립인가를 신청한 주택조합의 조합규약이 법령의 규정에 위배되거나 사회질서를 해할 우려가 있음이 명백한 경우, 조합원들을 구속할 수 없을 뿐만 아니라 시장 · 군수 등은 거부 처분을 할 수 있음.

□ 표준규약을 활용한 조합규약 작성

○ 국토교통부는 주택건설사업에 경험이 없는 지역 · 직장주택조합 및 조합원이 조합

3) 송석주 외, 2015, 지역주택조합 이론과 실제

규약을 작성할 때 참고자료가 될 수 있는 표준규약을 작성하여 배포하고 있음.

- 표준규약은 사업별 구체적인 추진절차와 조합원의 권리 · 의무관계, 주택조합운영방법, 사업시행방법, 분쟁해결방법 등 주택조합규약에 반영해야 하는내용을 정리한 예시로 법적 구속력은 없음.

○ 조합은 표준규약을 활용하여 조합 특성을 감안한 조합규약을 치밀한 검토와 전체적인 합의절차를 거쳐 관계 법령에 위배되지 않게 신중하게 작성

※ 조합규약에 포함되어야 하는 사항 (영 제20조제2항)

1. 조합의 명칭 및 소재지
2. 조합원의 자격에 관한 사항
3. 주택건설대지의 위치 및 면적
4. 조합원의 제명 · 탈퇴 및 교체에 관한 사항
5. 조합임원의 수, 업무범위(권리 · 의무를 포함한다), 보수, 선임방법, 변경 및 해임에 관한 사항
6. 조합원의 비용부담 시기 · 절차 및 조합의 회계

6의2. 조합원의 제명 · 탈퇴에 따른 환급금의 산정방식, 지급시기 및 절차에 관한 사항

7. 사업의 시행시기 및 시행방법
8. 총회의 소집절차 · 소집시기 및 조합원의 총회소집요구에 관한 사항
9. 총회의 의결을 필요로 하는 사항과 그 의결정족수 및 의결절차
10. 사업이 종결되었을 때의 청산절차, 청산금의 징수 · 지급방법 및 지급절차
11. 조합비의 사용 명세와 총회 의결사항의 공개 및 조합원에 대한 통지방법
12. 조합규약의 변경 절차
13. 그 밖에 조합의 사업추진 및 조합 운영을 위하여 필요한 사항

※ 조합규약에는 주택법령에서 요구하는 요건 이외에 주택조합의 사업추진 및 조합운영에 필요하다고 판단되는 사항들을 포함시킬 수 있되, 주택법령을 위반하여서는 안 됨.

※ 신고하지 아니하고 조합원을 모집하거나 조합원을 공개로 모집하지 아니한 자는 2년 이하의 징역 또는 2천만원 이하의 벌금에 처함(법제102조 제2호)

□ 주택조합사업 개요의 작성

○ 발기인은 주택건설예정지의 도시 · 군관리계획 등 관련 법령에 부합하도록 주택건

설계획(세대수, 평형, 배치 등)안을 검토하고 사업자금 마련, 추진일정 등의 개략적 인 계획을 작성하여 토지 사용권원 확보 및 조합원모집 신고 등에 활용함

○ 해당 사업계획은 도시 · 군관리계획의 변경, 토지 확보 여부 등에 따라 변경이 불가피하다는 사실을 이해관계자에게 명확히 밝혀야 함

4-3. 토지 사용권원의 확보

○ 토지 사용권원이란 토지를 점유 또는 사용, 수익하는 행위를 정당화하는 근거 또는 원인을 뜻하는 말이며 소유권, 지상권, 전세권, 임차권, 사용대차 등이 있음.

- 대부분 사업주체는 토지 소유주가 자신이 소유하고 있는 토지의 사용을 허락하는 토지사용승낙서를 통해 토지 사용권원을 확보하고 있음.
- 매매계약서, 매매약정서 등 소유권 이전 계약서로 토지 사용권원이 확보되었다고 판단하기 위해서는 해당 계약서에 계약 잔금을 완납하기 이전이라도 주택건설을 위해 사용할 수 있다는 등의 내용이 포함되어야 함.

○ 조합원 모집 신고를 위해서는 해당 주택건설대지의 50퍼센트 이상의토지 사용권원을 확보하여야 하며,

- 주택조합설립인가를 신청하기 위해서는 해당 주택건설대지의 80퍼센트 이상의 토지 사용권원과 15퍼센트 이상의 소유권을 확보하여야 함.

4-4. 지구단위계획 등 사전검토

○ 지구단위계획은 해당 구역에 대하여 토지 이용을 합리화하고 그 기능을 증진시키며 미관을 개선하고 양호한 환경을 확보하며, 그 구역을 체계적 · 계획적으로 개발 · 관리하기 위한 도시 관리계획을 말함

- 건축물 등 시설물의 용도, 종류, 규모 등에 대한 제한을 완화하거나 높이, 건폐율 및 용적률을 완화하여 수립할 수 있으며

- 평면적 토지이용계획과 입체적 건축계획의 중간적 성격을 지닌 계획으로 서로 조화를 이루도록 계획하는데 중점을 둠

○ 지역주택조합사업은 지구단위계획을 통해 건폐율 및 용적률 등에 대한완화 적용을 받을 수 있어야 사업성을 높일 수 있으며,

- 이러한 지구단위계획을 수립하는 경우 해당 구역 토지면적(국 · 공유지는 제외)의 3분의 2 이상의 동의를 얻어 도시 · 군관리계획 입안을 제안할 수 있음

○ 지역주택조합의 발기인은 도시 · 군계획, 토지이용계획, 건축기준 및 건축제한 등에 대해 확인하고 지구단위계획 변경 가능 범위에서 사업계획을 마련하는 등 조합사업을 면밀히 추진할 필요

○ 시장 · 군수 · 구청장은 조합원 모집 신고서를 수리하는 경우에는 해당지역주택조합사업이 무산되는 경우 조합원의 피해 발생이 불가피한 점을 고려하여 조합주택의 건설 가능 여부를 신중히 검토하여야 하며

- 이에 따라 지구단위계획(변경) 수립은 주택건설사업계획 승인 이전 또는 동시에 완료되면 되는데 지역주택조합사업의 원활한 추진을 위해서는 조합원모집 신고수리 이전단계에서 충분한 검토가 필요함

※ 시장 · 군수 · 구청장은 도시 · 군계획 등에 따라 해당 주택건설대지에 조합주택을 건설할 수 없는 경우에는 조합원 모집 신고를 수리할 수 없음(법 제11조의3제5항제2호)

4-5. 조합원 모집

□ 조합원 모집 신고

○ 조합원을 모집하려는 자(모집주체)는 해당 주택건설대지의 50퍼센트 이상에 해당하는 토지의 사용권원을 확보하여 관할 시장 · 군수 · 구청장에게 조합원 모집 신고서(규칙 별지 제11호의2서식)를 작성하여 신고하고, 공개모집의 방법으로 조합원을 모집하여야 함(법 제11조의3제1항).

- 발기인은 조합원 모집 신고를 하는 날 주택조합에 가입한 것으로 보며, 이 경우 발

기인은 주택조합 가입 신청자와 동일한 권리와 의무가 발생(법 제11 조의3제7항).

※ 조합원 모집 신고서에 다음의 서류를 첨부 (규칙 제7조의3)

1. 조합 발기인 명단 등 조합원 모집 주체에 관한 자료
1의2. 주택조합 발기인이 영 제24조의3제1항에 따른 자격이 있음을 증명하는 자료
2. 주택건설예정지의 지번 · 지목 · 등기명의자 및 도시 · 군관리계획상의 용도
2의2. 해당 주택건설대지의 50퍼센트 이상에 해당하는 토지의 사용권원을 확보하였음을 증명하는 서류
3. 다음 각 목의 사항이 모두 포함된 조합원 모집공고안
   가. 주택 건설 · 공급 계획 등이 포함된 사업의 개요
   나. 토지의 사용권원 또는 소유권의 확보 현황(확보면적 및 확보비율 등을 말한다) 및 계획
   다. 조합 자금관리의 주체 및 계획
4. 조합가입 신청서 및 계약서의 서식
5. 업무대행자를 선정한 경우에는 다음 각 목의 서류
   가. 영 제24조의2에 따른 자본금 또는 자산평가액을 보유하고 있음을 증명하는 서류(자산평가액의 경우에는 자산평가서를 포함한다)
   나. 업무대행계약서

○ 공개모집 이후 조합원의 사망 · 자격상실 · 탈퇴 등으로 인한 결원을 충원하거나 미달된 조합원을 계속해서 모집하는 경우에는 신고하지 아니하고 선착순의 방법으로 조합원을 모집할 수 있음(법 제11조의3제2항)

○ 시장 · 군수 · 구청장은 다음의 어느 하나에 해당하는 경우에는 조합원모집 신고를 수리할 수 없음(법 제11조의3제5항)

1. 이미 신고된 사업대지와 전부 또는 일부가 중복되는 경우
2. 이미 수립되었거나 수립 예정인 도시 · 군계획, 이미 수립된 토지이용계획 또는 이 법이나 관계 법령에 따른 건축기준 및 건축제한 등에 따라 해당 주택건설대지에 조합주택을 건설할 수 없는 경우
3. 제11조의2제1항에 따라 조합업무를 대행할 수 있는 자가 아닌 자와 업무대행계약을 체결한 경우 등 신고내용이 법령에 위반되는 경우

4. 신고한 내용이 사실과 다른 경우

○ 시장 · 군수 · 구청장은 조합원 모집 신고서를 접수하고 15일 이내에 신고의 수리 여부를 결정 · 통지하여야 함(규칙 제7조의3제4항)

- 신고를 수리하는 경우에는 신고대장에 관련 내용을 적고, 신고인에게 신고필증을 발급하여야 함(규칙 제7조의3제5항)

■ 주택법 시행규칙[별지 제11호의3서식] <신설 2017. 6. 2.>

지역·직장주택조합 조합원 모집 신고대장

신고번호	조합명	대표자	전화	조합 또는 사무소 소재지	건설예정지역	주택형별	호/세대당 주택규모 (㎡)	조합원수	조합원 모집 시기	비고

297㎜×210㎜[백상지(120g/㎡) 또는 백상지(80g/㎡)]

■ 주택법 시행규칙[별지 제11호의4서식] <개정 2020. 7. 24.>

[ ] 지역주택조합 [ ] 직장주택조합 조합원 모집 신고필증

신고번호			
조 합 명		직 장 명	
대 표 자		생년월일	
조합 또는 사무소 소재지	(전화:)		
조합원 수			
조합원 모집 시기			

「주택법」 제11조의3제1항·제4항 및 같은 법 시행규칙 제7조의3제5항에 따라 위와 같이 주택조합의 조합원 모집 신고를 수리하였음을 증명합니다.

년 월 일

특별자치시장
특별자치도지사
시장·군수·구청장

직인

210mm×297mm[백상지(150g/㎡)]

□ 조합원 모집공고 및 광고

○ 조합원 모집주체는 조합원 모집 신고가 수리된 이후 다음의 구분에 따른 방법으로 모집공고를 하여야 함(규칙 제7조의4)

1. 지역주택조합: 법 제2조제11호가목의 구분에 따른 조합원 모집 대상 지역의 주민이 널리 볼 수 있는 일간신문 및 관할 시 · 군 · 자치구의 인터넷홈페이지에 게시
2. 직장주택조합: 조합원 모집 대상 직장의 인터넷 홈페이지에 게시

※ 조합원 모집공고에 포함되어야 하는 사항 (규칙 제7조의4제2항)

1. 조합 발기인 등 조합원 모집 주체의 성명 및 주소(법인의 경우에는 법인명, 대표자의 성명, 법인의 주소 및 법인등록번호를 말한다)
2. 법 제11조의2제1항에 따른 업무대행자를 선정한 경우에는 업무대행자의 성명 및 주소(법인의 경우에는 법인명, 대표자의 성명, 법인의 주소 및 법인등록번호를 말한다)
3. 주택건설예정지의 지번 · 지목 및 면적
4. 토지의 사용권원 또는 소유권의 확보 현황(확보면적, 확보비율 등을 말한다) 및 계획
5. 주택건설 예정세대수 및 주택건설 예정기간
6. 조합원 모집세대수 및 모집기간
7. 조합원을 분할하여 모집하는 경우에는 분할 모집시기별 모집세대수 등 조합원 모집에 관한 정보
8. 호당 또는 세대당 주택공급면적 및 대지면적
9. 조합가입 신청자격, 신청시의 구비서류, 신청일시 및 장소
10. 계약금 · 분담금의 납부시기 및 납부방법 등 조합원의 비용부담에 관한 사항
11. 조합 자금관리의 주체 및 계획
12. 조합원 당첨자 발표의 일시 · 장소 및 방법
13. 부적격자의 처리 및 계약 취소에 관한 사항
14. 조합가입 계약일 · 계약장소 등의 계약사항
15. 동 · 호수의 배정 방법 등에 관한 사항

15의2. 동 · 호수는 법 제15조에 따른 사업계획승인일 이후에 배정한다는 사실과 구체적인 배정 시기의 결정 및 통지 방법

16. 조합설립인가 신청일(또는 신청예정일), 사업계획승인 신청예정일, 착공예정일 및 입주예정일

17. 조합원의 권리 · 의무에 관한 사항
18. 그 밖에 추가분담금 등 조합가입 시 유의할 사항으로서 시장 · 군수 · 구청장이 필요하다고 인정하는 사항
    * 조합원 모집주체는 모집공고에 포함되어야 하는 사항 외에 조합가입 신청자가 알아야 할 사항 및 그 밖의 필요한 사항을 조합가입 신청장소에 게시한 후 별도의 안내서를 작성하여 조합가입 신청자에게 교부하여야 함(규칙 제7조의4제3항)

○ 모집주체는 주택조합의 조합원을 모집하기 위하여 광고를 하는 경우에는 다음 사항을 포함하여야 하며(법 제11조의5제1항), 해당 내용은 일반인이 쉽게 인식할 수 있도록 9포인트 이상이고 제목은 다른 내용보다 20퍼센트 이상 크게 표기하여야 함(영 제24조의4제3항)

※ 조합원 모집광고에 포함되어야 하는 사항 (법 제11조의5제1항)

1. "지역주택조합 또는 직장주택조합의 조합원 모집을 위한 광고"라는 문구
2. 조합원의 자격기준에 관한 내용
3. 주택건설대지의 사용권원 및 소유권을 확보한 비율
4. 그 밖에 조합원 보호를 위하여 대통령령으로 정하는 내용
   가. 조합의 명칭 및 사무소의 소재지
   나. 조합원 모집 신고 수리일

※ 조합원 가입 권유 및 모집광고 시 금지행위 (법 제11조의5제2항)

1. 조합주택의 공급방식, 조합원의 자격기준 등을 충분히 설명하지 않거나 누락하여 제한 없이 조합에 가입하거나 주택을 공급받을 수 있는 것으로 오해하게 하는 행위
2. 법 제5조제4항에 따른 협약이나 법 제15조제1항에 따른 사업계획승인을 통하여 확정될 수 있는 사항을 사전에 확정된 것처럼 오해하게 하는 행위
3. 사업추진 과정에서 조합원이 부담해야 할 비용이 추가로 발생할 수 있음에도 주택공급가격이 확정된 것으로 오해하게 하는 행위
4. 주택건설대지의 사용권원 및 소유권을 확보한 비율을 사실과 다르거나 불명확하게 제공하는 행위

15. 조합사업의 내용을 사실과 다르게 설명하거나 그 내용의 중요한 사실을 은폐 또는 축소하는 행위 6. 시공자가 선정되지 않았음에도 선정된 것으로 오해하게 하는 행위

※ 조합원 가입 권유 및 모집광고 시 금지행위를 위반한 자는 2년 이하의 징역 또는 2천만원 이하의 벌금에 처함(법 제102조 제2호의2)

○ 모집주체는 해당 주택조합의 인터넷홈페이지가 있는 경우 조합원 모집광고를 시작한 날부터 7일 이내에 광고한 매체 및 기간을 표시하여 그 인터넷 홈페이지에 해당 광고를 게재하여야 함(영 제24조의4제4항)

□ 조합원 가입 설명의무

○ 모집주체는 주택조합 가입에 관한 계약서에 포함되는 내용을 주택조합가입 신청자가 이해할 수 있도록 설명하여야 함(법 제11조의4제1항)

○ 모집주체는 주택조합 가입 신청자가 이해하였음을 서면으로 확인받아 주택조합 가입 신청자에게 교부하여야 하며, 그 사본을 5년간 보관하여야함(법 제11조의4제2항)

※ 설명의무, 확인서면 교부 · 보관의무를 위반한 자는 1천만원 이하의 과태료를 부과함(법 제106조제2항제3호)

□ 조합원 가입 계약

○ 조합원 모집주체와 주택조합 가입 신청자는 다음의 내용이 포함된 주택조합 가입에 관한 계약서(모집주체가 정한 서식)를 작성하여야 함(법제11조의3제8항)

※ 주택조합 가입 계약서에 포함되어야 하는 사항 (법 제11조의3제8항)

1. 주택조합의 사업개요
2. 조합원의 자격기준
3. 분담금 등 각종 비용의 납부예정금액, 납부시기 및 납부방법
4. 주택건설대지의 사용권원 및 소유권을 확보한 면적 및 비율
5. 조합원 탈퇴 및 환급의 방법, 시기 및 절차
6. 그 밖에 주택조합의 설립 및 운영에 관한 중요 사항으로서 대통령령으로 정한 다음 사항
   가. 주택조합 발기인과 임원의 성명, 주소, 연락처 및 보수에 관한 사항
   나. 법 제11조의2제1항에 따라 업무대행자가 선정된 경우 업무대행자의 성명, 주소, 연락처(법인의 경우에는 법인명, 대표자의 성명, 법인의 주소 및 법인등록번호를 말한다) 및 대행 수수료에 관한 사항
   다. 사업비 명세 및 자금조달계획에 관한 사항
   라. 사업비가 증액될 경우 조합원이 추가 분담금을 납부할 수 있다는 사항
   마. 법 제11조의6에 따른 청약 철회 및 가입비등의 예치·반환 등에 관한 사항

※ 주택조합 가입에 관한 계약서 작성의무를 위반한 자는 1천만원 이하의 과태료를 부과함(법 제106조제2항제2호)

○ 모집주체는 주택조합 가입 신청자가 주택조합 가입을 신청하는 때에 납부하는 일체의 금전(이하 "가입비등"이라 함)을 예치기관에 예치하여야함(법 제11조의6제1항)

※ 가입비등을 예치하도록 하지 아니한 자는 2년 이하의 징역 또는 2천만원 이하의 벌금에 처함(법 제102조 제2호의3)

- 모집주체는 「은행법」 제2조제1항제2호에 따른 은행, 「우체국예금·보험에 관한 법률」에 따른 체신관서, 「보험업법」 제2조제6호에 따른 보험회사, 「자본시장과 금융투자업에 관한 법률」 제8조제7항에 따른 신탁업자 중에서예치기관을 정하여 계약을 체결하여야 함(영 제24조의5제2항)
- 예치기관은 주택조합 가입 신청자의 가입비등 예치신청서를 제출받은 경우모집주체와 주택조합 가입 신청자에게 예치증서를 발급하고, 가입비등은 예치기관 명의로 예치해야 하고, 이를 다른 금융자산과 분리 관리해야 함(영제24조의5제4항 및 제5항)
- 예치기관은 가입비등의 예치·지급 및 반환 등에 필요한 업무를 수행함에 있어

「전자서명법」 제2조제2호 및 제6호에 따른 전자서명 및 인증서(서명자의 실제 이름을 확인할 수 있는 것을 말함)로 신청인의 본인 여부를 확인해야 함(영 제24조의7제5항)

○ 주택조합 가입 신청자는 가입비등을 예치한 날부터 30일 이내에 주택조합 가입에 관한 청약을 철회할 수 있음(법 제11조의6제2항 및 제3항)

- 주택조합 가입 신청자가 청약을 철회하는 경우 청약 철회 요청서(규칙 별지제14호의4서식)를 모집주체에게 제출해야 하며, 모집주체는 청약 철회 요청서를 제출받는 즉시 접수하고 접수일자가 적힌 접수증(규칙 별지 제14호의4서식)을 주택조합 가입 신청자에게 발급해야 함(영 제24조의6)
- 모집주체는 주택조합 가입 신청자의 청약 철회 의사가 도달한 날부터 7일이내에 예치기관의 장에게 가입비등의 반환을 요청하여야 하며, 예치기관의장은 가입비등의 반환 요청일로부터 10일 이내에 가입비등을 예치한 자(주택조합 가입 신청자)에게 반환하여야 함(법 제11조의6제5항)

〈 자금 납부 및 반환〉

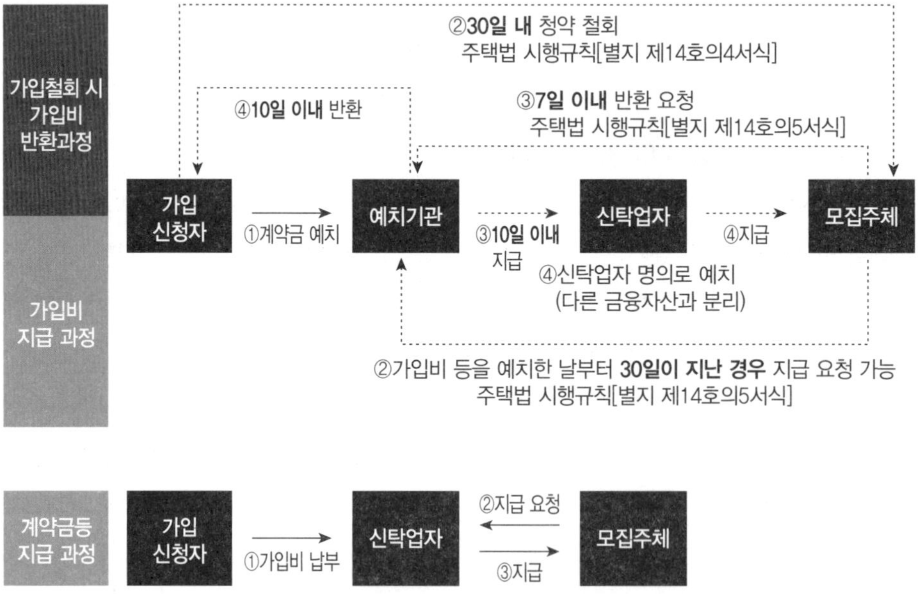

※ 청약 철회 의사가 도달한 날부터 7일 이내에 예치기관의 장에게 가입비 등의 반환을 요청하지 아니한 자는 2년 이하의 징역 또는 2천만원이하의 벌금에 처함(법 제102조 제2호의4)

■ 주택법 시행규칙 [별지 제11호의5서식] <신설 2020. 7. 24.>

조합 가입 계약 설명 확인서

※ [ ]에는 해당하는 곳에 √표를 합니다.

<table>
<tr><td rowspan="3">모집주체</td><td>조합명</td><td colspan="3"></td></tr>
<tr><td>대표자</td><td></td><td>전화번호</td><td></td></tr>
<tr><td>조합 주소</td><td colspan="3"></td></tr>
</table>

<table>
<tr><td rowspan="5">사업개요</td><td rowspan="2">주택건설 예정대지</td><td>주소</td><td></td><td rowspan="5">확인함
[ ]</td></tr>
<tr><td>면적(㎡)</td><td></td></tr>
<tr><td colspan="2">주택건설 예정 세대수</td><td></td></tr>
<tr><td colspan="2">조합원 수</td><td>전체: 명(가입설명일 기준 모집인원수: 명)</td></tr>
<tr><td colspan="2">조합설립인가 신청(예정)일</td><td></td></tr>
<tr><td rowspan="4">조합원의 자격기준</td><td>주택소유</td><td colspan="2">[ ] 무주택 또는 주거전용면적 85㎡이하 주택(분양권 포함) 1채 소유</td><td rowspan="4">확인함
[ ]</td></tr>
<tr><td>세대주</td><td colspan="2">[ ] 충족</td></tr>
<tr><td>거주요건</td><td colspan="2">[ ] 조합설립인가 신청일 현재 해당 지역에 6개월 이상 계속 거주</td></tr>
<tr><td>중복가입</td><td colspan="2">[ ] 본인이나 배우자가 같은 또는 다른 주택조합에 미가입</td></tr>
<tr><td rowspan="3">분담금 등 각종 비용의 납부</td><td>납부시기</td><td colspan="2"></td><td rowspan="3">확인함
[ ]</td></tr>
<tr><td>납부방법</td><td colspan="2"></td></tr>
<tr><td>납부금액</td><td colspan="2"></td></tr>
<tr><td rowspan="3">주택건설 대지의 확보 현황</td><td colspan="2">전체 토지확보 면적 및 비율(㎡,%)</td><td></td><td rowspan="3">확인함
[ ]</td></tr>
<tr><td colspan="2">· 토지소유권 면적 및 비율(㎡,%)</td><td></td></tr>
<tr><td colspan="2">· 토지사용권원 면적 및 비율(㎡,%)</td><td></td></tr>
<tr><td rowspan="2">가입철회, 조합탈퇴 및 환급에 관한 사항</td><td colspan="3">주택조합 가입 신청자는 가입비등을 예치한 날부터 30일 이내에 주택조합 가입에 관한 청약을 철회할 수 있고, 모집주체는 주택조합 가입 신청자가 청약 철회를 한 경우 청약 철회 의사가 도달한 날부터 7일 이내에 예치기관의 장에게 가입비등의 반환을 요청해야 함</td><td rowspan="2">확인함
[ ]</td></tr>
<tr><td colspan="3">조합원 탈퇴 및 환급에 관한 사항은 주택조합 조합규약을 통해 확인</td></tr>
<tr><td>그 밖의 사항</td><td colspan="3">1. 주택조합의 발기인 및 임원의 성명, 주소, 연락처 및 보수에 관한 사항
2. 업무대행자가 선정된 경우 업무대행자의 성명, 주소, 연락처(법인의 경우 법인명, 대표자의 성명, 법인의 주소 및 법인등록번호를 말함) 및 대행수수료에 관한 사항
3. 사업비 명세 및 자금조달계획에 관한 사항
4. 사업비가 증액될 경우 조합원이 추가 분담금을 납부할 수 있다는 사항</td><td>확인함
[ ]</td></tr>
</table>

「주택법」 제11조의4 및 같은 법 시행규칙 제7조의5에 따라 위와 같이 모집주체가 주택조합 가입 계약서에 포함된 사항을 설명하여 주택조합 가입 신청자가 이해하였음을 확인합니다.

년 월 일

모집주체

주소

대표자 (서명 또는 인)

주택조합 가입 신청자 (서명 또는 인)

210mm×297mm[백상지(80g/㎡)]

■ 주택법 시행규칙 [별지 제14호의2서식] <신설 2020. 7. 24.>

가입비등 예치신청서

주택조합 가입 신청자	성명	전화번호
	주소	
모집주체	조합명	
	대표자	전화번호
	조합 주소	
예치금액	₩ (금 원)	
신청인의 계좌		
신탁업자의 계좌		

「주택법 시행령」 제24조의5제3항 및 같은 법 시행규칙 제10조의2제1항에 따라 위와 같이 가입비등을 예치해 줄 것을 신청합니다.

년 월 일

신청인 (서명 또는 인)

예치기관의 장 (지점장) 귀하

예치기관이 주의해야 할 사항

1. 예치기관의 장은 가입비등을 예치한 경우 지체 없이 주택조합 가입 신청자에게 예치증서를 내주어야 합니다.
2. 예치기관의 장은 가입비등의 예치일부터 7일 이내에 가입비등 예치증서를 첨부하여 가입비등을 예치한 사실을 모집주체에게 통지해야 합니다.
3. 예치기관의 장은 가입비등의 예치 및 그 관리로 인해 발생하는 비용을 관리수수료로서 가입비등의 수령인이 수령할 금액에서 공제할 수 있습니다.

210㎜×297㎜[백상지 80g/㎡]

■ 주택법 시행규칙 [별지 제14호의3서식] <신설 2020. 7. 24.>

가입비등 예치증서

※ [ ]에는 해당하는 곳에 √표를 합니다.

예치번호			
신청인			
수령인	[ ] 모집주체 [ ] 주택조합 가입 신청자		
예치기관명		계좌번호	
예치금액	₩ (금 원)		
예치이율	연 %	관리수수료	₩

「주택법 시행령」 제24조의5제5항 및 같은 법 시행규칙 제10조의2제2항에 따라 위와 같이 가입비등을 예치하였음을 증명합니다.

년 월 일

예치기관의 장 (지점장) 직인

예치기관이 주의해야 할 사항

1. 예치기관의 장은 가입비등을 예치한 경우 지체 없이 주택조합 가입 신청자에게 예치증서를 내주어야 합니다.
2. 예치기관의 장은 가입비등의 예치일부터 7일 이내에 본 증서를 첨부하여 가입비등을 예치한 사실을 모집주체에게 통지해야 합니다.
3. 예치기관의 장은 가입비등의 예치 및 그 관리로 인해 발생하는 비용을 관리수수료로서 가입비등의 수령인이 수령할 금액에서 공제할 수 있습니다.

210㎜×297㎜[백상지 80g/㎡]

■ 주택법 시행규칙 [별지 제14호의4서식] <신설 2020. 7. 24.>

청약 철회 요청서

주택조합 가입 신청자	성명	
	주소	전화번호
청약철회 의사표시	(　　　　　)주택조합에 가입하기 위한 가입비등을 예치기관에 예치한 날부터 30일 이내에 해당 주택조합의 가입에 관한 청약을 철회함	

가입현황	가입비등 예치금액	₩　　　　　　　　(금　　　　　　　원)
	예치번호 /예치일	

「주택법 시행령」 제24조의6제1항 및 같은 법 시행규칙 제10조의3제1항에 따라 위와 같이 주택조합 가입에 관한 청약 철회를 요청합니다.

년　　월　　일

주택조합 가입 신청자　　　　　　　　(서명 또는 인)

모집주체
(업무대행자)　귀하

---------- 자 르 는 선 ----------

접수증

접수번호			접수일자	
주택조합 가입 신청자	성명		주소	

위와 같이 상기 주택조합 가입 신청자의 청약 철회 요청서를 접수하였습니다.

모집주체

주소

대표자　　　　　　　　(서명 또는 인)

210㎜×297㎜[백상지 80g/㎡]

■ 주택법 시행규칙 [별지 제14호의5서식] <신설 2020. 7. 24.>

가입비등 [ ] 지급 요청서 [ ] 반환 요청서

※ [ ]에는 해당되는 곳에 √표를 합니다.

모집주체	조합명		
	대표자		전화번호
	조합 주소		

요청내용	요청사항	[ ] 지급	[ ] 반환
	요청사유	[ ] 예치한 날부터 30일 경과	[ ] 청약철회 의사표시

예치금액	₩ (금 원)
예치번호 /예치일	
입금계좌	[ ] 모집주체(신탁업자) [ ] 주택조합 가입 신청자

「주택법 시행령」 제24조의7 및 같은 법 시행규칙 제10조의4에 따라 위와 같이 가입비등의 지급 또는 반환을 요청합니다.

년 월 일

신청인 (서명 또는 인)

예치기관의 장 (지점장) 귀하

첨부서류	1. 가입비등 지급 요청인 경우: 「주택법」 제11조의2제3항에 따른 신탁업자의 업무대행계약서 사본 2. 가입비등 반환 요청인 경우: 청약 철회 요청서 사본

예치기관이 주의해야 할 사항

1. 예치기관의 장은 모집주체가 주택조합 가입 신청자의 동의를 받아 가입비등의 지급을 요청하는 경우 요청일부터 10일 이내에 가입비등을 모집주체의 업무대행자인 신탁업자에게 지급해야 합니다.
2. 예치기관의 장은 주택조합 가입 신청자가 모집주체의 동의를 받아 가입비등의 반환을 요청하는 경우 요청일부터 10일 이내에 가입비등을 주택조합 가입 신청자에게 반환해야 합니다.

210㎜×297㎜[백상지 80g/㎡]

4-6. 주택조합 창립총회

○ 총회는 창립총회, 정기총회, 임시총회로 구분하며, 조합장이 소집함. 다만 창립총회는 주택조합 추진위원회(가칭, 임의단체) 위원장 또는 그 직무를 대행하는 자나 발기인 등이 소집함.

○ 총회의 의결을 요하는 사항 (규칙 제7조제5항 등)

- 조합규약(영 제20조제2항 각 호의 사항에 한함)의 변경 자금의 차입과 그 방법·이자율 및 상환방법
- 예산으로 정한 사항 외에 조합원에게 부담이 될 계약의 체결
- 법 제11조의2제1항에 따른 업무대행자(이하 "업무대행자"라 한다)의 선정·변경 및 업무대행계약의 체결
- 시공자의 선정·변경 및 공사계약의 체결
- 조합임원의 선임 및 해임
- 사업시행계획의 결정 및 변경

※ 단, 법령에 의한 변경 및 인·허가과정에서 변경된 경우 제외

- 사업비의 조합원별 분담 명세
- 조합해산의 결의 및 해산시의 회계 보고
- 업무대행자 선정·변경 및 업무대행계약의 체결
- 예산 및 결산의 승인
- 기타 주택법령 및 이 규약 또는 조합설립 인가조건에서 총회의 의결을 요하는 사항
- 업무규정, 회계규정, 보수규정, 선거관리규정 등 조합내부 규정의 제정 및 개정

⇨ 사업시행에 있어 핵심적인 사항은 가급적 총회에서 조합원 스스로가 결정하도록 해야 함.

4-7. 주택조합 설립인가

○ 다수의 구성원이 주택을 마련하기 위하여 지역 · 직장 주택조합을 설립(인가받은 내용의 변경 또는 조합해산)하고자 하는 경우에는 관할 시장 · 군수 · 구청장의 인가를 받아야 함(법 제11조제1항)

○ 주택조합설립인가를 받으려는 자는 해당 주택건설대지의 80퍼센트 이상에 해당하는 토지의 사용권원을 확보하고 15퍼센트 이상에 해당하는 토지의 소유권을 확보하여야 함(법 제11조제2항)

○ 다만, 직장주택조합으로서 조합주택의 건설을 시행하지 아니하고 국민주택을 공급받고자 하는 경우에는 주택조합설립인가를 받을 필요가 없고, 관할 시장 · 군수 · 구청장에게 주택조합설립 신고로 가능하며, 신고한 내용을 변경하거나 조합해산을 할 때도 신고로 가능(법 제11조제5항)

□ 주택조합의 설립인가 신청

○ 주택조합의 설립 · 변경 또는 해산의 인가를 받기 위해서는 인가신청서에 필요한 서류를 첨부하여 주택조합의 주택건설대지를 관할하는 시장 · 군수 · 구청장에게 제출하여야 함(영 제20조제1항)

※ 주택조합설립인가 신청은 인터넷(세움터: cloud.eais.go.kr)으로도 가능

참고) 지역(직장)주택조합사업은 법 제15조에 따른 사업계획승인대상만 가능(법 제11조제1항)하므로, 건축허가대상인 300세대 미만의 주상복합 아파트건설사업은 지역 · 직장주택조합사업으로 추진 불가

○ 지역 · 직장주택조합의 경우 필요한 서류(영 제20조제1항제1호 및 규칙 제7조제2항 및 제3항)

(1) 창립총회의 회의록

(2) 조합장선출동의서

(3) 조합원 전원이 자필로 연명한 조합규약

(4) 조합원 명부

(5) 다음의 사항이 포함된 사업계획서

- 조합주택건설예정세대수
- 조합주택건설예정지의 지번 · 지목 · 등기명의자
- 도시 · 군관리계획(「국토의 계획 및 이용에 관한 법률」 제2조제4호에 따른도시 · 군관리계획)상의 용도
- 대지 및 주변 현황

(6) 주택건설대지의 80퍼센트 이상에 해당하는 토지의 사용권원을 확보하였음을 증명하는 서류(토지사용승낙서 포함)

(7) 주택건설대지의 15퍼센트 이상에 해당하는 토지의 소유권을 확보하였음을 증명하는 서류(등기부등본)

(8) 고용자가 확인한 근무확인서(직장주택조합에 한함)

(9) 조합원 자격이 있는 자임을 확인하는 서류

○ 설립신고에 의한 직장주택조합의 경우 필요한 서류 : 국민주택을 공급받기 위한 직장주택조합을 설립하고자 하는 자는 직장주택조합설립신고서에 다음의 서류를 첨부하여 관할 시장 · 군수 · 구청장에게 제출해야 함(법제11조제5항)

(1) 조합원 명부

(2) 조합원이 될 자가 당해 직장에 근무하는 자임을 증명할 수 있는 서류 (소속 직장의 장이 확인한 서류에 한함.)

(3) 무주택자임을 증명한 서류 (「주택공급에 관한 규칙」 제33조에 따라 청약저축 가입자에게 단체 공급하므로 소형주택 등 주택소유자는 조합원 불가)

[참고] 구비서류 첨부하는 이유

1. 조합원 전원이 자필로 연명한 조합규약

⇨ 조합규약에 동의함을 자필로 연명하도록 한 것은 조합이 임의로 조합원의 도장날인 등의 방법으로 처리하지 못하도록 연명의 방법을 명시함으로써 조합원이 직접 동의 여부를 표시하게 하여 추후 분쟁을 방지하고자 함.

2. 조합원 명부

⇨ 주택건설예정세대수의 50퍼센트 이상을 조합원으로 구성(최소 20인 이상)하여야하며, 조합원의 자격을 확인하기 위한 기초자료 확보

3. 사업계획서

⇨ 조합주택건설예정세대수, 조합주택건설예정지의 지번 · 지목 · 등기명의자, 도시 · 군관리계획상의 용도, 대지 및 주변 현황을 기재

⇨ 설립인가권자가 사업계획서에 기재된 사항에 대한 확인 및 검토를 철저히 함으로써 토지소유권 확보가 불가능하거나 도시 · 군관리계획상 사업추진이 불가능한 부지를 조합주택건설예정지로 하여 사업을 추진함에 따른 사업지연 및 중단 등의 부작용을 방지하고자 하는 것임.

4. 주택건설대지의 80퍼센트 이상의 토지사용승낙서

⇨ 주택조합은 등록사업자 소유 토지를 경매 또는 공매로 매입하는 경우 외에는 주택건설대지로 사용할 수 없음(공공택지에 한정, 영 제23조제2항).

*토지사용승낙서 확보비율 산정은 해당 주택건설대지 면적(국 · 공유지 포함) 기준임.

참고) 경 · 공매: 민사집행법, 국세징수법, 지방세법에 의한 경 · 공매로, 신탁사 등의 자체 공개매각 등은 해당되지 아니함.

Q. 조합설립인가 신청 시 첨부하여야 할 80퍼센트 이상의 토지에 대한 토지사용승낙비율 산정 시, 공동소유 필지의 경우 그 소유자 전체의 토지사용승낙이 있어야 하는지 여부?

☞ 해당 사업대지에 공유토지가 포함되어 있는 경우에는 그 지분율에 따라 토지승낙비율을 산정함.

Q. 조합설립인가 신청을 위한 토지사용승낙(사용권원 확보) 시 일부 토지가 가처분 결정되어 있는 경우, 가처분권자의 승낙을 얻어야 하는지?

☞ 해당 주택건설대지의 80퍼센트 이상의 토지사용승낙서류를 첨부하도록 하고있으나, 해당 토지의 가처분권자의 승낙까지 얻도록 하고 있지는 아니함.

□ **주택조합 변경인가 신청 : 변경의 내용을 증명하는 서류를 첨부**

□ **주택조합 해산인가 신청 : 조합원의 동의를 받은 정산서를 첨부**

□ **주택조합 설립인가**

○ 조합설립인가권자인 시장 · 군수 · 구청장은 법 또는 관계 법령에 따른 건축기준 및 건축제한 등을 고려하여 해당 주택건설대지에 주택건설이 가능한지 여부, 「국토의 계획 및 이용에 관한 법률」에 따라 수립되었거나 해당 주택건설사업기간에 수립될 예정인 도시 · 군계획에 부합하는지 여부, 이미 수립되어 있는 토지이용계획, 주택건설대지 중 토지 사용에 관한권원을 확보하지 못한 토지가 있는 경우 해당 토지의 위치가 사업계획서상의 사업시행에 지장을 줄 우려가 있는지 여부를 종합적으로 검토하여 인가여부를 결정하도록 하고 있으며,

- 해당 주택건설대지가 이미 인가를 받은 다른 주택조합의 주택건설대지와 중복되

지 아니하도록 하여 편법적인 조합원 모집 및 분양방식으로 활용 되고 있는 연합주택조합을 결성할 수 없도록 하고 있음.

○ 시장 · 군수 · 구청장은 주택조합의 설립 또는 변경을 인가한 때에는 주택조합설립인가대장에 이를 적고 주택조합(설립 · 변경)인가필증을 신청인에게 발급하여야 하며,
- 주택조합의 해산을 인가하거나 주택조합의 설립인가를 취소한 때에는 주택조합설립인가대장에 그 내용을 적고, 주택조합설립인가 필증을 회수하여야함.

4-8. 토지 소유권의 확보

○ 지역 · 직장주택조합이 등록사업자와 공동으로 사업을 시행하는 경우에는 일반적인 분양주택사업과 달리 '사업계획승인 신청 시' 주택건설대지의전부의 소유권을 확보하여야 함(법 제21조제1항)
- 다만, 「국토의 계획 및 이용에 관한 법률」 제49조에 따른 지구단위계획결정이 필요한 사업의 경우 95퍼센트 이상의 소유권 확보로 가능
- 주택건설대지 중 국공유지가 포함된 경우에는 해당 토지의 관리청이 해당사업주체에게 매각하거나 양여할 것을 확인한 서류를 사업계획승인권자에게 제출하는 경우에는 그 소유권을 확보한 것으로 봄(법 제21조제1항제1호).

Q. 지역주택조합사업의 사업계획승인 신청 시 주택건설대지에 국공유지가 포함되어 있는 경우, 이를 포함하여 95퍼센트 이상의 소유권을 확보하여야 하는지? ☞ 사업대지에 국공유지가 포함되는 경우에는 이를 포함하여 주택건설대지의 95퍼센트 이상의 소유권을 확보하여야 함.

○ 국가 또는 지방자치단체는 소유 토지를 매각하거나 임대하는 경우에는 국민주택규모의 주택을 50퍼센트 이상으로 건설하거나 주택조합이 주택을 건설하는 경우 등에 우선적으로 매각 또는 임대할 수 있음(법 제30조제1항 및 영 제41조)
- 국공유지를 매수하거나 임차한 자가 매수일(또는 임차일)로부터 2년 이내에 주택

을 건설하지 아니하는 경우 환매하거나 임대계약을 취소할 수 있음(법제31조)

4-9. 조합원 추가·충원 모집

○ 주택조합 설립인가를 받은 후에는 해당 조합원을 교체하거나 신규로 가입하게 할 수 없음. 다만, 조합원 수가 주택건설 예정 세대수를 초과하지 아니하는 범위에서 시장·군수·구청장으로부터 조합원 추가모집의 승인을 받은 경우 추가모집을 할 수 있음(영 제22조제1항제1호)

○ 조합원 추가모집의 승인과 조합원 추가모집에 따른 주택조합의 변경인가신청은 사업계획승인 신청일까지 하여야 함(영 제22조제3항)

○ 사업계획승인 이전 조합원 충원이 가능한 경우(영 제22조제1항제2호)

- 1) 조합원의 사망, 2) 조합원의 탈퇴 등으로 조합원 수가 주택건설 예정세대수의 50퍼센트 미만인 되는 경우, 3) 조합원이 무자격자로 판명되어 자격을 상실하는 경우, 4) 주택건설 예정 세대수가 변경되어 조합원 수가 변경된 세대수의 50퍼센트 미만이 되는 경우

○ 사업계획승인 이후 입주 이전까지 조합원 충원이 가능한 경우(영 제22조제1항제2호)

- 1) 조합원의 사망, 2) 해당 주택건설대지 전부의 소유권(저당권 등은 말소되어야 함)을 확보한 이후 양도·증여 또는 판결 등으로 입주자로 선정된 지위가 변경된 경우, 3) 조합원의 탈퇴 등으로 조합원 수가 주택건설 예정 세대수의 50퍼센트 미만인 되는 경우, 4) 조합원이 무자격자로 판명되어 자격을 상실하는 경우, 5) 주택건설 예정 세대수가 변경되어 조합원 수가 변경된 세대수의 50퍼센트 미만이 되는 경우

○ 공동주택 사용검사 또는 임시사용승인 이후 잔여주택(일반공급분 중 미계약분 포함)이 30세대 이상이면 주택공급에 관한 규칙에 따라 입주자모집 승인을 받아 공개모집하고, 30세대 미만인 경우 공개적인 방법으로 선착순 모집 가능

Q. 조합원의 탈퇴, 자격상실, 상속, 지위 매매 등에 따른 승인 받은 조합원수에 대한 충원은 언제까지 가능한지?

☞ 해당 조합주택에 대하여 법 제49조에 따른 사용검사 또는 임시 사용승인을 위한 조합원 자격에 해당하는지 확인을 마친 후에는 더 이상 충원 불가

4-10. 등록사업자(시공자)와 협약

○ 주택조합은 등록사업자와 공동사업주체로서 법 제15조에 따른 사업계획승인을 신청하여야 하며 사업계획 승인 신청 전에 당사자 간에 책임에 관한 사항에 대하여 주택법 및 동법 시행령이 정하는 범위에서 협약이체 결되어 있어야 함(영 제16조제2항)

※ 조합과 등록사업자의 협약사항 (영 제16조제1항제3호)

가. 대지 및 주택(부대시설 및 복리시설을 포함한다)의 사용 · 처분
나. 사업비의 부담
다. 공사기간
라. 그 밖에 사업 추진에 따르는 각종 책임 등 사업 추진에 필요한 사항

- 시공사(등록사업자)와 협약체결하여 건설하는 공동주택은 조합원에게 우선공급하며, 남는 잔여주택 및 상가 등 복리시설은 주택법령에 따라 일반에게 분양할 수 있음(법 제11조제4항 및 제6항)

○ 등록사업자에게는 시공자로서의 책임뿐만 아니라 자신의 귀책사유로사업추진이 불가능하게 되거나 지연됨으로 인하여 조합원에게 가한 손해를 배상할 책임이 있음(법 제11조제4항)

*주택조합의 입장에서 등록사업자와 체결된 협약은 파기 또는 수정이 어렵기 때문에 협약내용에 따라 조합사업의 성패가 좌우될 수 있음을 명확히 인지하고 진행하여야 함

○ 영 제16조에 따르면, 주택조합이 등록사업자와 공동으로 주택을 건설하고자 하는 경우에는 영 제17조제1항 각 호에 의한「시공능력이 있는 등록사업자」

- 또는「건설산업기본법」제9조에 따른 건설업 중「건축공사업 또는 토목건축공사업으로 등록한 건설업자」와 공동으로 사업을 시행할 수 있으며, 이 경우 등록사업자 및 건설업자는 자체적으로 시공을 하여야 함.

※등록사업자의 주택건설공사 시공기준 (영 제17조제1항)

1. 자본금이 5억원(개인인 경우에는 자산평가액 10억원) 이상
2. 「건설기술 진흥법 시행령」 별표 1에 따른 건축 분야 및 토목 분야기술자 3 명 이상을 보유하고 있을 것. 이 경우 같은 표에 따른 건축기사 및 토목 분야 기술자 각 1명이 포함되어야 함
3. 최근 5년간의 주택건설 실적이 100호 또는 100세대 이상

4-11. 사업계획승인

□ 사업계획승인 신청 〈근거: 법 제15조 및 영 제16조〉

○ 사업계획승인을 받으려는 자는 사업계획승인신청서에 주택과 그 부대시설및 복리시설의 배치도, 대지조성공사 설계도서 등 대통령령으로 정하는 서류를 첨부하여 사업계획승인권자에게 제출하여야 함(법 제15조제2항)

※ 사업계획승인을 신청하는 경우 첨부서류 (영 제27조제6항제1호)

가. 신청서
나. 사업계획서
다. 주택과 그 부대시설 및 복리시설의 배치도
라. 공사설계도서. 다만, 대지조성공사를 우선 시행하는 경우만 해당하며, 사업주체가 국가, 지방자치단체, 한국토지주택공사 또는 지방공사인 경우에는 국토교통부령* 으로 정하는 도서로 한다.
*(규칙 제12조제2항 별표2) 위치도, 지형도, 주단면도, 평면도

마. 「국토의 계획 및 이용에 관한 법률 시행령」 제96조제1항제3호 및 제97조제6항제3호의 사항을 적은 서류(법 제24조제2항에 따라 토지를 수용하거나 사용하려는 경우만 해당한다)
바. 제16조 각 호의 사실을 증명하는 서류(공동사업시행의 경우만 해당하며, 법 제11조제1항에 따른 주택조합이 단독으로 사업을 시행하는 경우에는 제16조제1항제2호 및 제3호의 사실을 증명하는 서류를 말한다)
사. 법 제19조제3항에 따른 협의에 필요한 서류
아. 법 제29조제1항에 따른 공공시설의 귀속에 관한 사항을 기재한 서류
자. 주택조합설립인가서(주택조합만 해당한다)
차. 법 제51조제2항 각 호의 어느 하나의 사실 또는 이 영 제17조제1항 각 호의 사실을 증명하는 서류(「건설산업기본법」 제9조에 따른 건설업 등록을 한 자가 아닌 경우만 해당한다)
카. 그 밖에 국토교통부령으로 정하는 서류(규칙 제12조제4항)
1. 간선시설 설치계획도(축척 1만분의 1부터 5만분의 1까지)
2. 영 제43조제1항에 따라 작성하는 설계도서 중 국토교통부장관이 정하여 고시하는 도서('주택의 설계도서 작성기준'에 따름)

※사업계획승인 신청 시 구비요건 (영 제16조제2항)

1. 등록사업자가 다음 각 목의 어느 하나에 해당하는 자일 것
   가. 영 제17조제1항 각 호의 요건을 모두 갖춘 자(시공능력이 있는 등록사업자)
   나. 「건설산업기본법」 제9조에 따른 건설업(건축공사업 또는 토목건축공사업만 해당한다)의 등록을 한 자
2. 주택조합이 주택건설대지의 소유권을 확보하고 있을 것. 다만, 지역주택조합 또는 직장주택조합이 등록사업자와 공동으로 사업을 시행하는 경우로서 법 제21 조제1항제1호에 따라 「국토의 계획 및 이용에 관한 법률」 제49조에 따른 지구단위계획의 결정이 필요한 사업인 경우에는 95퍼센트 이상의 소유권을 확보하고 있을 것
3. 주택건설대지가 저당권 · 가등기담보권 · 가압류 · 전세권 · 지상권 등(이하 "저당권등"이라 함)의 목적으로 되어 있는 경우에는 그 저당권등을 말소할 것. 다만, 저당권등의 권리자로부터 해당 사업의 시행에 대한 동의를 받은 경우는 예외로 함
4. 주택조합과 등록사업자 간에 다음 각 목의 사항에 대하여 법 및 이 영이 정하는 범위에서 협약이 체결되어 있을 것
   가. 대지 및 주택(부대시설 및 복리시설을 포함한다)의 사용 · 처분
   나. 사업비의 부담
   다. 공사기간
   라. 그 밖에 사업 추진에 따르는 각종 책임 등 사업 추진에 필요한 사항
   ※ 단, 위의 제3호와 제4호는 소유권을 확보한 대지에 대해서만 적용함

Q. 설립인가 된 지역주택조합이 해당 주택건설사업대지를 부동산신탁회사에 담보신탁한 후에 사업계획승인을 신청하는 경우, 위탁자인 해당 지역주택조합이 주택건설사업대지의 소유권을 확보한 것으로 볼 수 있는지?

☞ 이 경우 위탁자인 지역주택조합은 「주택법」 제21조제1항에 따른 주택건설사업계획의 승인 요건으로서 해당 주택건설대지의 소유권을 확보한 것으로 볼수 없음.

(법제처 법령해석, 안건번호 13-0284, '13.8.21.)

참고) 일반적인 분양주택건설사업은 해당 대지면적의 80퍼센트 이상에 대한 사용권원을 확보한 경우 사업계획승인 신청이 가능하고 나머지 20퍼센트에 대하여는「사업계획승인 후」매도청구*소송을 통해 확보할 수 있으나,

- 지역(직장)조합사업에서는 사업계획승인 신청 시 해당 주택건설대지면적의 95 퍼센트 이상에 대한 토지소유권을 확보하도록 하고 사업계획승인 후 잔여 5 퍼센트 이하에 대한 소유권은 매도청구소송을 통해 확보 가능

*매도청구권 : 소송절차를 통해 개인의 재산권을 강제로 취득할 수 있는 권리

□ 사업계획승인 〈근거: 법 제15조〉

○ 사업계획승인의 신청을 받은 사업계획승인권자는 정당한 사유가 없는 한 60일 이내에 승인여부를 사업주체에게 통보하여야 함(영 제30조제1항).

- 사업계획승인권자는 사업계획을 승인한 때에는 이에 관한 사항을 고시해야하며(법 제15조제6항), 자격이 있는 것으로 확인된 조합원의 명단을 지체 없이 주택청약업무수행기관(한국부동산원)에 통보해야 함(주택공급에 관한규칙 제57조제1항)

Q. 등록사업자가 기 사업계획승인을 얻은 사업대지를 취득하여 지역주택조합사업으로 변경 추진하고자 할 경우, 사업계획 변경을 통해 지역주택조합사업이 가능한지?

☞ 일반 주택건설사업과 지역주택조합사업은 사업주체, 사업계획승인요건 등 사업추진절차 및 주택공급절차 등의 사업방식이 다르므로 주택건설사업자가 기승인을 받은 사업계획을 지역주택조합이 승계하여 조합사업으로 추진할 수는 없을 것임.

□ 조합주택의 규모

〈근거: 법 제35조, 영 제46조제1항,「주택조합 등에 대한 주택규모별 공급비율에 관한 지침」제4조〉

○ 지역 · 직장주택조합이 건설하는 주택 중 해당 조합원에게 공급되는 주택에 대하여는 건설호수의 75퍼센트 이상을 국민주택규모 이하(일반분양분은 예외)로 건설하여 공급하여야 함.

○ 다만, 주택조합에서 조합원에게 공급하고 남은 세대에 대하여는 별도주택규모를 제한하지 아니함.

4-12. 매도청구

○ 사업주체가 주택건설사업계획승인을 얻은 경우 해당 사업에 필요한 대지를 그 소유자로부터 매수할 수 있도록 매도청구권을 부여함(법 제22조)
- 이는 주택의 건설 · 공급을 통해 국민의 주거안정과 주거수준의 향상이라는 공익을 달성하기 위해 해당 대지 소유자의 의사에 반하여 그 재산권이 박탈되며 정당한 보상을 받고 사업주체에게 소유권을 넘기도록 특별히 규정함

○ 지역주택조합의 경우 사업계획승인을 신청하기 위해서는 주택건설대지의95퍼센트 이상의 소유권을 확보하여야 하며, 사업계획승인을 얻은 경우사용권원을 확보하지 못한 대지의 모든 소유자에게 매도 청구 가능

○ 사업주체는 사업계획승인의 효력을 얻은 후 지체 없이 매도청구 대상이 되는 대지의 소유자에게 시가로 매도할 것을 서면 등으로 요청하여 사전협의[4]를 진행하여야 함
- 사전협의개시일로부터 3개월이 경과하면 매도청구권을 행사할 수 있으며, 협의기간만료일로부터 2개월 내에 소제기를 하여야 함(집합건물의 소유 및 관리에 관한 법률 제48조제2항)
- 사용권원을 확보하지 못한 대지의 소유자가 있는 곳을 확인하기 현저히 곤란한 경우에는 전국적으로 배포되는 둘 이상의 일간신문에 두 차례 이상공고하고, 공고한 날부터 30일 이상이 지났을 때에는 매도청구권을 행사할 수 있음(법 제23조)

---

4) 사업주체가 협의를 위해 매매가격 또는 그 산정을 위한 상당한 근거를 제시하는 등 구체적으로 노력하여야 하며, 대지 소유자가 어떤 태도를 보였는지 등은 매도청구권행사를 위해 사업주체가 증명책임을 지게 됨

4-13. 조합원 주택 우선 공급(동 · 호 배정)

ㅁ 조합주택의 우선 공급방법

○ 주택조합은 그 구성원을 위하여 건설하는 주택을 해당 조합원에게 우선 공급할 수 있으며, 이 경우 동 · 호의 배정은 조합규약 또는 총회결의 등에 따라 결정

- 조합가입 시 희망에 따라 평형을 결정할 수 있으며, 해당 평형별 경쟁이 발생하는 경우 추첨 등 공정한 방법으로 동 · 호를 배정하여야 함
- 조합원이 납입할 부담금은 동 · 호수 배정에 따라 변경 될 수 있고 공동사업주체인 등록사업자와 시공계약에 따라 최종적으로 확정 가능함

※ 「부동산 거래신고 등에 관한 법률」 제3조제1항에 따라 부동산을 공급받는 자로 선정된 지위에 해당하는 계약을 체결한 경우 그 실제 거래가격 등 부동산 거래신고사항을 거래계약의 체결일부터 30일 이내에 그 권리의 대상인 부동산등(권리에 관한 계약의 경우에는 그 권리의 대상인부동산을 말한다)의 소재지를 관할하는 시장(구가 설치되지 아니한 시의시장 및 특별자치시장과 특별자치도 행정시의 시장을 말한다) · 군수 또는 구청장에게 공동으로 신고하여야 함

○ 설립신고를 한 직장주택조합에 대하여는 사업주체가 국민주택을 해당조합원에게 우선 공급할 수 있음(법 제11조).

- 사업주체는 국민주택을 입주자모집공고일 현재 설립 신고 된 직장주택조합(조합원이 20명 이상인 직장주택조합으로 한함)에 그 건설량의 40퍼센트의 범위 안에서 우선공급(이하 "단체공급"이라 한다)할 수 있음.
- 단체공급을 받음으로써 그 주택조합의 남은 조합원 수가 20명에 미달하는 경우에는 주택의 단체공급 신청에 있어서 그 수를 제한하지 아니함(「주택공급에 관한 규칙」 제33조).

○ 국민주택을 단체공급 받으려는 직장주택조합의 조합원은 주택청약종합저축에 가입하여 매월 약정납입일에 월납입금을 6회 이상 납입한 자 이어야하며, 직장주택조합은 다음 각 호의 서류를 사업주체에게 제출하여야 함.

1. 주택조합설립신고필증사본

2. 조합원의 주택청약종합저축 통장 사본(이 경우 해당 직장주택조합의 조합장은 원본을 확인하여야 함.)

○ 사업주체는 단체공급에 경쟁이 있으면 다음 각 호의 순위에 따라 공급하여야 함. 다만, 같은 순위에서 경쟁이 있는 때에는 신청조합원의 평균저축총액이 많은 조합에 우선 공급해야 함.

1. 제1순위 : 당해주택건설지로부터 4㎞이내에 조합원의 직장이 있는 조합
2. 제2순위 : 당해주택건설지로부터 8㎞이내에 조합원의 직장이 있는 조합
3. 제3순위 : 당해주택건설지역에 조합원의 직장이 있는 조합

□ **지역 · 직장조합주택의 전매제한**

○ 지역 · 직장주택조합원의 경우 설립인가를 받은 이후에는 원칙적으로 조합원을 교체하거나 신규로 가입하게 할 수 없음. 다만, 영 제22조제 1항 제2호에 따라 사업계획승인 이후(토지소유권을 모두 확보한 경우에 한함)에 입주자로 선정된 지위가 양도 · 증여 또는 판결 등으로 변경된 경우에는 조합원 충원이 가능함. 다만, 투기과열지구지정에 따라 전매가 금지된 경우에는 제외됨.

- 투기과열지구 안에서 조합주택의 입주자로 선정된 지위는 사업계획승인이후부터 소유권 이전등기를 완료한 때까지 양도 · 증여 또는 판결 등으로 변경할 수 없음.

○ 직장주택조합이 다른 사업주체로부터 단체공급을 받은 경우 전매제한 등은 사업주체로서 우선 공급받은 경우와 달리 일반공급 받은 당첨자와 동일하게 적용됨

4-14. 등록사업자와 공사계약

○ 주택조합은 등록사업자와 협약 체결한 후 사업계획승인을 얻은 후 공사계약을 체결하게 되며, 이 경우 대부분 기존 체결된 협약을 기반으로 공사계약을 맺음

- 협약 이후 사업계획승인절차를 진행하는 과정에서 변경되는 내용이 많이 발생할 수 있고, 이에 따라 조합과 등록사업자가 입장차[5]가 더욱 커질 수 있어, 조합은

5) 조합은 이미 투입된 비용이 많아 착공이 빠를수록 좋겠지만, 등록사업자는 빠른 착공보다 더 높은 시공

이런 상황을 협약체결 이전에 면밀히 검토 필요함

4-15. 시공보증 및 분양보증

○ 조합주택을 건설하는 과정에서 조합원수와 건립세대가 정확히 일치하는 경우는 거의 없기 때문에 조합원에게 분양하고 남는 나머지 세대에 대하여는 일반에게 분양할 수 있음.

- 분양 세대가 30호(세대) 이상일 경우에는 입주자모집공고 승인을 얻어 일반분양을 하여야 하며, 30호(세대) 미만인 경우에는 임의 분양할 수 있음(법제54조, 「주택공급에 관한 규칙」 제3조제2항 단서).

○ 주택조합사업은 조합원을 위한 시공보증과 일반분양자를 위한 분양보증 등 2가지 유형의 보증이 필요함.

- 분양주체인 주택조합이 분양보증을 하는 것은 자기보증이라는 모순이 발생

> ※ (주택분양보증) 당해 주택의 분양(사용검사 포함)의 이행 또는 납부한 입주금의 환급을 책임지는 보증
>
> ※ (조합주택 시공보증) 주택조합과 공동으로 사업을 시행하는 등록사업자가 파산 등의 사유로 당해 조합주택에 대한 시공책임을 이행할 수 없게 되는 경우에 시공을 이행하거나 일정금액을 납부하는 보증

○ 주택조합이 착공과 동시에 일반 분양분에 대한 입주자를 모집하기 위해서는 분양보증을 받아야 입주자모집승인을 받을 수 있으며, 사업주체는 입주자모집 승인신청을 할 때 분양보증서를 첨부하여야 함(「주택공급에 관한 규칙」 제15조제1항).

비를 받는 것이 중요할 수 있음

4-16. 착공

○ 사업계획승인을 받은 날부터 5년 이내에 공사에 착수하여야 함. 다만, 대통령령이 정하는 정당한 사유가 있다고 판단되는 경우에는 그 사유가 종료된 날부터 1년의 범위 안에서 그 공사의 착수기간을 연장할 수 있음(법 제16조제1항, 영 제31조).

○ 공사 착수 시에는 착공신고서를 포함한 서류 및 도서를 첨부하여야하며, 착공 연기 시에는 착공연기신청서를 제출하여야 함. 이러한 사항들을 위반하여 공사에 착수하지 아니하는 경우 해당 사업계획승인권자는 사업계획승인을 취소할 수 있음(법 제16조제2항부터 제5항까지).

> Q. 주택조합이 주택건설대지에 대한 소유권을 모두 확보하지 못한 경우에도 착공이 가능한지?
>
> ☞ 사업계획승인을 받은 해당 주택건설대지에 제22조 및 제23조에 따른 매도청구 대상이 되는 대지가 포함되어 있으면 해당 매도청구 대상 대지에 대하여는 그 대지의 소유자가 매도에 대하여 합의를 하거나 매도청구에 관한 법원의 승소판결(판결이 확정될 것을 요하지 아니한다)을 받은 경우에만 공사를 시작할 수 있을 것임.

4-17. 일반분양 〈근거: 「주택공급에 관한 규칙」 제3조제2항, 제23조, 제28조 등〉

○ 조합주택사업에서 건립세대가 조합원수를 초과하는 경우 조합원에서우선 공급하고 남는 세대에 대해서는 일반에게 분양할 수 있으며, 이 경우해당 주택은 조합원 전원의 총유에 속하는 것이므로 총유물의 관리 및 처분에 관하여 규약 또는 조합원 총회의 결의가 있어야 함

- 일반에게 분양하는 세대가 30세대(호) 이상일 경우에는 입주자모집공고승인을 얻어 공개모집의 방법(특별공급, 우선공급, 일반공급 등의 기준 적용) 으로 공급하여야 하며

- 30세대(호) 미만인 경우에는 임의 분양을 할 수 있으며, 이 경우 수분양자에 대한 별도의 자격요건은 정해져 있지 않음

○ 주택 사용검사 이전 조합원 자격을 확인하도록 하고 있으며 이 과정에서부적격자가 발생하는 경우 해당 주택과 기존 일반공급에서 분양이 완료되지 아니한 주택을 합산하여 30세대(호) 이상일 경우에는 다시 입주자모집공고 승인을 얻어 공급하여야 함

4–18. 사용검사

○ 공사가 완료되면 관할 기초자치단체장의 사용검사를 받아야 함(법 제49 조제1항).

○ 사용검사는 승인된 사업계획의 내용과의 적합여부를 확인하는 법적 절차이며, 신청일로부터 15일 이내에 하여야 하며(영 제54조 제3항 및 제4 항), 사용검사를 받지 않으면 주택에 입주할 수 없음.

4–19. 소유권 보존등기 및 이전등기

○ 각 조합원들에게 귀속되는 건물에 대하여는 각 조합원이 소유권보존등기를 하고 있으며, 대지에 대하여는 주택조합이 각 조합원에게 신탁해지를 원인으로 한 소유권이전등기를 함.

○ 일반 분양되는 건물 부분은 주택조합 명의로 소유권보존등기가 이루어진 뒤, 일반분양자에게 소유권이전등기를 함.

4–20. 주택조합 청산 및 해산

○ 입주 및 등기절차가 완료된 후 주택조합의 해산절차를 밟아야 함. 조합규약에는 사업종결 시 청산금의 징수 · 지급방법 및 지급절차 등에 관한사항들이 필히 포함(영

제20조제2항제10호)되도록 하고 있으며, 해산은 이에 근거하여 시행함.

○ 조합의 해산 시 총회의 의결을 거쳐 회계 보고가 이루어져야 하며(규칙제7조제5항), 조합은 (1) 주택조합 해산인가신청서, (2) 조합원의 동의를 얻은 정산서를 첨부하여 해당 시장 · 군수 · 구청장에게 조합해산을 신청하여 인가를 받아야 함(법 제11조제1항, 영 제20조제1항, 규칙 제7조).

○ 다만, 조합설립인가 후 3년이 지나는 날까지 사업계획승인을 받지 못하거나 모집신고 후 2년이 되는 날까지 조합설립인가를 받지 못하는 경우, 총회 의결을 거쳐 사업의 해산 또는 종결 여부를 결정하여야 함(법 제14 조의2 제1항 및 제2항).

- 총회가 개최되기 7일 전까지 목적, 안건, 일시 및 장소를 정하여 조합원 또는 주택조합 가입신청자에게 통지하여야 하며(법 제14조의2 제3항), 해산 또는 종결을 결의하는 경우, 청산인을 선임하고(법 제14조의2 제4항) 시장 · 군수 · 구청장에게 통지하여야 함(법 제14조의2 제5항).

※ 법 제14조의2제3항을 위반하여 총회의 개최를 통지하지 아니한 자는 1년이하의 징역 또는 1천만원 이하의 벌금에 처함(법 제104조 제4호의3)

4-21. 주택조합에 대한 감독 〈근거: 법 제14조〉

○ 국토교통부장관 또는 시장 · 군수 · 구청장은 주택공급에 관한 질서를 유지하기 위하여 특히 필요하다고 인정되는 경우에는 국가가 관리하고 있는 행정전산망 등을 이용하여 주택조합 구성원의 자격 등에 관하여 필요한 사항을 확인할 수 있음.

○ 시장 · 군수 · 구청장은 주택조합 또는 그 조합의 구성원이 거짓이나 그 밖의 부정한 방법으로 설립인가를 받은 경우 및 주택법 또는 주택법에 따른 명령이나 처분에 위반한 경우에는 주택조합의 설립인가를 취소할 수 있음.

- 설립인가를 취소할 경우 시장 · 군수 · 구청장은 청문을 실시(법 제96조)
- 주택조합에 대한 지도 · 감독권자 : 시장 · 군수 · 구청장

○ 시장 · 군수 · 구청장은 모집주체가 이 법을 위반한 경우 시정요구 등 필요한 조치를 명할 수 있음(법 제14조제4항)

4-22. 주택조합 보고 · 검사 등 〈근거: 법 제93조〉

○ 국토교통부장관 또는 지방자치단체의 장은 필요하다고 인정하는 때에는 이법에 의한 인가 · 승인 또는 등록을 한 자에게 필요한 보고를 하게 하거나관계공무원으로 하여금 사업장에 출입하여 필요한 검사를 하게 할 수 있음.

- 이 경우 검사하는 공무원은 그 권한을 나타내는 증표를 지니고 이를 관계인에게 내보여야 함.

○ 사업장에 출입하여 필요한 검사를 할 경우에는 검사 7일전까지 검사일시, 검사 이유 및 검사 내용 등 검사계획을 피검사자에게 통지하여야함(긴급한 경우나 사전통지 시 증거인멸 등으로 검사 목적을 달성할 수 없다고 인정하는 경우에는 통지하지 아니할 수 있음).

제5장 주요 제도개선 사항('16~20년)

5-1. 2016. 8. 12. 시행 제도

① 주택조합 업무대행자 지정(법 제11조제8항 및 제9항)

- 주택조합의 업무대행자를 공동사업주체인 시공사 또는 주택건설 등록사업자, 정비사업전문관리업자 등으로 한정하고, 업무대행자는 거짓 · 과장의 방법으로 조합 가입 알선행위를 하지 아니하도록 함

⇨ 이 법 시행(2016.8.12) 후 대행계약을 체결하는 업무대행자부터 적용

② 주택조합 자료의 공개 의무자 확대(법 제12조 및 제13조)

- 주택조합 사업추진 관련 자료의 공개의무자를 조합임원 외에 주택조합을 설립하려는 발기인으로 확대하고, 조합의 구성원에게 정보공개청구권을 부여하며, 조합임원이 될 수 없는 자의 결격사유를 정함

⇨ 이 법 시행(2016.8.12) 후 임원을 선임하는 경우부터 적용

5-2. 2017. 6. 3. 시행 제도

① 조합 탈퇴 및 환급 청구(법 제11조제7항부터 제9항까지)

- 조합원은 조합규약으로 정하는 바에 따라 조합에 탈퇴 의사를 알리고 탈퇴할 수 있고, 탈퇴한 조합원(제명 조합원 포함)은 조합규약으로 정하는 바에따라 비용의 환급을 청구할 수 있음.

⇨ 이 법 시행(2017.6.3) 후 최초로 주택조합설립인가(변경 인가를 포함) 를 받아 설립된 주택조합부터 적용

② 조합업무대행자의 업무범위(법 제11조의2제2항)

- 조합원 모집, 토지 확보, 조합설립인가 신청 등 조합설립을 위한 업무의 대행
- 사업성 검토 및 사업계획서 작성업무의 대행
- 설계자 및 시공자 선정에 관한 업무의 지원
- 사업계획승인 신청 등 사업계획승인을 위한 업무의 대행
- 그 밖에 총회의 운영업무 지원 등 국토교통부령('17.6.3 공포 · 시행 예정)으로 정하는 사항

⇨ 이 법 시행(2017.6.3) 후 주택조합 업무대행 계약을 체결하는 경우부터적용

③ 조합업무대행자의 의무(법 제11조의2제3항)

- 주택조합 업무를 대행하는 자는 신의에 따라 성실하게 업무를 수행하여야하고, 거짓 또는 과장 등의 방법으로 주택조합의 가입을 알선해서는 안 되며, 자신의 귀책사유로 조합 및 조합원에게 손해를 입힌 경우 그 손해에 대해 배상할 책임이 있음.

④ 조합원 모집 신고 및 공개모집 의무화(법 제11조의3)

- 지역 · 직장주택조합설립 인가를 받기 위해 조합원을 모집하려는 경우나 조합의 설립 인가를 받기 전에 신고한 내용을 변경하고자 하는 경우에는 해당시장 · 군수 · 구청장에게 신고하고, 공개모집의 방법으로 조합원을 모집해야 함.
- 공개모집 이후 조합원 탈퇴 등으로 인한 결원을 충원하거나 미달된 조합원을 재모집하는 경우에는 선착순의 방법으로 조합원을 모집할 수 있음.
- 조합원 모집 시기, 모집 방법, 모집 절차 등 조합원 모집의 신고, 공개모집에 필요한 사항은 국토교통부령('17.6.3일 공포 · 시행)으로 정함.

⇨ 이 법 시행일('17.6.3) 이전에 조합설립인가 신청을 한 경우나 이 법 시행일이전에 주택조합설립인가 신청을 하기 위하여 일간신문에 조합원 모집공고를 하여 조합원을 모집한 경우에는 이를 적용하지 않음.

⑤ 조합원 모집 신고 수리 거부(법 제11조의3제5항)

- 시장 · 군수 · 구청장은 다음 어느 하나에 해당하는 경우에는 조합원 모집 신고를 수리할 수 없음.

- 이미 신고된 사업대지의 일부 또는 전부가 중복되는 경우
- 이미 수립되었거나 수립 예정인 도시 · 군계획, 이미 수립된 토지이용계획 또는 이 법이나 관계 법령에 따른 건축기준 및 건축제한 등에 따라 해당주택건설대지에 조합주택을 건설할 수 없는 경우
- 법 제11조의2제1항에 따라 조합업무를 대행할 수 있는 자가 아닌 자와 업무대행계약을 체결한 경우 등 신고내용이 이 법령에 위반되는 경우
- 신고한 내용이 사실과 다른 경우

⑥ 시공보증 의무화(법 제14조의2)

- 주택조합이 공동사업주체인 시공사를 선정한 경우 그 시공사가 국토교통부령(2017.6.3 공포 · 시행)이 정하는 기관의 시공보증서를 주택조합에 제출하고, 시장 · 군수 · 구청장은 착공신고서 접수 시 이를 확인하여야 함

5-3. 2020. 7. 24. 시행 제도

① 주택조합의 토지확보 요건 강화(법 제11조제2항, 제11조의3제1항)

- 주택조합이 관할 시 · 군 · 구청에 조합원 모집 신고를 할 경우 해당 주택건설대지의 50퍼센트 이상 사용권원을 확보하도록 하고,
- 주택조합설립인가를 신청할 경우에도 기존 요건인 80퍼센트 이상 토지 사용권원 확보 외에 15퍼센트 이상 토지 소유권을 추가로 확보하도록 함

⇨ 법 시행 후 최초로 조합원 모집신고(변경 신고는 제외한다)하는 경우부터 적용

② 가입 계약상의 중요사항 설명의무 부과(법 제11조의4)

- 조합원 모집주체는 주택조합 가입 신청자에게 조합원 자격기준 등 계약상의 중요사항[6]을 사전 설명하도록 하고, 그 내용을 계약서에 명시하며, 이에 관한 서면 확인서 교부 및 보관토록 함

6) 사업개요, 조합원 자격기준, 분담금 등 각종 비용, 토지확보현황, 탈퇴 및 환급 등

⇨ 법 시행 후 최초로 조합원 모집신고(변경 신고는 제외한다)하는 경우부터 적용

③ 조합원 모집 광고 관련 준수사항 규정(법 제11조의5제1항부터 제3항까지)
- 조합원 모집주체가 모집 광고를 할 경우에는 광고 내용에 토지확보 현황, 조합원 자격기준 등을 반드시 포함하도록 하고,
- 거짓 · 과장 등 방법으로 조합 가입을 권유하거나 모집 광고를 하지 못하도록 조합원 모집 시 금지행위를 구체적으로 규정함

④ 주택조합의 발기인에 대한 자격요건 강화(법 제11조의3제6항 및 제7항)
- 조합사업의 책임성 제고를 위해 주택조합의 발기인이 조합원 모집 신고 시 갖추어야 할 자격요건[7]을 대통령령에서 정하도록 하고, 그 자격을 갖추지 못하면 발기인 지위를 상실토록 하고,
- 주택조합의 발기인은 조합원 모집 신고가 수리된 날 주택조합에 가입한 것으로 보며, 가입비 납부 등 그 주택조합의 가입 신청자와 동일한 권리와 의무를 부담하게 함

⇨ 법 시행 후 최초로 조합원 모집신고(변경 신고는 제외한다)하는 경우부터 적용

⑤ 주택조합의 추진실적 공개의무 부과(법 제11조의2제4항)
- 조합 운영상의 투명성을 제고하기 위해 주택조합, 주택조합의 발기인 및 주택조합의 업무대행자는 분기마다 실적보고서를 작성하여 조합원에게 공개하도록 함

⑥ 업무대행자의 자본금 요건 신설 및 자금보관업무 위탁 의무화(법 제11조의2제1항부터 제3항까지)
- 업무대행자의 손해배상 책임을 담보하기 위해 조합업무를 대행하기 위한최소한의 자본금 요건을 상향[8]하고,
- 주택조합의 무분별한 자금 운용을 방지하기 위해 주택조합 또는 주택조합 발기인

7) (예) 조합원 모집신고일 현재 동일 생활권 1년 이상 계속 거주 & 무주택 또는 주거전용면적 85㎡ 이하의 주택 1채를 소유한 세대

8) (예) 등록사업자 자본금요건(법인은 3억원, 개인은 자산평가액 6억원) → 업무대행자 자본금요건(법인은 5억원, 개인은 자산평가액 10억원)

의 자금보관업무를 「자본시장법」에 따른 신탁업자가 대행하도록 함

⑦ 조합임원의 겸직금지(법 제13조제4항)

- 조합사업이 원활히 추진될 수 있도록 조합임원은 다른 조합의 임원, 직원 또는 발기인을 겸할 수 없도록 함

⇨ 법 시행 후 최초로 선임되는 조합 임원부터 적용

⑧ 주택조합의 해산절차 마련(법 제14조의2제1항부터 제5항까지)

- 조합사업이 장기간 지연될수록 조합원이 납부한 분담금 환급이 어려워진다는 점을 고려하여 조합원 모집 신고가 수리된 날부터 2년 이내 주택조합설립인가를 받지 못하는 경우 주택조합 가입 신청자 전원으로 구성되는 총회결의를 통해 사업의 종결여부를 결정하도록 함
- 또한, 주택조합의 설립인가를 받은 날부터 3년 이내 사업계획 승인을 받지 못하면 총회 결의를 통해 해산여부를 결정하도록 함

⇨ 법 시행 당시 모집신고 후 설립인가 전이면 시행일을 모집 신고 수리일로 보며, 설립인가 후 사업계획승인 전이면 시행일을 설립인가일로 봄

⑧ 회계서류 보관 의무화(법 제14조의3제2항)

- 회계감사의 실효성 제고를 위해 주택조합 또는 주택조합의 발기인은 회계장부를 월별로 작성하여 그 증빙서류와 함께 조합 해산인가일까지 보관하도록 함

5-4. 2020. 12. 11. 시행 제도

① 조합 가입 철회 및 가입비 등의 반환(법 제11조의6)

- 주택조합 가입 신청자는 가입비등을 예치한 날부터 30일 이내에 청약을 철회할 수 있으며, 이 경우 가입비등을 전액 반환받을 수 있도록 함

⇨ 이 법 시행일('20.12.11) 이후 최초 조합원 모집 신고분부터 적용

저자약력

장상록(張相錄)

경력

법학박사, 경영학박사, 부동산학박사
대구광역시청 지방세업무 30년(서기관 퇴임)
계명대학교 대학원 조세법 강의
밀양대학교 세무회계학과 조세법 강의
지방행정연수원 세무조사 강의
現) 한국세무사회 세무연수원 교수
現) 한국지방세연구학회 학회장
現) 한국세무회계학회 부회장
現) 한국조세정책학회 부회장
現) 한국지방세학회 부회장
現) 대한세무학회 부회장
現) 법제처 국민법제관
現) 안진세무법인 부대표

저서

개발부담금이해와실무 (도서출판 탐진, 2023)
취득세 해설과 신고실무 (도서출판 탐진, 2020~2024)
산업단지 입주기업 지방세감면실무 (북랩, 2020)
부동산개발 세무실무 (도서출판 탐진, 2022)
재개발재건축도시개발 세무실무 (도서출판 더존테크윌, 2019~2021)
지방세 세무조사 실무 (삼일인포마인, 2017, 2019)
지방세 체납정리 실무 (삼일인포마인, 2015, 2017)
사회복지법인의 세무와회계실무 (세연 T&A, 2013)

수상

한국세무회계학회 세무회계대상(2022)
대한민국 자치발전 대상(2017)
지방공무원 정책연구 최우수상(2016)
대한민국 신지식인(2016)
한국세무회계학회 우수논문상(2012, 2020)
대통령표창(2010)

손시영

학력 및 경력

고려대학교 경영학 학사
전) KPMG 삼정회계법인
전) 나우회계법인
현) 지수회계법인 대표

저서

부동산개발 세무실무(도서출판 탐진, 2025)

김이응

학력 및 경력

서강대학교 경제학 학사
전) KPMG 삼정회계법인
전) 나우회계법인
현) 지수회계법인 부동산세무본부장

저서

부동산개발 세무실무(도서출판 탐진, 2025)

지역주택조합 이해와 세무 실무

초판발행 / 2025년 11월 10일

글쓴이 / 장상록 · 손시영 · 김이응
펴낸이 / 박준성
펴낸곳 / 준커뮤니케이션즈
등록일 / 2004년 1월 9일 제25100-2004-1호
주　소 / 대구광역시 중구 명륜로 129 삼협빌딩 3층
홈페이지 / www.jbooks.co.kr
전　화 / (053)425-1325
팩　스 / (053)425-1326

ISBN 979-11-6296-066-0 93360

값 30,000원